HaffmansTaschenBuch 95

ECKHARD HENSCHEID

Wie man eine Dame verräumt

Ausgewählte Satiren und Glossen

Dritte Folge

1971–1990

HAFFMANS VERLAG

Erstausgabe
Veröffentlicht als
HaffmansTaschenBuch 95, Herbst 1990
Konzeption und Gestaltung von
Urs Jakob
Umschlaggestaltung unter Verwendung
mehrerer Fotos

Satz: LibroSatz, Kriftel
Herstellung: Ebner Ulm
ISBN 3 251 01095 6

1 2 3 4 5 6 – 95 94 93 92 91 90

Inhalt

WAS ABER UM HIMMELSWILLEN IST DENN NUN EIGENTLICH DER HERR HAUFF FÜR EINER?

Versuch einer Annäherung

Allmählich wird es unleidlich. Denn wir haben den Mann im Juni dieses Jahres doch mehrheitlich gewählt. Ja, einige von uns waren im Winter sogar Mitglied einer kleinen sog. Wählerinitiative pro Hauff und contra den waltenden CDU-Oberbürgermeister Brück gewesen. Aber – so geht's nicht weiter:

»Sinnlich erfahrbar machen« will Volker Hauff die Politik, die Frankfurter zumal, aber nicht nur. Als »sinnlichen Raum« verstehen möchte er sie auch noch. Und das so ungefähr jeden zweiten Tag; was wir dann jeweils aus der ›Frankfurter Rundschau‹ oder der FAZ erfahren. Und als Herausgeber eines Buchs über die Stadt und ihren Lebensstil teilte Hauff jüngst auch noch präziser mit, man müsse Frankfurt künftig wieder »spüren, riechen, sinnlich erfahren«.

Spinnt da einer kurzzeitig?

Es klingt nicht ermutigend, was der heute 49jährige Backnanger Schwabe – der ja doch einst mit der Reputation des eher Rationalen, ja fast Zurechnungsfähigen angetreten war – der zumindest lokalen Öffentlichkeit an politischer Programmatik und Gesamtschau mitzuteilen hat. Ausgerechnet: Sinnlichkeit. Sinnlichkeit als poststrukturalistische Sinnstiftung speziell und ausgerechnet im hiesigen Kommunalgewürge? Ist da einer von einer schon hemmungslosen Midlife-crisis heimgesucht? Riecht ihm sein von Brücks Odeur gesäubertes Arbeitszimmer nun wieder gar zu desinfiziert?

Bei seinem ersten Deutschlandbesuch im Frühjahr d. J.

poussierte der neue US-Präsident G. Bush derart engagiert und extrem an der rheinischen Weinkönigin herum, daß es sogar den Medien auffiel und diese sich abermals Gedanken über die unerträgliche Einsamkeit des Homo politicus zu machen begannen: Fehlt's an der erotischen Grundversorgung durch die Familie? Muß also die Politik da selber Ersatz schaffen, und dies noch jenseits rheinland-pfälzischer Weinköniginnen?

In Frankfurt funktioniert die neue politische »Sinnlichkeit« einerseits mit dem leider unbewiesenen Vorwahl-Gerücht einer heftigen Liaison Hauff–Ute Lemper; andererseits scheint's aber umgekehrt eher sehr abgehoben-abstrakt; und dritterseits erst einmal ziemlich undurchdringlich. Einiges an kontextuellen Schlüssel-Kategorien hat sich nach einem Jahr Hauff-OBschaft nebst -anwartschaft aber immerhin herausgestellt. Nein, es geht bei der neuen Sinnlichkeit vielleicht doch nicht so sehr direkt um Frauen, jedenfalls noch nicht primär – sondern z.B. um die der Sinnlichkeit offenbar synchrone, fast identische »politische Kultur«. Von der war schon dezidiert und mehrfach beim konstituierenden Treff der erwähnten Wählerinitiative im Dezember 1988 seitens Hauffs die Rede, so sympathisch und vollmundig, als wolle er seinen Generationsgenossen und Brandtschen Co-Enkel Björn Engholm auch noch auf dessen ureigenstem Felde ausstechen – aber daß es dann gar so politik-kulturell dick kommen würde, das war bei Antritt der Kandidatur doch noch nicht zu erwarten gewesen. »Die freie und erfolgreiche multikulturelle Gesellschaft« wollte Hauff schon im Januar zum Wahlkampfstart sinnlicherweise durchdrükken – »romantische Träume«, Lempers Ute hin und her, erwog laut FR der Kandidat andererseits im März dieses Jahres etwa in Form des »Luftschlosses« einer neuen Kaffeehauskultur: »Ich möchte erreichen, daß die Kultur das

Leben in der Stadt, auch im Alltag, noch mehr prägt als bisher.«

Da haben wir uns einen angetan.

Seine diesbezügliche Fixidee der politischen Kultur repetierte und variierte der Schwabe in den folgenden Wochen und Monaten beharrlich und wahrlich bis zur Exzessivität. »Kultur als Transmissionsriemen für die Politik« (Reflex des Lemper-Erlebnisses im verräterisch freudhaft Verbalen?) wolle er künftig etablieren; er plädierte für »neue, überschaubare Lebensräume«, weg von der »blutleeren Politik« und nix wie hin zu wenn schon nicht Lemper so doch (während Kopfbruder Björn mehr dem Dixie lebenslang treu bleibt) zum Emil-Mangelsdorff-Quartett – so faßte im Frühjahr die ›Stuttgarter Zeitung‹ ihr Hauff-Portrait zusammen; gegen einen wahlkampfbedingten »Sumpf von Korruption« wollte er um den Wahltag herum »das anständige Frankfurt« mobilisieren – und herziger kann es ja nicht einmal mehr Luise Rinser stöhnen; um nämlich aus diesem anständigen Frankfurt endlich und wortwörtlich »eine europäische Heimatstadt« (V. Hauff) zu machen.

Und derlei Dünnpfiff seinerzeit und bis heute, nachlesbar in den Heimatzeitungen immer noch fast jeden Tag. Er explodierte nach Hauffs Wahl ins OB-Amt, in welchem jener u.a. »ganzheitliche und wirkliche Lebenszusammenhänge betreuen will« (V. Hauff), definitiv zum Vollquatsch. Der Mann, der mit 34 auf Fotos aussah wie der Zwillingsbruder von J. R. – in den »10 Leitsätzen« seiner OB-Antrittsrede im Juni heischte er nicht nur abermals und programmatisch die »politische Kultur« (»der Liberalität und der Toleranz«) – es fehlten da auch nicht wiederum das Bekenntnis zur »Multikulturalität« noch die »Wiederentdeckung der Kategorie des Ästhetischen« in der Kommunal- und überhaupt in der fortschrittlichen

SPD-Politik. Vor allem aber gehe es, so Hauff, um die »vitale Durchlebung« (zitiert nach FR vom 16.6.89) – nämlich eben all dessen, was diese neue Politik so sinnlich macht o.s.ä.

Was ein Sozialdemokrat. Da haben wir uns aber einen angelacht.

Will er, sich vital durch-, ja auszuleben, schon auf dem täglichen Weg zum Römer die fünf Ampeln am Theaterplatz noch orange- und himbeerfarbener? Beim Eintreffen im Amtszimmer wenn nicht schon Lemper, so doch die flambierte Gudrun Landgrebe als Odaliske auf dem Schreibtisch lagernd spüren, riechen, sinnlich erfahren? Ja, freilich, darum ist es heute der neuen Genossenpolitik zu tun. Nein, keine Angst, sie werden, diese nagelneuen sozialdemokratischen Stadtoberhäupter, in diesem ihrem Leben und Amtieren zwar niemals mehr Wörter wie »Ausbeutung« oder »real existierender Kapitalismus« in den sonst nur allzu gierig jeden Unfug aufschnappenden und sofort wieder ausspuckenden Goldmund nehmen, von »Klassenkampf« nicht mal zu träumen – um so bürgernäher ihr Bekenntnis zu Sinnlichkeit und Lebenslust in allen Ressorts, von der Stadtplanung bis zum Weingenuß in Originalfrankreich und sich weidend an der Flanke einer schönen Frau; Bernd Eilert hat's schon in der letzten ›Titanic‹ für die sehr affinen Fälle Lafontaine-Hauff-Engholm schlüssig nachgewiesen. »Die Schönheit und der Tod, Eros und Thanatos, Arno und Breker, darunter tun's grüne Fraktionsassistenten heute nicht mehr« (Hermann L. Gremliza, September 1989 in ›konkret‹) – und stellvertretende SPD-Vorsitzende sind ihnen bei diesem Höhenfelgaufschwung, Gremliza möge aufpassen, da gegenwärtig ja vielleicht schon über.

Mit allerdings eher positiv gesinnten Vorzeichen: vital durchlebter Sinnlichkeit, Trinkgelagen am Ufer eines berauschend riechenden Mains und (zur Abwechslung und im Sinne der Multikulturalität) einer flambiert Ravels Bolero bauchtanzenden Bo Derek; die ihre feuchte Zunge schon in Richtung Volker lüpft und – –

Kurz: Der Weg führt heute von der total veralteten Gesinnungsethik über die Max Webersche Verantwortungsethik zur Hauffschen Sinnlichkeitsethik; als dem endlichen Ziel des Weltgeists des Politischen.

Und das Ganze rührt woher? Ganz offenbar partiell noch aus dem altfrankfurterischen »Kultur-für-alle«-Geseire des Prof. Hilmar Hoffmann im Verein mit einer halberinnerten bzw. Hören-sagen-Lektüre der Alexander-Mitscherlichischen »Unwirtlichkeit der Städte« aus den 60er Jahren, welche es heute speziell für Backnanger SPD-OBs mit purer Sinnlichkeit zu übertünchen, zu durchbrechen, ja zu durchstoßen gilt. So wie ja auch der alte Freund und Krautkopf Reich-Ranicki seit Jahr und Tag immer gierender, hirschhafter von »sinnlichen« Romanen röhrt. O Zeit des allgemeinen Arschgeredes! »Politik sinnlich erfahren« will er, der Volker Hauff; spüren, riechen – schmecken? Ertasten, ertasten nicht zu vergessen!

Ist er zu wenig ausgelastet im Amte? So unheilvoll, so ungesund geil? Dem Johannistrieb, den er für Politik hält, verfallen? Der »Sinnlichkeit« als verbaler solcher? Ist es, im Schmock-Repertoire, eigentlich nur noch ein Schritt zur bereits älteren, einst vom späten und schon reichlich undichten H. Böll eingeklagten »zärtlichen Republik«? Jener, die noch während der Entflechtung des unzart schweinischen Frankfurter Bahnhofsviertels das fast saubere Kuscheln uns gestatten würde?

Dabei ist dieser Hauff einst ja keineswegs als Erbe des Pathetikers und Sentimentalikers W. Brandt angetreten, sondern vermeintlich glimpflich als einer der Mustersöhne des Machers Helmut Schmidt. Werch ein Illtum!

»Politik sinnlich erfahren und erfahrbar machen« will er ab sofort. Ja freilich; selbst wenn er dazu, wie seine Vorgänger-Zombies Wallmann und Brück auch schon, jetzt im vierten Amtsmonat nur widerlich-klebrige Weinfeste in der Freßgaß eröffnen darf. Was ja tatsächlich eine lehrreiche und durchaus angemessene Erfahrung für einen Kommunalpolitiker darstellt. Der dabei gewiß zu den neuen, mit Jasmin- und Moschusdüften durchwirkten, betörenden, ja aphrodisierenden Autoabgasen von der Hauptwache her abermals von neuer politischer Kultur öffentlich gelabert hat.

Der aktuelle Sozialdemokrat der Enkelriege als großsensibilistischer Schwafelhans: Was noch könnte auf uns zukommen nach der »politischen Kultur«, welche inzwischen auch schon der OB-Referent Jan von Trott flott und ebenbürtig nachzuplappern vermag (FR, 26. 8.)? Nach der gemeinsam mit dem roten Dany ganz ohne Schamröte ausgetragenen »Multikulturalität« dieser schon deswegen hochsinnlichen, ja hocherotischen Stadt? Nach der – in summa eher saudummen – vom Magistrat einberufenen und von Hauff (diesmal neben Brandt) vorgesessenen sog. »Kultur-Nacht« vom 30. 8. 89 in der Eissporthalle, betreffend als sozusagen spiritualisierte Sinnlichkeit den fünfzig Jahre vorher ausgebrochenen Hitlerkrieg?

Es fehlt nach der – allerdings allzeit kulturgestützten – »Sinnlichkeit« jetzt eigentlich längst die ja noch etwas eindeutigere, etwas eindimensionalere und darum noch erfreulichere »Lust«. »Lust«, jawohl, als noch neuerer Reizwortschwurbel, um bei den dafür empfänglichen Knallköpfen des Landes noch schamloser abzugreifen. »Lust« wie, wessen und wozu? Nun, z.B. in der Gestalt eines erbarmungslos austrompeteten »Lustraums Politik«; sodann auch eines »Lustrums sühneopfernder Multikulturalität« – sowie schließlich und endlich und vor allem eben doch einer schleunigst zu schaffenden schnukkeligen »Lustrumpelkammer« a) mitten im Römer und b) mitten im Althirn des davon nun vollends entfesselten Volker Hauff. Der diesbezüglich ab sofort auch auf das anständige Frankfurt ebensowenig mehr Rücksicht nehmen sollte wie auf eventuelle unanständige Kampagnen seitens der ›Bild‹-Zeitung wider diese seine akuteste politische Hoch- und Tiefkultur.

Ja, doch, nach der noch immer ein bißchen verkniffenen Sinnlichkeit walte endlich die unverbrämte, ungebremste Lust. O sink hernieder, Nacht der Liebe. Und möglichst noch vor Weihnachten. (1989)

MENSCHENVERACHTEND
Das Blödwort des Jahres

»›Menschenverachtend‹ ist heute all das, was dem eiligen Allzweck-Ressentiment noch vor kurzem ›zynisch‹ hieß. Am dichtesten, kompaktesten, unwiderleglichsten prangt freilich die pleonastische Synthese, der Doppelmoppel ›zynisch und menschenverachtend‹. Gegen dessen Reklamation des Guten und Moralischen ist dann wirklich kein Kraut von Böse mehr gewachsen; gegen ihn streckt man die Waffen.« (Eckhard Henscheid)

»Ein menschenverachtender Akt« ist im Frühjahr 1989 laut ›Frankfurter Rundschau‹ den Anti-AKW-Gruppen aus der Rhein-Neckar-Region die Wiederinbetriebnahme des Atomkraftwerks Biblis nach einer Kette von Störfällen. »Schamlos und menschenverachtend« finden etwa zur gleichen Zeit Frankfurts Jungsozialisten den ausländerfeindlichen Oberbürgermeister-Wahlkampf der lokalen CDU – gleich darauf wirft die Frankfurter SPD insgesamt der CDU »menschenverachtende Parolen« vor. Ihrerseits die GAL-Spitzenfrau Thea Bock bezeichnet das Klima innerhalb der Hamburger GAL als »menschenverachtend« – wohingegen wiederum für den ›Spiegel‹ die Propaganda der Deutschen Volksunion bei der Europawahl im Juni 1989 als »menschenverachtend« sich darstellt.

Schon im Herbst 1987 hatte Björn Engholm im Zuge und in der Folge der Kieler Barschel-Sache sich geweigert, die »Sprache der Menschenverachtung« zu übernehmen; noch etwas früher hatte – u.v.a. – der Journalist Wolfgang Pohrt die Neutronenbombe als »menschenverachtend« empfunden und dargetan. Die in den Jahren 1985 ff. hochkommenden Republikaner werden 1988 von der Bundes-SPD »menschenverachtender Vorurteile« und bald darauf auch von der CSU einer »menschenverachtenden Sprache« geziehen. Und sie sehen sich dann auch selber nicht viel anders; so etwa, wenn der Bundes-Schatzmeister Erwin Brettschneider seinen Chef Schönhuber einen »menschenverachtenden Nazi« schilt.

In offenkundiger Nachfolge des einst vielfach so genannten »Schweinesystems« Bundesrepublik sprechen Berliner Autonome im Zusammenhang mit dem Hungerstreik von RAF-Gefangenen 1989 von einem »menschenverachtenden System« von Unterdrückung und Gewalt; »menschenverachtend« ist für die FAZ vom 6.10.1989 andererseits die Behandlung von Geistesgestörten im Nationalen Psychiatrischen Krankenhaus auf der griechischen Insel Leros.

Auch FAZ-Leser, wie ähnlich vor allem ›Zeit‹-Leser, sind seit längerer Zeit voll mit bei der Sache; bei der Aufspürung wie bei der Anklage. Gegen die »ungeheuerliche kalte Menschenverachtung« des Iran in der Rushdie-Affäre ergreift Christel Holstein, Hannover, leserbrieflich das Wort; schon vorher, am 24.11.88, durchschaut Ursula Schrage, Würselen, die Abtreibungspolitik der grünen Jutta Ditfurth als »menschenverachtend«.

Im August 1989 zeiht der Hannoveranische Rep-Sprecher Andreas Dimpfel seinen Parteifreund, den Ex-NPD-Mann Margraf, laut ›Spiegel‹ »menschenverachtender Nazi-Methoden« – »menschenverachtend« war aber auch umgekehrt und laut Generalstaatsanwalt Pfeiffer 1989 ein ›Spiegel‹-Artikel, in welchem dem Generalbundesanwalt Rebmann eine gewisse Trunksucht im Amte zur Last gelegt wird. Zum dritten laut ›Spiegel‹ »menschenverachtend« ist aber auch der zu beobachtende Wortschatz der zur Anzeige gebrachten vermutlichen Wiener Krankenschwester-Mörderin Waltraud. So wie für den Chefredakteur von Radio Bremen, Ulrich Kienzle, das Kidnapper-Duo Rösner/Degowski, dessen TV-abgelichtete Untat ein »abschreckendes Dokument der Menschenverachtung« sei. Wohingegen nun allerdings wiederum für den Rösner-Verteidiger Bossi im nämlichen Kontext der gezielte Todesschuß »idiotisch, menschenverachtend und verantwortungslos« wäre.

Versteht sich, daß da nicht nur für die FAZ auch das Pekinger Massaker vom 4. Juni 1989 auf »pure Menschenverachtung« hinauslief.

Kurzum, das Menschenverachtende ist heute ebenso verbreitet wie – zusammenfassend u.a. das Zynische, das Kalte, das Nazi- und ›Stürmer‹hafte, Idiotische und Schweinische – das Schlechte schlechthin; der allseits probate kleinste gemeinsame Nenner der so oder so Guten und ihrer besserwissenden Entrüstung, ihres eindrucksvollen Dünkels. Problematisch, ja fast zynisch und menschenverachtend: Die Benutzer, so kommod ihre Motive der Benutzung, haben sogar ja vielfach recht – man kann die Rechtschaffenheit ihrer Entrüstung meist schwerlich bestreiten; seltener jedenfalls als beim vorher kurrenten und ja semantisch fast identischen »Zynischen«, das aber nicht erst seit Peter Sloterdijk den Nachteil hatte, in seiner Bedeutung einiger Ambivalenz zu unterliegen: Es meint nämlich auch Gutes.

Nicht so das Menschenverachtende. Es benennt das Böse per se, ab ovo und last but not least von Jugend auf. Ausnahmen gestattet sind allenfalls im Feuilleton – so, wenn im Zuge einer Rezension der Herzmanovsky-Orlandoschen Briefe von der FAZ deren »unbekümmert menschenverachtende« Art goutiert, ja fast gelobt wird.

Ansonsten aber bleibt's dabei, das Menschenverachtende sei schlicht das Schlechte – auf höherem Niveau. So wie es seinem Verwender erheblichen humanen Adel verleiht, etwas durchaus Preisenswertes, so dürfte das Menschenverachtende heute längst selber preiswürdig geworden sein. In meiner persönlichen Meinungstabelle prangt es als das Dumm- und Totschlagwort des Jahres; wo nicht des Jahrfünfts; werweiß schon des Jahrzehnts. (1989)

PS 1990: Es verwundert nur wenig, daß auch nach dieser ersten Hochblüte bzw. Sammelausbeute vom Sommer 1989 die deutsch-globalen Menschenverachtungen massiv weitergingen – aber auch ältere Quellen tauchten in der Folge vor dem interessierten Forscherauge auf:

Seine neuzeitliche Premiere feierte das Schwerwort »menschenverachtend« schätzungsweise schon vor 20 Jahren, 1969, als die katholische Wochenzeitung ›Ruhrwort‹ im Kontext der damals berühmten F. J. Straußschen Apo=Tiere-Engführung ein erschrockenes Gebet »Wider die Menschenverächter« abdruckte. Allerdings schon 1966, so erfährt man jetzt erst aus dem ›Plärrer‹, sollen die Bonner Parteien »einen menschenverachtenden Wahlkampf« geführt haben.

Seine ganze fürchterliche Virulenz entzündete und entfaltete das Kompositum aber wohl erst in den bräsigschläfrigen, dabei aber mächtig aufgescheuchten 80er Jahren. Häufig im Rückblick auf früher schon erfolgte Menschenverachtungen, die es nun aber endgültig feiernd zu überwinden (und umgekehrt) galt. »Menschenverachtend« nannte in seiner weltberühmten 8.-Mai-Rede aus dem Jahr 1985 der Präsident Weizsäcker völlig überraschend das Nazi-Regime insgesamt – »menschenverachtenden Sadismus« spezifizierte in eben dieser Bewältigungskontinuität die Autorin Gabriele von Arnim in ihrem Buch ›Das große Schweigen‹ von 1989 nicht weniger verblüffend.

»Menschenverachtung« wittert die Zeitschrift ›Der schweizerische Beobachter‹ im März 1984 hinter einem (dezidiert komisch-reaktionären) Titelbild der ›Titanic‹. Der Vorwurf des sogar »hochgradig Menschenverachtenden« trifft ähnlich den parodierend dümmlichen Zeichner »Paul Päng«, d.i. Robert Gernhardt, am 6.3.87 aus der erbosten Feder eines ›Frankfurter Rundschau‹-Lesers.

Wie schon oben mitgeteilt, lief nicht nur das Pekinger Juni-Massaker für die FAZ auf »pure Menschenverachtung« hinaus – schon ein paar Monate später geißelten die ARD-Tagesthemen vom 24.10.89 Egon Krenz' »menschenverachtende Sympathie für dieses Pekinger Blutbad«. Seinerseits als »Symbol der Menschenverachtung« brandmarkt noch im Dezember 1989 der stets wache ›Rheinische Merkur‹ die schon fast abgerissene Berliner Mauer; wogegen der ›Spiegel‹ sogar noch am 19.3.90 der DDR-Bürokratie »menschenverachtenden Umgang mit den Bürgern« zur Last legt. Nur zu verständlich, daß deshalb schon am 21. Dezember ihrerseits die FAZ-Lokalredaktion anläßlich eines damit vielleicht zusammenhängenden Frankfurter Brandanschlags an die ihrerseits »menschenverachtende Politik der rumänischen Diktatur« erinnert; wobei, genaugenommen, laut ARD-Tagesthemen vom 27.12.89, Rumänien bis dato eine »menschenverachtende Bastion« gewesen war.

Der nämlichen Redaktion war freilich schon am 10.10.1989 die Pornografie insgesamt als »immer menschenverachtender« vorgekommen.

Daß der Mord an Alfred Herrhausen am 29.11.1989 auf »menschenverachtenden Terrorismus« hinauslief, dies auszusprechen blieb dem Bundesverband der Deutschen Industrie (BDI) vorbehalten – für die ›Rheinische Post‹ sprach aus der Bad Homburger Sprengladung »tiefe Menschenverachtung, niederste Gesinnung«. Was Wunder, daß deshalb auch FAZ-Leser Torben B. Hansen aus Rosenheim die RAF noch am 5.1.1990 als »menschenverachtend« einschätzt; während am 27.1.1990 in der ›Frankfurter Rundschau‹ sich namens der »IG behinderter Studentinnen und Studenten« Peter Dietrich nicht täuschen läßt, sondern die Tötung schwerstbehinderter Menschen respektive die neuere wissenschaftliche Diskussion über eben sie als »menschenverachtend« entlarvt; wogegen der Ex-›stern‹-Chef Rolf Winter den USA »menschenverachtende Sozialdefizite« vorhält.

Schon im April 1987 hatte sich auch die ›Titanic‹ nicht entzogen und, anläßlich seines Ablebens, den TV-Unterhalter H. Rosenthal als einen »menschenverachtend Lieblosen« bloßgelegt – und schon am 24.1.1990 faßt in einem Geprách mit der ›Mittelbadischen Zeitung‹ auch Fritz J. Raddatz nach und stellt angesichts der Diskussion um die DDR-Verwestlichung und einen human-geläuterten Sozialismus die nicht so ganz durchschaubare und vielleicht auch nur rhetorische Schlußfrage: »Was bleibt dann, wenn alles abgebürstet ist an Menschenverachtung, sozialen Verkümmerungen und wirtschaftlichem Bankrott. Ich glaube, nichts.«

In die offenbar recht dialektischen Fallstricke des Gegenstands gerät kurz darauf auch die große westdeutsche Politik. »Nie wieder menschenverachtenden Kollektivismus!« kräht im Februar 1990 eine CDU-Broschüre ›Argumente‹ im Sinne ihrer DDR-Wahlkampfhilfe – für derlei christdemokratische Geschichtsfälschung empfindet laut ›Spiegel‹ der SPD-Vorsitzende J. Vogel nur »Verachtung«; also, nachdem ja wohl auch CDU-Menschen Menschen sind, doch wohl auch: »Menschenverachtung«; und mithin genau das, was nach dem allgemeinen Gratis-Konsens nicht zuletzt der deutschen Sozialdemokratie der 80er Jahre das Verbotene, ja Böse schlechthin ist.

Womit sich die logisch-semantische Katze endgültig wenn schon nicht in den Schwanz, so doch in den Knüppel aus dem Sack beißt; zumal wenig später dann auch noch der einstige SPD-Spitzenmann Hans Apel seiner Partei akkurat »menschenverachtende Umgangsformen« vorrechnet. Ein Weg aus dem so entstandenen begrifflich-metaphorischen Dilemma ist vorerst nicht zu erspähen; die Ahnung einer Überwindung des Konflikts schwant aber immerhin Al Strong in seinem Roman ›Unter flammender Sonne‹ (1990), indem er diesen, in durchaus adornoisch negativer Dialektik, erst noch zuspitzt: »Toshke war der grausamste Häuptling der Apachen, ein Menschenverächter, der nicht nur die Weißen abgrundtief haßte, sondern auch die eigenen Leute und sich selbst.«

STRAUSS!

Ein Brief

So wir heute eine Zwischenbilanz der Flick-Ganovenaffaire ziehen, so gefällt uns vielleicht, alles in allem, Ihre Aussage vor dem Staatsanwalt am allerbesten (zit. nach ›Der Spiegel‹):

FRAGE: »Haben Sie Zuwendungen vom Flick-Konzern erhalten?«

ANTWORT: »Mein Name und der Name der CSU ist für diesen Vorgang nicht spezifisch. Mir ist von keinen Zahlungen an die Beschuldigten etwas bekannt. Da sowohl meine Vorgänger im Amt des Parteivorsitzenden wie auch im Amt des Ministerpräsidenten seit 1950 eine enge freundschaftliche Beziehung zu Friedrich Flick sen. und aufgrund seiner Bitte auch zu Friedrich Flick jun. unterhalten, ist es selbstverständlich, daß im Laufe einer Zeit von über 30 Jahren zur Unterstützung innenpolitischer (Aktionen der CSU) wie auch zur Finanzierung internationaler Vorhaben dann und wann Beträge gegeben worden sind. Die Tatsache, daß diese Vorgänge sich über mehr als 30 Jahre erstrecken, hebt das Verhältnis des Hauses zu meinen Vorgängern und mir auch aus dieser Sphäre heraus.«

Sehr schön, Strauß, sehr dicht, sprachlich elaboriert und hypotaktisch irisierend, von samtenen Edelsteinen wie »aufgrund seiner Bitte« und »Beträge gegeben worden« fast schon nicht zu reden. Verbesserungen, Verfeinerungen könnten wir uns noch allenfalls dieser Art vorstellen:

STRAUSS: »Mein Name, das Verhältnis meiner Vorgänger und die herausgehobene Sphäre des Namens der CSU sind für diesen Vorgang weder im Sinne meiner Amtsvorgänger spezifisch noch verwandt noch verschwägert noch sonstwie verschwistert – ich wiederhole: *weder* verschwistert *noch* verschwägert *noch* sonstwie vergaunert, *weder* flick-väterlicherseits *noch* freundschaftlich im Sinne des Filius patris. Ceterum censeo: *Diese* Aussage erstreckt sich *auf* meine Vorgänger, *auf* die letzten 30 Jahre, im Dolus eventualis *auch auf* mich *sowie* cum grano salis auf *alle* internationalen Ad-hoc-Vorhaben *der* CSU, im Sinne und nach dem Wortlaut *des* Wormser Konkordats *und* des Casus belli Beträge innenpolitisch unspezifischer Art im Sinne der Airbus-Development-Frage entgegennehmen sollen zu *dürfen*, ja zu *müssen*. In hoc signo vinceris oder vinceras oder wie oder was – Mene, Tekel, Oktoberfest – hic et nunc rebus stantibus: hier stehe ich, ich *kann* schlecht anderst!«

Wäre noch kompakter, Strauß, wie? Trotzdem, wie gesagt, auch Ihre Version ist eine humoristische Begabungsleistung ersten Ranges. Wollen Sie nicht doch noch, im Wortsinne zu gebender spezifischer Beträge, als Mitarbeiter-Spezi einsteigen bei der ›Titanic‹? (1983)

GEFÜHL, RAMSCH, QUATSCH U.V.A.

Ein unverkennbar offener Brief an Herrn Dieter E. Zimmer c/o ›Zeit‹-Redaktion

»Das Wort Seele hat die Menschen fast ebenso viele Dummheiten sagen lassen, wie es Seelen gibt!«
(Flaubert, Brief vom 7. 7. 1853)

Sehr geehrter Herr Zimmer, es ist doch so, daß Sie bisher zu Recht als einer der hundert zurechnungsfähigen Köpfe der Nation geführt wurden; als ein solcher haben Sie wiederholt sinnreiche Einlassungen zur zeitgenössischen Literatur zu Papier gebracht, zu Vladimir Nabokov vor allem; und nicht zuletzt des großen Nabokov wegen, der, wie Sie wissen, dem je kurrenten »Zeitgeist« besonders renitent gegenüberstand, schmerzt Ihr ›Zeit‹-Artikel ›Expedition zu den wahren Gefühlen‹ vom Juli 81 doppelt. Wollen Sie jetzt definitiv unter die Feuilletonisten? Oder ins Lager der Klatsch-Soziologen? Tut's die Literatur nicht mehr? Ist Ihnen ihre Höhenluft zu ungemütlich geworden? Mußte denn dieser Artikel sein?

»Noch herrscht die Vorstellung« – so beginnt der mit dem Foto eines jungzart aufeinandersitzenden Pärchens verzierte Text (kann man gegen derart idiotische »Visualisierung« als Autor eigentlich gar nichts ausrichten?) –, »daß es sich nicht gehöre, Gefühle zu zeigen; daß sie auf jeden Fall unter Kontrolle zu halten sind; und daß es das Beste wäre, sie gar nicht erst zu haben.« Herr Zimmer, das mag ein guter sogenannter Artikel-Einstieg sein – ist aber nicht Ihr Ernst. Wo, bitte schön, herrscht denn wessen Vorstellung? Im »Volke«? Nein, da herrscht gar nichts, und schon gleich nichts derart Geschraubtes bzw. Skrupulöses. Bei den Feuilletonisten, den professionellen Trendsettern? Oder müssen wir, sollen wir uns nicht vollends mißverstehen, Wahrheit respektive Appell Ihrer Zustandsbeschreibung sinnvoll gleich auf den Kopf eines durchschnittlichen, nämlich das Gras des Weltgeists wachsen hörenden ›Zeit‹-Lesers reduzieren? Der aber auch wieder reichlich spät dran wäre, weil, wenn schon, die Sache mit den neuen Gefühlsoffenbarungen ja auch schon wieder als ganz schön bemooster Hut dahersegelt.

»Noch hat das Neue«, fahren Sie fort, »die neue Stimmung im Westen keinen Namen. Aber es wird immer deutlicher: zu dem, was die verschiedenen Strömungen des sogenannten alternativen Lebens heute eint, gehört die Renaissance des Fühlens. Im Idiom der Gegenwart: Feeling ist angesagt.«

Das einschränkende »sogenannte« ehrt Sie, Dieter E. Zimmer, ebensowenig wie das relata-refero des »Idioms«, das die nicht nur sprachliche Unsäglichkeit mit Ihrem eigenen, Ihren ganzen Artikel durchfurchenden schlechten Gewissen zur Harmonie zwingen soll. Denn mit solchen angehäuften Schlag- und Reizvokabeln zokkelt der Text, immer brav zitierend, eine Weile jenseits von Gut und Böse weiter. »Eine Bewegung der neuen Empfindsamkeit« sei im Anzug, verkündet schon der Untertitel, der »Empfindungsmensch«, der »homme de sensation« sei angesagt (von einer, ausgerechnet, Schweizer UNESCO-Kommission nämlich, o Gott!) – »neue Innerlichkeit« beschwört sodann ein Zwischentitel – und dann die erste Bilanz: »Die Stichworte, denen dieses Leben gehorcht, heißen: Natürlichkeit, Spontaneität, Gemeinschaftlichkeit, Offenheit, Kreativität.«

»Gemeinschaftlichkeit«! Und dies bei einem »neuen Typus«, den Sie, Dieter E. Zimmer, ein paar Absätze vorher noch selber als apolitisch bestimmt hatten! »Kreativität«! War's nicht Ihr kluger Nabokov, der immer wieder seinen Ekel vor derart kümmerlichem Oberlehrerinnengeschwätz formuliert hat? »Natürlichkeit«! Warum nicht gleich FKK sagen, wenn's doch letzthinnig gemeint ist? »Spontaneität«! Tränen Ihnen nicht selber die Augen vor diesem Kurzprogramm der Banausie, der Regression?

Aber nein, natürlich sind Sie zu klug, den kalten Schmäh zu glauben, ihn zu vertreten – und also verkrümeln Sie sich in die (vorgeblich objektive) Beschreibung einer (angeblichen) Tendenz; dies nun freilich wieder – denn sonst gäbe der Artikel keinen Sinn – behutsam sympathisierend. Die Wörter »Verletzlichkeit« und »Zärtlichkeit« fänden »Anerkennung«(!), schreiben Sie – und zitieren scheint's zustimmend eine Vertreterin »der Zürcher Protestbewegung«, welcher Vokabeln wie »Haß«, »Wut«, »Trauer« eine bemerkenswerte Substanz verliehen –, dies sei ein wichtiges Phänomen, womöglich die Rettung. An einem solchen Befund ist nun wirklich so gut wie alles Unfug. Denn natürlich hat es »Gefühle« – und gemeint sind hier evident die »dramatisch-opernhaften« und ergo vor allem »vorzeigbaren« – zu allen Zeiten gegeben, und es gibt sie allzeit. Die, wenn überhaupt, alleinige Novität liegt doch leider darin: daß heute eine ganz bestimmte Spezies von spätkapitalen Bürgerlaffen ihr nagelneuestes Pläsir darin findet, etwas so Sensationelles und Pathetisches und Preziöses wie »Gefühl« in sich stöbern und grummeln zu fühlen – und über diese dolle Entdeckung sofort mächtigen Lärm zu schlagen! Und absurder-, perverserweise sind es noch allemal die, die es am nötigsten, nämlich keine Ahnung von ihm haben. Das Jung-Pärchen auf dem ›Zeit‹-Foto, das da so innigverkitscht aufeinanderklebt, ist ja doch wahrhaft wie geboren für jenen Typus des Neuen Deppen, der gestern dem Popper-Kult, heute den »wahren Gefühlen«, morgen dem Evangelischen Kirchentag und übermorgen Franz Josef

Strauß nachrennt, so wie er noch jedem florierenden Scheiß eiligst nachgerannt und -getorkelt ist – lauter Leicht- und Schwerstgestörte, die am Ende nichts und nie etwas juckt als ihr eigenes und eher chimärisches Seelchen; und nichts so wenig wie die Einsicht, daß »Lebenssinn« kein schnell wechselnder Konsumramsch ist; denn hier beißt die Maus keinen Faden ab, sondern sich in den Schwanz: Das »neue Gefühl« ist natürlich nichts anderes als der neueste Unernst. Und diese – ja: Binsenweisheit sollten Sie, Dieter E. Zimmer, so gar nicht ahnen? Und das Ganze soll gar eine »Volksbewegung« sein? Wann haben Sie das letztemal einen Seitenblick ins Volk riskiert? Eine Knall-im-Kopf-Bewegung ist das allenfalls!

Ach, warum, Dieter E. Zimmer, warum Ihnen das alles referieren – Sie wissen's doch genauso gut!

Und ziehen doch gnadenlos Ihren »wissenschaftlichen« Tinnef durch. Drei Züge, zitieren Sie einen abermals Zürcher Kinder(!)-Psychiater, zeichneten den neuen »Empfindungsmenschen« aus: Er sei 1. spontan, 2. atheoretisch, 3. dem Imaginären zugetan. O Zürcher Wissenschaft! Läuft das nicht haarscharf auf eine Definition, eine Idealtypik des – Kindes raus? Und sind wir Alten, sofern wir dem nacheifern, nicht nachgerade klassisch infantil? Nein: nicht des Kindlichen eingedenk, sondern gußeisern kindisch! Das – neue Ideal?

»›Ich habe ein Gefühl‹ – das ist eine wichtige Auskunft und eine, die Folgen ankündigt«, schreiben Sie. Nein, das ist die unwichtige Auskunft der von der eigenen sprachlosen Nichtigkeit bezauberten Inferiorität, wobei doch spätestens hier dem Nabokov-Vertrauten die strahlende Vulgarität der Platitüde »Gefühl« oder (noch ärger) »Sensibilität« aufleuchten sollte; des Ego-Schwachsinns, der übrigens im Kern völlig identisch ist mit dem komplementären, der da jüngst mit der adäquat bescheuerten

TV-Dokumentation ›Null Bock auf alles‹ seine wahrhaft hassenswert triumphale Sprachgestalt fand.

»Die sich« – jetzt doch wieder: – »politisch verstehende Innerlichkeit, die protestierende Empfindsamkeit, der Psychosozialismus gewinnt Boden.« Geht Ihnen bei solchem Geschwafel nicht selber das Mühlrad der Verzweiflung im Kopf herum? Den »aufregenden Prozeß der Selbstentdeckung« feiern Sie. Gottle! Zu feiern gibt's hier nichts als das zeitlos konstante Geseiche zehntrangiger Solipsisten, die, nach innen schielend, doch nie anderes entdecken werden als die ewigeigne Ödnis, an deren Trauersträuchern sie doch, wenn die Metapher erlaubt ist, wie die Kletten hängen und wie jene beiden Foto-Langhaarkasperln aufeinander, die da geradezu sichtbar nichts Köstlicheres fühlen als die schöne Schleichwortwerbung, die ihnen von Feuilletonisten, von »Botschafts-Bietern, eulenhaften Einfaltspinseln« (Nabokov, ›Fahles Feuer‹) in die Kopfleere getrieben wurde. Dieter Einsicht Zimmer, je fais appel (damit's deutlicher rauskommt: sogar französisch) à votre raison! Aux parties restées intactes de votre énorme intelligence, ennemie de la sensiblerie! Mais vraiment! Sacrement!

Im Ernst: Was Sie da als Indikatoren einer ominöserweise »unsichtbaren« Volksbewegung um sich versammeln, ist (da hat leider F. J. Strauß recht, wenn auch aus den verkehrten Gründen) die hinterletzte aufgetakelte Mode, der aufgeworfene Ramsch für unausgelastete Quatschis, zum Teil berufsmäßige. Im Ernst ist »Gefühl«, wovon, wie Sie wissen, große Teile der modernen Literatur handeln, heute vermutlich schon etwas ganz Atavistisches. Aber selbst wenn man »Gefühl« noch immer als Hypothese, als Hilfs- und Näherungsbegriff statuiert, als ein kompliziertes Integral aus, sagen wir, dem jungen Goethe (der allerdings die Botschaft »Sei fühllos!« verkündete) und dem alten Arno Schmidt (oder eben Nabokov): Himmel, Zimmer, Sie wissen doch so gut wie jeder mit sieben Zwetschgen eingedeckte Berufsskeptiker, daß diese biochemisch-geistesgeschichtliche Metapher »Gefühl« nichts, aber auch gar nichts zu tun hat mit dem Mediengeschrei kardinalgemeiner Opinion-Leader der neuen Jugend- und Gefühls- und Phantasie- und Weißderteufel-Ideologie, so da wieder mal den Versuchsballon in die Welt plaziert haben, sich an deren Konfusion zu weiden und von ihr zu leben! Was heißt da – nochmals – überhaupt »Gefühl«? Ist das Gefühl, nämlich die Fühllosigkeit, die eine Fabrikarbeiterin am Band beseelt, nicht mindestens ebenso »wahre Empfindung« wie die subtile oder auch nur geschraubte des von Ihnen zum Überfluß auch noch zitierten Peter Handke?

Und apropos Arno Schmidt: Möcht' wenig schaden, wenn die neuen behaupteten Empfindsamen von dem oder vom alten Salomo den Gedanken aufschnappten, daß dies Leben kein Affengefühlszirkus der permanenten Gottähnlichkeit sei, sondern – und das ist ja auch nicht wenig und füllt den homo sapiens zur Gänze aus –: beschwerlicher Alltag, Arbeit, Plackerei; wozu »der Mensch fröhlich sei, denn das ist sein Teil«.

Dieter Empfindungsmensch Zimmer, im Verlauf Ihres Texts immer klarer wird, gereicht Ihnen aber nicht zur Entschuldigung, daß Sie den von Ihnen ausgebreiteten Schmonzes ja selber nicht abkaufen. Dahin deuten Vorbehalte wie: »Was die neue Sprechweise (der Empfindsamen) so fragwürdig macht, ist nur, daß sie Gefühle als letzte und abschließende Argumente einsetzt«; das bestätigen durchaus sinnige Statements, freilich erst gegen Ende des Texts offenbarte, wie: »(Man) trägt seine Gefühle stolz und rücksichtheischend vor sich her wie eine Schwangere ihren Bauch«; und wie sehr Sie das böse Gewissen über den eigenen ›Zeit‹-Artikel plagt, das illuminiert schon das ständige Changieren zwischen der »Ich«- und der »Man«-Vortragsform, welche beiden Sie im Text eigenartigerweise selber abhandeln. Freudsche Verschreiber? Selbstironie? Pseudo-Reserve eines Journalisten, der selber nach neuer Heimat sucht? Im übrigen hat der von Ihnen gelobte Mut, »ich« zu sagen, durchaus sein Zwiespältiges: immer wieder mal zu erinnern ist da an Adornos Diktum, bei manchen Menschen sei es schon eine Unverschämtheit, wenn sie »ich« sagten . . .

Dieter E. Zimmer, nochmals: Es steht ja wirklich zu vermuten, daß Sie all dies hier Angemahnte selber wissen – und vielleicht sogar besser. Und schreiben mit dem halbseidenen Zeugs doch die ›Zeit‹ voll. Dafür strafe Sie Gott – gestatten Sie aber gleichzeitig eine abschließende These: Sie haben Ihre Gefühls-Apologie wider bessere Erkenntnis, ja wider Willen verlautbart! Und gestatten Sie die weiterführende Ahnung: Die ›Zeit‹-Redaktion wünschte, ihrer reichlich schwer- und dünnblütigen und vor allem problemgeil-vollakademischen Durchschnittsleserschaft zu gefallen, wieder mal die ganz große Forumsdiskussion zu Zeit und Welt – und da fiel halt irgendeinem Theo Sommer oder Redaktionsboten abermals die neue Gefühlskiste ein – und die Wahl auf Sie, Sie sollten darüber handeln, und Sie wollten partout nicht, die Redaktion gab aber nicht nach – und am Ende haben Sie das Ränzlein eben doch geschnürt und den Riemen hingelegt: als einen großparodistischen Akt von – Résistance. Gut, das ist eine vergleichsweise originelle Form journalistischer Selbstzensur. Begründet sie aber, bei gerechter Güterabwägung, wirklich die nochmalige Verfestigung des großen Schmadders in un- oder halbaufgeklärten Köpfen mit Abitur?

Dies fragt sich und Sie in bezahltem Auftrag:
Ihr leicht erboster Eckhard Henscheid (1981)

DER UNHOLD

Fassbinder und Alfred Döblin

»Ein Unhold schwang sich auf jenen Stein.«
(R. Wagner, Götterdämmerung)

Vor zwanzig Jahren etwa, ich war gerade vierzehn (...), befallen von einer fast mörderischen Pubertät, begegnete ich auf meiner ganz und gar unakademischen, extrem persönlichen, nur meinen ureigensten Assoziationen verpflichteten Reise durch die Weltliteratur Alfred Döblins Roman ›Berlin Alexanderplatz‹. Zunächst, um ehrlich zu sein, hat mich das Buch überhaupt nicht angetörnt, schon gar nicht hat es »baff« gemacht oder »bumm«, wie es schon manchmal passiert war bis dahin zwischen mir und einigen, zugegeben wenigen »Büchern«, die ich gelesen hatte.

Natürlich, die gänsefüßigen »Bücher« allein vermögen einen Menschen ins Grübeln, ja in den Suicid zu treiben: Sind es eben die Gänsefüßchen, die das »Baff« und »Bumm« als gewohntes Erfolgserlebnis des Angetörntseins in mörderisch unakademischer Pubertät verhindern? Nimmt ein ureigensten Assoziationen verpflichteter Reisender »Bücher« gewissermaßen nur als Phantome, als akademischen Schein wahr? Was war da manchmal passiert bis dahin zwischen ihm und jenen, um ehrlich zu sein, chimärischen Baff- und Bumm-Machern der extrem persönlichen Frühreife des nachmaligen Rainer Werner Fassbinder, der uns momentan ›Berlin Alexanderplatz‹ vorverfilmt?

Die Werkanalyse von Döblins Roman durch Fassbinder stand zuerst in der ›Zeit‹ im Rahmen der »100 Bücher« – in diesen Tagen wurde sie wiederabgedruckt im Suhrkamp Taschenbuch 645, herausgegeben von Fritz J. Raddatz. Der Text prangt dreimal so lang wie die restlichen 99

Kleinessays – und tut gut daran: er ist, vom ersten bis zum letzten Satz, eine der ureigensten schriftlichen Emanationen, die mich seit 14 Jahren – und ich lese so einiges zusammen – befallen haben; nein, einen solchen Text habe ich wahrscheinlich überhaupt noch nie gelesen. Folgen wir ihm annähernd Satz für Satz:

Im Gegenteil, die ersten Seiten, es mögen vielleicht um die zweihundert gewesen sein, haben mich doch so trostlos gelangweilt, daß ich das Buch beiseite gelegt, nicht zu Ende und dann auch mit ziemlicher Sicherheit nie mehr gelesen hätte.

Also jetzt doch ein Buch, kein »Buch«. Zwar hat Döblins Roman gerade 400 Seiten, und die ersten 200 sind also nicht eben die ersten Seiten; auch wird das Techtelmechtel zwischen Indikativ und Konjunktiv nicht ganz transparent; aber immerhin, dem Roman blieb das Schlimmste erspart: F. las – und wie:

Merkwürdig! Ich hätte nicht nur eine der aufregendsten und spannendsten Berührungen mit einem Kunstwerk verpaßt, nein – und ich glaube, ich weiß, was ich sage –, auch mein Leben, gewiß nicht im ganzen, aber doch in einigem, manchem, vielleicht Entscheidenderem als ich es bis heute zu überblicken vermag, wäre anders verlaufen, als es mit Döblins ›B. A.‹ im Kopf, im Fleisch, im Körper als Ganzes und in der Seele, lächeln Sie meinetwegen, verlaufen ist.

Worüber sollen wir seinetwegen lächeln? Über die »spannendsten Berührungen«? Die »verpaßten Kunstwerke«, das »Leben im ganzen« und den »Körper als Ganzes«? Nein, der Verfasser meint wahrscheinlich doch das von »nein« bis zu »verlaufen ist« verlaufende Satzmonster, welches er ohne mindestens fünf Einbrüche zu packen sich einfach nicht in der Lage sah, so auch syntaktisch sehr stringent die eminente Aufgeregtheit des Gedankens in Kopf, Fleisch, Körper, Seele zu demonstrieren.

In der Tat drückt sich der Autor, mag sein aus Feigheit, mag sein aus unerklärlicher Scheu gegenüber den bestehenden Moralbegriffen seiner Zeit und seiner Klasse, mag sein aus der unbewußten Angst des irgendwie persönlich Betroffenen, drückt sich Döblin also viele Kapitel, viele, viele Seiten lang, zu lange fast, um sein Thema oder besser das eigentliche Thema seines Romans ›B. A.‹ herum.

Zwar, der ganz und gar akademische Deutschlehrer in uns zöge eine »Scheu vor« einer »Scheu gegenüber« vor – würdigen wir aber lieber die Schönheit des dreimaligen »mag sein« = may be, die auf des Autors Internationalismus insistiert, sowie die subtile Differenz zwischen dem »Thema« und dem »eigentlichen Thema« – und kommen wir zu diesem:

Die Begegnung des »Helden«, Franz Biberkopf, mit dem anderen »Helden« des Romans, mit Reinhold nämlich, eine Begegnung, die den weiteren Verlauf des Lebens dieser beiden Männer bestimmt, geschieht (...) auf Seite 155, nach mehr als einem Drittel also und mindestens 150 Seiten zu spät, so schien es mir damals, beim ersten Lesen, ein Eindruck übrigens, der sich bei mir, zwangsläufig etwas differenziert gewiß, bis heute nicht grundsätzlich geändert hat.

Was dem scheuen Döblin nicht verziehen sein soll – indessen F.s zwangsläufig etwas differenziert geänderter Eindruck doch bald in die rechten Geleise einrollte:

Warum auch immer, ganz gewiß aber zu meinem eigenen Glück, habe ich das erste Drittel von ›B. A.‹, das mich – wie gesagt – mehr gelangweilt als verwirrt, verstört oder gar erregt hatte,

eine hervorragende Steigerung –

überstanden, habe also weitergelesen, gelesen plötzlich, daß man's kaum noch lesen nennen würde,

»würde«, nicht »kann«? »Lesen nennen können würde«?

verschlingen, sagt man, fressen oder aufsaugen. Und hätte im-

mer noch zu schwache Begriffe gewählt für dieses Lesen, das gefährlich oft wohl gar kein Lesen mehr war, eher schon Leben, Leiden, Verzweiflung und Angst.

Gut: Einer mußte ja mal kommen und uns dahingehend unterrichten, daß hinterm Lesen irgendwie auch noch das Leben steht. Und daß das fressend-aufsaugend-verschlingende Lesen im Falle F. »gefährlich« war, ist zweifellos richtig. Einmal beim Konjunktiv angelangt, taucht aber F. jetzt wahrlich verwirrsüchtig in die Untiefen eines dreifachen:

Aber zum Glück ist Döblins Roman zu gut, als daß er es zuließe, daß man darin unterginge oder sich verlöre.

Freilich, als habe dieser grammatikalische Schwersteinsatz ihn überfordert, läßt der Autor jetzt die logischen Paradoxa tanzen: Warum wohl könnte es ein »Glück« für einen – schönen Dank! – guten Roman sein, daß er seine beste Qualität, die Ernstmacherei mit Angst und Verzweiflung, dann doch schnurstracks wieder vergösse oder vergüsse? Ist gleich:

Immer wieder wurde ich, wird jeder Leser, wie ich glaube,

Sag halt: »der Idealleser«, Rainer!

zu sich selbst, zu seiner eigenen Wirklichkeit, zur Analyse jeder Realität eines jeden fast gezwungen.

Nein, kichern Sie nicht über den Gemeinplatz – in diesem Satz hagelt's Mysterien. Was könnte wohl der Unterschied zwischen »Wirklichkeit« und »Realität« sein? Besteht wirklich ein Zwang zur Analyse jeder Realität eines jeden – Menschen? Lesers? Romanmenschen? Zur Analyse jeder schauerlichen Realität eines jeden F.-Satzes fast gezwungen, aber eben nur fast – wollen wir diesen in seinem Geheimnis-Charakter belassen und zusammenfassen:

Ein Anspruch im übrigen, den ich an jedes Kunstwerk stellen würde.

Ein abermals unakademischer Gedanke. Aber wissen Sie auch noch, was nun eigentlich der »Anspruch« ist? Dann merken Sie sich ihn gut, denn jäh geht jetzt die Post ins doppelt Paradoxe ab:

Mag sein, daß mir ›B. A.‹ geholfen hat, diese Forderung an die Kunst zu erkennen, zu formulieren und nicht zuletzt an meine eigene Arbeit zu stellen.

Dem Verfasser F. geht es um die großen vitalen Dinge wie Angst und fast mörderische Pubertät – wir aber hätten extrem akademisch gern gewußt: Ist es nun ein »Anspruch« oder eine »Forderung?« Und könnt's nicht die kleinbürgerlichste Schullehrer-Ideologie sein, die Kunst mit Forderungen zu belasten? Aber: Haben Sie eigentlich bei der Gelegenheit en passant mitgekriegt, daß F.s Arbeiten nicht minder »Kunst« sind? Wenn das klar ist, dann geht's auf in die Kryptografie:

Ich bin also einem Kunstwerk begegnet, das nicht nur so etwas wie Lebenshilfe zu leisten in der Lage war, das auch, davon werde ich noch erzählen, ein Werk der Kunst also, ›B. A.‹, das hilft, Theoretisches zu entwickeln, ohne theoretisch zu sein, zu moralischen Haltungen zwingt, ohne moralisch zu sein, das hilft, das Gewöhnliche als das Eigentliche, als das Heilige also zu akzeptieren, ohne gewöhnlich zu sein oder gar heilig oder sich aufzuspielen als ein Bericht vom Eigentlichen und all dem, ohne dabei etwa grausam zu sein, was Werke dieses Stellenwertes ja nicht selten sind.

Alles klar? Das ist sie, die Sprachwucht des Expressionismus, die F. von Döblin gelernt hat, nicht ohne der Ureigenassoziationskraft Heideggerscher Raunenhaftigkeit die Reverenz zu erweisen und die Dialektik des Theoretisch-Moralischen zu erhabenen Eiseszonen zu eskalieren. Zwar scheint irgendwo irgendwie mal ein Prädikat fremdgegangen zu sein, aber was soll's, wenn's doch um Eigentlich-Heiliges der Art geht:

Aber ›B. A.‹ hat mir nicht nur in so was wie einem ethischen Reifeprozeß geholfen, nein, es war mir, einem echt Gefährdeten in der Pubertät, auch echte, nackte, konkrete Lebenshilfe.

In so was wie einem solchen Satz weiß man nicht recht, was mehr entzückt: der »ethische Prozeß«, der »echt Gefährdete«, das kühn postponierte »in der Pubertät« – oder vielleicht doch die »nackte Lebenshilfe« im Unterschied zur »konkreten«. So oder so, ab sofort walte Heinrich von Kleist:

Denn ich habe Döblins Roman damals, und ich habe ihn dabei natürlich allzusehr vereinfacht auf meine eigenen Probleme und Fragen verengt,

nicht: »und auf meine eigenen . . .«?

als die Geschichte zweier Männer gelesen, deren bißchen Leben auf dieser Erde daran kaputtgeht, daß sie nicht die Möglichkeit haben, den Mut aufzubringen, auch nur zu erkennen, geschweige denn sich zugeben zu können, daß sie sich auf eine sonderliche Weise mögen, lieben irgendwie.

Die Möglichkeit habend, den Mut aufzubringen, geschweige denn ihn niederzuschreiben, diesen sonderlichen Satz für den bisher reifsten zu erachten, mag ich ihn, liebe ihn irgendwie, auch wenn mein bißchen Verstand auf dieser Erde dabei hoppskaputt geht; zumal schon im nächsten klar wird, daß Biberkopf und Reinhold nicht nur nicht homosexuell sind, sondern

nicht mal im weitesten Sinn Probleme in dieser Richtung haben,

nein, sondern es ist

nicht mehr und nicht weniger als eine reine, von nichts Gesellschaftlichem gefährdete Liebe. Das heißt, das ist es eigentlich.

Und schöner kann man es eigentlich nicht mehr sagen. Auch wenn der nächste Satz dann wieder sonderlich genug eingesteht, beide seien »natürlich« trotzdem »gesellschaftliche Wesen« –

und als solche selbstverständlich nicht in der Lage, diese Liebe auch nur zu verstehen, zu akzeptieren gar, sie einfach nur hinzunehmen,

genauer: zuerst akzeptieren, dann hinnehmen!

reicher und glücklicher zu werden an einer Liebe, die ohnehin allzu selten vorkommt unter den Menschen.

Und diese Liebe sieht syntaktisch so aus:

Solch eine Liebe muß, so traurig ist das mit der Liebe und so schrecklich, solch eine Liebe muß denen, die gelernt haben, daß Liebe benutzbar ist, nützlich zumindest, im Positiven wie auch im Negativen –, solch eine Liebe muß angst machen, ganz einfach angst, und denen, versteht sich, meint uns. Jeden von uns.

Er weiß, wovon er redet, und wir ahnen es. Unbeantwortet zwar nach wie vor die Frage, ob Biberkopf und Reinhold dieser beschwert hypothetischen Liebe nun teilhaftig werden, aber:

Um konkret zu werden,

er meint: »um darauf zurückzukommen« –

dieses Lesen hat mir geholfen, meine quälenden Ängste, von denen ich fast gelähmt war, die Angst, mir

– nur Mut, Rainer! Heraus damit! Es zahlt sich aus! –

meine homosexuellen Sehnsüchte zuzugeben, meinen unterdrückten Bedürfnissen nachzugeben,

– eine schwer auslotbare Doppel-Metapher –

dieses Lesen hat mir geholfen, nicht ganz und gar krank, verlogen, verzweifelt zu werden, es hat mir geholfen, nicht kaputtzugehen.

Das ist die Hauptsache. Und war das Hauptmotiv Döblins beim Romanschreiben. Und F. dankt es ihm, beim zweiten Lesen jetzt erst recht:

Etwa fünf Jahre später habe ich ›B. A.‹ wieder gelesen. Diesmal hat mich etwas ganz anderes umgehauen oder wach gemacht

Ja, was denn nun? Und in welcher Reihenfolge?

(...) Beim zweiten Lesen wurde mir von Seite zu Seite mehr

und mehr klar, staunend erst, dann mehr und mehr beängstigt, so betroffen zuletzt, daß ich beinahe gezwungen schien, Augen und Ohren zu schließen, zu verdrängen also,

– die bisher originellste nach-Freudsche Definition der »Verdrängung«; er weiß weißgott, wovon er redet! –

wurde mir klarer und klarer,

– und der Satz wird länger und länger und F. wacher und wacher, wird er ihn zu Ende kriegen? Und wie! –

daß ein riesiger Teil meiner selbst, meiner Verhaltensweisen, vieles eben, das ich für mich, für mich selbst gehalten hatte, nichts anderes war, als von Döblin in ›B. A.‹ Beschriebenes.

Na also – die transpersonale Mystik aller Kunst. Und weil's so schön war, gleich noch einmal:

Ich hatte also, ganz einfach, unbewußt Döblins Phantasie zu meinem Leben gemacht.

Wenn alles so einfach = unbewußt ginge wie diese pränatalen Vorsorgediebstähle! Und doch wird's nochmals happig:

Und doch, es war nicht zuletzt dann doch wieder der Roman, der mir dabei half, die folgende beängstigende Krise zu überwinden und an etwas zu arbeiten, was zuletzt, wie ich hoffe, relativ sehr das werden konnte, was man eine Identität nennt, soweit das in all dem verkorksten Dreck überhaupt möglich ist.

Relativ sehr der oder das Metapher vom »verkorksten Dreck« ist zwar krisenbeängstigend – aber schon drehte Piel Jutzi seinerseits einen ›Alexanderplatz‹-Film,

einen ganz guten, keineswegs schlechten Film,

nach Döblins Roman; F. sah ihn und plante,

eines Tages, und warum erst eines Tages, das weiß ich nicht mehr, vielleicht, wenn ich genug können würde, den Versuch zu unternehmen, mit Döblins ›B. A.‹ das Protokoll einer Beschäftigung mit dieser ganz speziellen Literatur mit meinen filmischen Mitteln, letztlich wohl als Experiment, zu wagen.

Ach nein, da hilft kein satirisches Zitieren mehr, der

Satz transzendiert längst schon lebenssatt alle Fährnisse seiner eigenen Begreifbarkeit.

Es hat über zehn Jahre gedauert, bis es soweit kam. Und wenn die Situation nicht so gewesen wäre, wie sie war, ich mußte es machen, sonst hätte es ein anderer gemacht, hätte ich mir wohl noch einige Zeit mehr gelassen.

Diesen vexatorisch rhapsodisch-balladesken Satzbau kennen wir bereits – beim nächsten Exemplar erreicht das verblüffend expressionistische Kunstprinzip sein Klimaxmaximum:

Und dann irgendwann, der Grund war, es wurde ein Buch über mich gemacht, habe ich alle meine Filme (...) gesehen. Und wieder (...) stellte ich fest, daß es wesentlich mehr Zitate

(aus Döblins Roman)

gewesen waren, und meist wieder unbewußt, als ich es geahnt hatte.

Der Grund war, meist wieder unbewußt, wie wir ahnen: F. war schon damals ein Kongenie Döblins, wahrscheinlich dessen antizipierte Reinkarnation, jedenfalls genialer als dieser, denn von einer

Konstruktion (...) womöglich noch lächerlicher als die von Goethes ›Wahlverwandtschaften‹

hätte der sich nie zu reden getraut, aber F., von der eigenen Courage überrascht, geht noch weiter und müßte dabei auch

einem nach der Geschichte des Romans ›B. A.‹ Fragenden ehrlich antworten, mit der Geschichte ist es eigentlich nicht so weit her. Eher im Gegenteil.

Nämlich nah, nämlich:

Das Wesentliche an ›B. A.‹ ist also nicht seine Geschichte (...), das Wesentliche ist ganz einfach, wie das ungeheuerlich Banale und Unglaubwürdige an Handlung erzählt wird.

Jenseits jeder ungeheuerlichen Phraseologie, jenseits jeder ratiogebeutelten Syntax ist das Wesentliche daheim, jenseits jeden Sinns, der eh nur verhaßter Scheißkorksdreck ist – denn siehe:

Was macht diesen Plot

Schopenhauer hätte dafür plädiert, dieses Wort mit leichtem Karzer zu bestrafen –

zu etwas so Großem? Es ist das Wie, versteht sich.

Was wahrlich einmal gewahrsagt werden mußte. Zum zweiten aber:

Den sogenannten »Kleinen« wird hier die gleiche Größe zugebilligt, wie sie in der Kunst gemeinhin

– ab jetzt darf schon wahllos gelogen werden –

den sogenannten »Großen« zugebilligt wird.

Abermals eine grandios unakademische Diktion!

Zum dritten dann, ist es die Erzähltechnik, die Döblin (. . .) erfunden, vielleicht auch nur gewählt hat.

Er weiß nichts, er ist zu faul, in irgendeiner Literaturgeschichte nachzuschlagen – ist auch besser so, denn:

Im übrigen halte ich diese Fragestellung, erfunden oder nicht, keineswegs auch nur für wichtig,

reden möchte ich aber trotzdem drüber –

denn entscheidend ist doch, ob ein Autor die richtigen Mittel für seine Intentionen wählt, nicht, ob er auch noch deren Erfinder ist (. . .), für den Leser spielt das keine Rolle, der hat das Glück, einen Roman zu lesen, für den der Autor die ihm adäquate Form gefunden hat.

Die Lösung! »Gefunden« hat er sie!

Und ob Döblin nun James Joyces ›Ulysses‹ kannte (. . .) oder ob er ihn nicht kannte

auch das könnte man irgendwo nachgucken gehen – bei der Gelegenheit käme man auch fix dahinter, daß ›Berlin Alexanderplatz‹ keineswegs

wahrscheinlich der erste Versuch (wäre), Freudsche Erkenntnisse in Kunst umzusetzen. Das zuerst.

Zum zweiten aber ist doch eh all's scheißwurscht, wovon man nix versteht, darüber soll man immerhin nimmermüd dumm daherreden, denn siehe:

Wie in der Geschichte selbst, wird auch in der Literaturgeschichte nicht alles aus sich selbst heraus erklärbar sein. Ein Geheimnis, und wäre es nur die Hoffnung, wird immer bleiben.

Weißgott, und wär's nur die, daß auch diese losgelassene Wildsau endlich dem Ende zurast, das da lautet:

Spannender zudem als die Frage, ob Döblin den ›Ulysses‹ kannte, finde ich die Idee, daß die Sprache in ›B. A.‹ vom Rhythmus der S-Bahnen beeinflußt ist.

Es geht nicht mehr, es geht nicht mehr – bleibt nur noch die Idee, daß die Sprache dem Wunsch zum Ausdruck verhelfe:

Daß Döblin gelesen wird, mehr, viel mehr als es bis heute geschieht, das kann ich mir wünschen. Den Lesern zuliebe. Und dem Leben.

Na wem denn sonst. Erheben sich als rhythmische Idee nur noch drei abschließende Fragen:

Was wohl hat die erhabene ›Zeit‹-Redaktion sich dabei gedacht, als sie, nun er mal bestellt, diesen Schrieb im Nobelrahmen ihres »ersten europäischen Salons« (Suhrkamp-Klappentext) abdrucken mußte?

Welche Nibelungentreue mag einen Filmkritiker der ›Frankfurter Rundschau‹ dahin treiben, den Autor eines derart ungefügen, unbefugten, wüsten, korrupten, imbezillen Gegrunzes und Geraunzes in einen »Fürstenbund« mit Döblin, gar via Jean Paul, einzusetzen?

Ragt drittens die Frage, ob F. das schlechthinnige »Arschloch« ist, als das ihn H. P. Piwitt (in ›konkret‹) feiert. Eine solche Metapher ist immerhin ja schwer zu beweisen. Nahe läge immerhin der Verdacht, daß sich da einer ziemlich spätanallibidinös und extrem gemeingefährlich in den Dunkelwindungen des eigenen herumtreibt – allzuoft Signale von sich selbst nach draußen pfeifend. (1981)

DIE HIMMELSKANDIDATIN

Der Fall Anna Schäffer aus Mindelstetten und seine theosophischen Implikationen

Gibt's das noch? Es gibt. Und massiert. Dem vorletzten Papst lag es ganz besonders am Herzen, und nichts spricht dafür, daß der neue im Zuge seiner Rundum-Kasperliaden davon wieder abließe oder wenigstens etwas langsamer täte: das Heilig- und Seligsprechen.

Obgleich man im letzten Jahrzehnt gelegentlich hörte, der Fels Petri und seine Ecclesia Sancta hätten eigentlich Relevanteres zu tun: sei's im Hinblick auf die Verbesserung von Mitteleuropa, sei's hinsichtlich der Priesterbrüder in der dritten Welt, sei's im Sinne einer halbwegs lauteren Selbstdarstellung in notiger Zeit.

Worum geht es 250 Jahre nach Beginn der Aufklärung, hundert Jahre nach Nietzsche, Schopenhauer, Feuerbach? Zum Beispiel darum:

Am 28. 2. 1882 wird in dem 500-Einwohner-Dorf Mindelstetten im Ingolstädter Donaumoos die Schreinerstochter Anna Schäffer geboren. Die »Schreiner-Nandl«, so ihr Biograf, der Münchner Univ.-Prof. Dr. Georg Schwaiger, *»wächst im Kreise ihrer Geschwister unauffällig heran«*, verschreibt sich bereits an ihrem Erstkommunionstag *»als Sühneopfer«* (Nandl) dem Heiland *(»Mach mit mir, was du willst«)*, strebt nach der Volksschule ins Kloster und erfährt *»an einem Juniabend 1898 zum erstenmal den unmittelbaren Anruf Jesu: sie müsse schon bald viel leiden, und dies für lange Zeit«* (Schwaiger).

Am 14. 2. 1900 rutscht die Hausangestellte Anna Schäffer bei der Wäsche mit beiden Füßen in den Laugenkessel, verbrennt sich bis über die Knie und kommt in die Erlanger Universitätsklinik. Für Nandl beginnen 25 Jahre

Bettlägrigkeit, die *»harte Schule des Leidens«* (Schwaiger). Der Kranken tun sich *»mystische Erfahrungen verschiedener Art«* auf und schlagen sich in ihrem *»Traumheft«* nieder:

»Liebster Jesus
ich opfere alles
Dir auf und
danke Dir für alles
Kreuz und Leiden.«

Aber *»auch vom Satan hat sie schauerliche Quälereien auszustehen«* (so eine Schäffer-Broschüre mit kirchlicher Druckerlaubnis), doch: *»Um dem Heiland zu helfen, Seelen zu retten, wurde sie nie satt, immer noch mehr zu leiden. Viel hat sie gedankt, so viel leiden zu dürfen.«*

Nandls Tage und Nächte sind, den kursierenden Berichten zu glauben, ausgefüllt mit Gebet, Handarbeit und Schreiben – neben schwerneurotischen Masochismen von Mystisch-Kindlichem. *»Ich habe drei Himmelschlüssel. Der größte davon ist aus rohem Eisen, das ist mein Leiden. Der zweite ist die Nadel und der dritte der Federhalter. Mit all diesen Schlüsseln will ich täglich fest arbeiten, um das Himmelstor zu öffnen.«*

Am 14. 10. 1910 stellt sich anläßlich einer Heilandsvision *(»Kind, an diesen Malen darfst du noch viel leiden«)* die partielle Stigmatisierung ein. Anna Schäffer trägt *»einige Zeit die Wundmale Christi«* (Schwaiger) und erlebt ab 1920 jeweils in der Karwoche *»die volle Passionsekstase«*, genau wie ihre Landsmännin, die spätere und berühmtere Therese (»Resl«) Neumann aus Konnersreuth, deren Heiligsprechungs-Vorarbeiten momentan gleichfalls laufen, freilich unter so extrem dubiosen Vorzeichen, daß selbst Teile der offiziösen Cattolica immer vorsichtiger werden und den Prozeß wohl über die Jahrhundertwende hinweg verschleppen werden.

Nandl, inzwischen schon ein regionales Spektakel, freut

sich auf den Heimgang. Die letzten Zeilen aus ihrer Hand datieren von 1923: *»Herr, Deine Magd ist müde. Hole mich heim zur ewigen Ruh. Hienieden ist kein Friede. Herz Jesu, ruf mich Du!«* Am 5. 10. 1925 stirbt Anna Schäffer nach 30 Operationen an Mastdarmkrebs. Ihr Haus- und Leibpfarrer, der die heiligkeitsverdächtige Sieche längst umtriebig und vermutlich auch poetologisch betreut, schreibt in die amtlichen Sterbematrikel mit Bleistift *»Sancta«*.

Schon unmittelbar nach dem Schäffer-Tod liegen dem Bischöflichen Ordinariat in Regensburg Akten mit 270 der Nandl zu verdankenden Gebetserhörungen vor. Gleichfalls eine besonders lukrative Tote witternd, gibt der Regensburger Bischof Henle Weisung, das Grab *»in aller Stille«* auszumauern, die Handwerker machen aber nur einen Bretterladen, der 1946 bei einem Gewitterregen weggeschwemmt wird. Noch auffindbare Schäffer-Überreste sammelt der Mindelstetter Pfarrer und übergibt sie ziegelsteinummauert wieder der Friedhofserde, dort, wo sie *»von Ungezählten besucht werden«*. Ab 1972 übernimmt die Regie in Sachen Schäffer Regensburgs neuer Bischof Dr. Rudolf Graber, Rechtsaußen im deutschen Episkopat, ein Spezialist in mysticis, ein Mann, der auch sonst seit Jahrzehnten im südlichen Deutschland durch die Verbreitung saudummen antikommunistischen und antisexualistischen Schrifttums sehr übel auffällt. *»Auf vielfachen Wunsch«* erteilt Graber '72 die Erlaubnis, die Gebeine der Jungfrau Anna Schäffer in die Pfarrkirche umzubetten. Noch im selben Jahr wird das Grab vor 5000 Zuschauern geöffnet, die Gebeine werden in einem Zinksarg in der Gruft der Seitenkapelle beigesetzt.

Wenig später leitet Graber, mittlerweile ein bewährter Pilger zum Nandl-Grab, den Informationsprozeß für die Seligsprechung der Schäffer ein: *»Wir müssen Gott danken, daß er unserem Bistum eine solch begnadete Seele geschenkt hat.«*

»Mit großer Dankbarkeit wird die Nachricht im In- und Ausland aufgenommen.« (A. M. Weigl, ›Seelenrast und Trost am Grabe Anna Schäffers‹, Verlag St. Grignionshaus, Altötting, o. J.)

Was steht da theoretisch an?

Die Seligsprechung (*»Beatifikation«*), nach katholischem Kirchenrecht der erste Schritt zur Heiligsprechung (*»Kanonisation«*), wird auf Erlaubnis des Hl. Stuhls von den Bischöfen oder Bischofskonferenzen initiiert, von einer *»Ritenkongretation«* geprüft und nach einem extrem komplizierten Verfahren mit dem feierlichen Kanonisationsakt in Rom gekrönt. Der erste Schritt, der *»Informationsprozeß«*, hat einen ordentlichen und einen außerordentlichen Teil. Grundlage des ersten ist das Martyrium bzw. – bei Nichtmärtyrern – *»ein heroischer Grad der göttlichen und Kardinalstugenden«*, i. e. Glaube, Hoffnung und Liebe. Gefordert werden zudem mindestens 2 Wunder (*»miracula«*), mit deren Nachweis der Kandidat schon mal als *»Venerabilis«* (verehrungswürdig) gilt. Zuständig ist der Bischof jener Diözese, in welcher der Anwärter *»seine irdische Wanderschaft beschlossen oder in welcher er nach seinem Tode durch Wunderkraft geglänzt hat«* (P. Österle, ›Einführung in den Prozeß‹). Für die Kanonisation selbst braucht's daraufhin erneut zwei, im außerordentlichen Prozeß aber drei neue Wunder; letzterer muß zudem den Nachweis einer *»entsprechenden kirchlichen Verehrung«* bringen, also als *»processus per viam cultus«* quasi der Maus in den Schwanz beißen. In einem langwierigen Gerichtsverfahren befinden der Prozeßführer (*»Advocatus Dei«* oder Postulator), der Vertreter von Einwänden (*»Advocatus Diaboli«*), der Glaubensanwalt (*»Promotor fidei«*) sowie Richter und Notare über die Heiligwürdigkeit des Kandidaten.

Heilig- und Seligsprechung, im 2. Jahrhundert aus der Verehrung der Märtyrer geboren, später auf besonders asketische oder aber erfolgreiche Kirchenmänner ausgedehnt, wurden in den Gründerjahren eher über den Daumen gepeilt, erst im 11. Jahrhundert fanden sie eine Art Form. Die erste offizielle Kanonisierung tätigte 993 Papst Johannes XV. an Bischof Ulrich von Augsburg. Alexander III. bestimmte 1171, daß es zur Heiligenverehrung des päpstlichen Placets bedürfe. Seit 1634 regelt der *»Codex Iuris Canonici«* (CIC), das Gesetzbuch der katholischen Kirche, die Grundlagen.

Wichtiger formaler Unterschied zwischen Heilig- und Seligsprechung: bei der letzteren erhebt die Kirche keinen Anspruch auf Unfehlbarkeit, bei der Heiligsprechung schon.

Was aber ist das *»Heilige«* und *»Selige«*? Etwas äußerst Subtiles, Delikates, Ätherisches:

»Heilige« sind zunächst mal (so das Handbuch theologischer Grundbegriffe) alle *»Diener Gottes«* bzw. alle *»sicher«* mit Christus im Himmel vereinten Verstorbenen. Diese Heiligen gliedern sich in Heilige im engeren Sinn (*»Sancti«*) und Selige (*»Beati«*), sozusagen regional und theologisch beschränkte Heilige, die z. B. ohne kirchliches Sonderplacet keinen Regreßanspruch auf eigene Kirchen und Altäre haben. Auch mangeln ihnen die exakt fixierten Kompetenzen der richtigen Heiligen: wie etwa einer der berühmtesten, Thomas von Aquin, sogar gleichzeitig zuständig ist für die katholische Wissenschaft, die katholische Hochschule, die studierende Jugend, für Reinheit und Keuschheit, gegen Blitz, Ungewitter und Sturm sowie für Buchhändler und Bleistiftfabrikanten (›Lexikon der deutschen Heiligen‹).

Diese Spezifizierung steht vor dem Hintergrund einer scharf ausgeklügelten Himmelsordnung (*»Commune Sanctorum«*), die für Katholiken so aussieht: An der Spitze, gleich nach der Trinität, sitzt Maria, gefolgt von den Aposteln, Märtyrern und Bekennern, unter diesen übrigens auch etliche Jungfrauen (und sehr wenige Ehefrauen). Sozusagen im gehobenen Mittelfeld schweben die Normalheiligen und Seligen, wieder etwas unterhalb tummeln sich die *»Ehrwürdigen«* (Venerabiles), die sozusagen beim Seligsprechungsprozeß knapp gescheitert sind; sowie die *»Gottseligen«*, eine Kaste, der nach katholischer Weltordnung jeder sich zurechnen kann, der *»eines guten Todes«* gestorben ist. Als Schlußlichter fungieren Normal-Himmelsbewohner wie ich und du, die praktisch so gerade noch dem Inferno entwischt sind.

All das stimmt aber nun wieder auch nicht ganz, sondern im Prinzip sind alle in den Himmel avancierten Verstorbenen *»Heilige«*, freilich keine illuminierten und nachweislichen. Denn eigentlich ist alles *»heilig«*, was im Stande der Gnade ist, resp. gestorben ist: und das sind wiederum alle *»Gottgewissen«*, i. e. *»Gerechtfertigten«*, i. e. im Stande der *»heiligmachenden Gnade«* Befindlichen, und das wiederum sind alle getauften Katholiken (bei Protestanten ist es so eine Sache, aber das ist ein eigen Thema, zu schweigen von den theologischen Untiefen der heidnischen *»Begierdetaufe«*), Katholiken, die entweder nie schwer gesündigt oder aber diese Sünden jeweils beichtend bereut haben.

So. Es wird aber noch tüftliger. Denn andererseits ist freilich allein Gott *»heilig«*. Denn das *»Heilige«* (so das Handbuch theologischer Grundbegriffe) ist das von keinerlei menschlichen Wertmaßstäben Ableitbare, nämlich das *»Wesen Gottes«*. Hinwiederum kann aber der Mensch durch *»Berührung mit dem Göttlichen«* (B. Thum, ›Heilig, das Heilige‹, 1960) auch *»heilig«* werden, wobei Gott *»ontisch-objektiv heilig«* prangt, der Mensch indes nur *»ethisch-subjektiv«*. Und die Feinheit der Theologie nimmt zu: Während für Paulus noch alle Getauften *»heilig«* sind, macht für neuere Hermeneutiker nicht allein *»die Wahl Gottes«* das Wesen der Heiligkeit aus – vielmehr kommt's etwas schwurbelig drauf an, daß *»durch die Erwählung Gottes der Mensch in einen neuen seinshaften Zustand der Heiligkeit umgewandelt wird, allerdings nur keimhaft und anfänglich. Deshalb bleibt es die bleibende Aufgabe der Christen, ein Leben lang in einem diesem Zustand entsprechenden Verhalten an ihrer sittlichen Vollendung zu arbeiten, um ganz gottgemäß zu leben«* (Handbuch), ogottogott.

Wem aber auch das noch nicht sprachvergaunert genug ist, der möge mit der deutschen und seinerzeit stark NS-sympathetischen katholischen Dogmatiker-Prominenz Michael Schmaus bedenken: *»Die sittliche und seinshafte Heiligkeit fallen bei Gott in eins zusammen: Die seinshafte Heiligkeit geht ein ins Handeln und wirkt sich darin aus, ja sie ist das Handeln Gottes, und die sittliche Heiligkeit ist Ausdruck des heiligen Seins, ja sie ist dieses Sein«* (M. Schmaus, ›Katholische Dogmatik‹, 1953).

Nix kapito? Dann wieder etwas platter: Aus dem ethischen Heiligen des Alten Testaments machte die Kirche die persönlichen Heiligen aufgrund superieurer Verdienste und/oder eines *»reinen Lebenswandels«*. Um auch da noch zu differenzieren – denn die Idee der Hierarchie hält bekanntlich gerade die gammligsten Läden zusammen – entstanden die Seligen, reduzierte Heilige, definiert durch die unmittelbare Anschauung Gottes im Himmel (*»visio beatifica«*) und die immerwährende Freude über den eigenen Zustand (*»ewige Seligkeit«*). Die sozusagen in Metern gemessene Gottnähe der visio beatifica aber richtet sich innerhalb der Himmelspyramide nach den terrestrischen Meriten.

Visio beatifica genießen selbstverständlich auch die Heiligen, allerdings kann – und jetzt bewegen wir uns auf Einsteins fünfte Dimension zu – *»ein Seliger im Himmel* *höher stehen als ein Heiliger«* (Österle), der Unterschied ist nur rechtlich-irdischer Art: Wie Gott nämlich selber seine Leute einschätzt, bleibt sogar Rom verschlossen, auch wenn es ex officio den Status der Coelestischen taxiert.

Schlußbonbon: Es gibt noch einen wichtigen Unterschied zwischen Heiligen und Seligen, erheblich vor allem für die bildenden Künste. Den Heiligen steht nach katholischem Recht der flächige *»Nimbus«* zu, der goldene Heiligenschein; die Seligen müssen sich, nachzulesen im ›Lexikon für Theologie und Kirche‹ (1964), mit der *»Gloriole«* bescheiden, dem Strahlenkranz ums Haupt.

Mit dem die arme Anna Schäffer wahrscheinlich schon selig ist, jedenfalls soll sie's werden. Heilige & Selige sind, nach einer kleinen Schampause zu Zeiten der katholischen Apo-Rebellionen Ende der 60er Jahre, derzeit wieder stark im Kommen. Seit den letzten Jahren des Paul-VI.-Pontifikats verzeichnet man eine mittlere Konjunktur, im Zuträgerland Westdeutschland zumal: Etwa 30 Deutsche erwarten gegenwärtig ihre Beatifikation und Kanonisation, die Zahl der 1973 erstmals vom Vatikan mittels eines Elektronengehirns zusammengezählten Heiligen – gegenwärtig befinden sich danach 1044 Priester, 574 Ordensleute, 15 Päpste, 79 unverheiratete und 38 verheiratete Laien, 32 Witwen und 14 Ehefrauen garantiert im Paradies – zu erhöhen. Anna Schäffers Diözese Regensburg liegt nach Trier mit fünf Kandidaten an der Front der gegenwärtigen Bewegung.

Am 20. Juni 1977 brachte ihr Bischof Graber drei Pakete Seligsprechungsakten zur zuständigen Kongregation nach Rom. Er ist guten Mutes, sein *»Vorbild aller Leidenden und Kranken«* durchzusetzen. In Mindelstetten selber ist derweil eher Diffuses zu erfahren. Wenn es im Zuge der Zeugenvernehmung (*»testes«*) nach der Schäffer-Nichte Scharl geht, so hat zumindest die Stigmatisierung wenig Chancen auf prozessuale Beglaubigung: Die Hand ihrer Tante sei zuletzt einfach völlig vom Fleisch gefallen, im übrigen: *»Wenn g'nug Geld gespendet worden ist, dann fangt d'Seligsprechung an.«*

Den Vorgang immerhin zu beschleunigen, tragen sich in der Mindelstettener Pfarrkirche St. Nikolaus täglich bis zu hundert Gäste ein, darum bittend, daß der Prozeß in Rom endlich eröffnet werde. Manchmal hat's Zusätze: *»Nannerl, vielen, vielen Dank für dein Fürbittgebet!«* Oder: *»Liebe Anna Schäffer, bitt für mich, daß ich das Physikum bestehe!«* Bemerkenswertes auch aus Priestermund: *»Ich bin überzeugt«,* schreibt Pfarrer K. aus F. in einer beiliegenden Broschüre, *»daß der Heiland der Nandl auch die allergrößten Gnaden nicht verwehren wird!«* Und er tut dar, wie *»jede Seligsprechung Gott zur größeren Ehre gereicht«*. Neben dem Spätzeit-Nonsens liegt eine andere Broschüre, in der sich der Nandl-Promoter und Marien-Fan Exz. Graber (*»Ein Bischof spricht über Europa«*) für 9,60 DM wider den Untergang des Abendlands durch Kommunismus und für eine *»marianische Struktur Europas«* ausläßt.

Vorm neuen fünfzig Schmuckkerzen starken Grab der Nandl knien fünf alte Weiblein und wabeln betend ein Perpetuum mobile in den sanften Spätsommernachmittag hinein. Eine gastierende Ordensschwester teilt mir mit, die Seligsprechung sei »jetzt genehmigt, aber noch nicht durch«. Über tausend Petitionen seien an den Bischof gegangen, sogar aus der Schweiz und aus Köln, *»da hat sie auch Verehrer!«* Verehrer? Na ja, es fänden in der Pfarrkirche halt immer wieder Fürbitten der Gläubigen für eine Seligsprechung statt! Aber sei die *»Verehrung«* nicht vielmehr der approbierten Seligen vorbehalten? Das schon, konzediert die Schwester, *»verehren«* dürfe man Nandl genau gesagt noch nicht, aber *»anrufen«* dürfe man sie schon mit Fug, denn siehe – *»sie hat ja auch schon oft geholfen!«*

Ob das denn kein Frevel sei, einem Menschen göttliche Fürsprechkunst zu attestieren, einem Menschen, der ja immer noch als Schwindler entlarvt werden könne? Meine Ordensschwester wehrt sich fast böse: Für die Seligsprechung sei ja gerade der Nachweis solcher *»Wunder«* nötig! Sublime Logik, aus deren heikler Paradoxie sich freilich die Ecclesia selber kraft einer *»Erklärung«* in einer aufliegenden Anna-Schäffer-Broschüre etwas gar feig raushält: *»Gemäß den Bestimmungen von Papst Urban VIII. bleibt der Kirche die Entscheidung darüber vorbehalten, ob die aufgeführten Gebetserhörungen übernatürlich zu erklären sind.«*

Die fünf alten Weiblein haben ihr Gemurmel geendet und erklären mir's als *»Fünf-Wunden-Rosenkranz«*. Ob der vielleicht besonders erfolgreich sei, wenn er am Grab der Schäfferin gebetet werde? *»Freilich!«* Warum? *»Na ja, weil dann mehr Gnad' dahintersteckt, wenn mir zur Anna Schäffer beten!«* Wieso? Soviel ich wisse, sei doch die Anna noch gar nicht akklamabel, nämlich noch nicht selig. *»Ja eben! Drum haben mir 'bet' zu ihr! Damit's eben bald seliggesprochen wird, die Anna – haben S' da noch nix davon g'hört?«*

Gehört schon. Irgendwie. Aber offen geseufzt: nix verstanden. Wenn ich nur wüßte, ob ich in der Kirche stehe oder im Wald. (1974/80)

RENDEZVOUS DER KOTZBROCKEN

Warum ich 1988 wieder zur Buchmesse gehe

Bis 1982 ging ich im Oktober regelmäßig auf die Frankfurter Buchmesse. Seit 1983 ging ich dann nicht mehr. Obwohl ich in Frankfurt wohne, obwohl ich zur Messezeit immer in Frankfurt war, obwohl ich sogar einen Gratis-Eintrittsausweis zur Verfügung gestellt kriegte. Nein, da wollte ich nicht mehr.

Unter vielen anderen das stärkste Argument, die Buchmesse zu besuchen, lautet immer dahingehend: Wie nirgends sonstwo treffe man auf der Messe in geballter Zahl Menschen, die man – Opfer der Kulturhektik, die wir allesamt sind – sonst das ganze Jahr über nicht sieht, die man aber durchaus sehen möchte. Schon recht. Nur stimmt's nicht ganz. Sondern meine letzten einschlägigen Erlebnisse sahen 1982 so aus:

Bei meinem Eintreffen gegen halb 11 Uhr vormittags läuft zwischen Halle 6 und Halle 7 der äußerst korpulente Dichter Paul Schwämmlein an mir vorbei, für seine Fülligkeit und die frühe Stunde unglaublich agil und für einen Lyriker fast zu abteilungsleiterhaft. Gottseidank, er hat mich nicht gesehen, hat fraglos auch Wichtigeres im Sinn als mich. Das ging ja gut an, das ging ja gerade noch mal gut.

Keine fünf Sekunden später rauscht die Herausgeberin der hochrenommierten Frauenbuchreihe »Das neue Matriarchat« von der Seite her durch die Eingangstür, Angela Wichtig heißt sie, ein schlimmer Finger. Die hab ich doch grad draußen schon mit ungeheurer Wucht und Präsenz aus dem Taxi klettern sehen, einen Packen Gedrucktes unterm Arm. Obskure Person. Ich kenne sie von der Zeit her, als sie noch Tipse bei der ›Frankfurter Rundschau‹ –

aber vor schwellender, ja schwallender Energie und Sendungsbewußtsein schon damals nicht mehr zu bremsen war. Heute ist sie, anders als ich, eine literaturpolitische VIP. Ich stehe noch etwas benommen und erschreckt – da kommt's noch dicker: Mein Ex-Verleger und Vorgesetzter Hans A. Blei verläßt die Halle 7, nimmt Maß auf mich zu – um Gotteswillen, nur das nicht! Der mag mich doch so wenig wie ich ihn! Wie dem Mann entgehen? Auch Blei hat die Gefahr erkannt; und sie gebannt: Virtuos, artistisch negiert er mich. Tangiert mich zwar, aber – schnappt mich nicht. Ist vorbei und untergetaucht. Mein Gott, wäre das eine beidseits peinvolle Begegnung geworden, morgens um halb 11! Was hat denn der eigentlich noch auf der Messe zu suchen? Ich denke, der ist längst so eine Art Alternativ-Kneipier?

Uff. Und dabei hatte ich mir so schön ausgemalt, wie ich hier auf der Messe wieder mal Freunde, Gleichgesinnte, vielleicht Bewunderer treffe; wie ich schon am Eingang von Halle 7 die ersten behaglichen Autogramme gebe, wie ich durch die Kojen-Reihen schlendere, da und dort einem Fan Lebenssinn stifte, hier und da mit einem Verlegerpotentaten plaudere, so heikel wie hochinteger dessen üppige Bestechungsgelder ablehne, die er mir für einen Verlagswechsel überweisen möchte . . .

Statt dessen und inzwischen in der Belletristikhalle angekommen, kann ich jetzt auch beim geschicktesten Ausweichmanöver den bekannten Kabarettisten Werner Kleidermacher absolut nicht mehr umgehen, nein, wir beide sind einfach zu groß, als daß wir uns gnädig übersehen könnten. Weiß Kleidermacher, daß ich ihn neulich in ›konkav‹ attackiert, ihn eine dumme Nuß gescholten habe? Nein, er hat ja nur eine einzige Botschaft anzubringen, sein – und das macht die Sache freilich noch schlimmer – neues Buch, das er mir vom Verlagsstand heranholt, ungebeten signiert und auch gleich noch erklärt. Nach einer Viertelstunde habe ich einsehen gelernt, daß mindestens zweihundert seiner in diesem Herbst endlich gesammelten »Aphorismen und Wortkanonaden« noch exzellenter sind als selbst die seines verehrten Lehrers Karl Kraus. O Gott. O Hölle. Kleidermacher ist anderer Meinung: Ha! Ja, wir sollten uns öfter sehen, gerade wir vom Komikfach, höre ich halb flüchtend noch. Der Teufel soll dich holen. Nichts wie weg hier.

Endlich an der Koje meines Verlags angelangt, vermisse ich gleichwohl die vertrauten Gesichter des Verlegers und Lektors, die ich ja eigentlich gern begrüßt hätte. Dafür finde ich den Verlagsautor Uwe Fuchs vor, einen Nichtskönner und Wichtigtuer und ewigen Nassauer, der freundlicherweise auch schon angedüdelt ist und mir nebst einer Fahne die superbe Courtoisie ins Gesicht schwallt, er habe leider mein letztes Buch von 1981 noch immer nicht gelesen, vielleicht aber packe er das neue von 1982 – wenn es nur nicht so dick wäre ...

Ist er, der Dummkopf, im Kränken Virtuose? Oder doch nur ganz harmlos unhöflich und doof?

Ein Student, eine halbe Stunde später, quatscht mir die langsam nervös gewordenen Ohren voll, wie er beinahe seine Doktorarbeit über mich geschrieben hätte, wenn er sich nicht im letzten Moment doch noch für Peter Handke entschieden hätte. Durch den Quergang rauscht, einen dicken alterslosen Lakaienglatzkopf an ihrer Seite: abermals und volle Pulle Angela Wichtig.

12.30 Uhr: Beim Schlendern durch Gang F fällt mich der Jungverleger Klaus A. Stampfer an; will mir Champagner aufzwingen, der in seiner Koje weggepichelt wird. Diese Jungverleger. Der Mann weiß doch ganz genau, daß ich weiß, daß er mir noch m. W. 380 Mark für irgendeine steindumme Anthologie schuldet. Der oktoberliche Jahrmarkt der Eitelkeiten? Ach was. Der ausgepichtesten und unverhüllten Schamlosigkeit!

Und noch immer, seit zwei Stunden, keinen Menschen gesehen, den ich sehen möchte. Ich retiriere in die Imbißbar und stoße sofort vom Regen in den Platzregen, nämlich auf unser Frankfurter Ubiquitäts-Faktotum, den Filmschauspieler Alfred Nobel, o Gott, o Gottchen. An sich sehe ich den Mann nicht mal ungerne, aber heute, bereits halb depressiv, kann ich seine nimmersatt unermüdlichen Tiraden über Gott, Welt und Alfred Nobel nun mal partout nicht haben. Zumal an dieser ebenso mickrigen wie teuren Theke, an deren gegenüberliegender Front schon wieder wer hingegossen lungert, eingesäumt diesmal von zwei bebrillten, fetten Buchkultur-Abgreifern? Richtig, Angela Wichtig. O mon Dieu . . .

13 Uhr: Ein weiterer Jungverlegertürke, auf seinen Namen komm ich momentan nicht, haut mich auf dem Klo an. Schon wieder geht es um eine Anthologie. »Robinson in den Städten« soll sie heißen und schon zu Weihnachten unwahrscheinlich reinhauen, ja »reinknallen«! Startauflage 80 000. Lyrik, Prosa, Tagebuch – alles ist willkommen. Ich verkneife mir die adäquate Frechheit, den Mann um 20 Mark Vorschuß anzupumpen, die hat er nämlich nicht dabei, da wette ich um 30 Mark!

Und verdrücke mich in die rettende Kabine.

Drüben schreitet Helmut Kohl mit kanzleramtlicher Eskorte vorbei – er beachtet mich nicht –, immerhin entgehe ich in der Kanzler-Hektik aber auch dem Kollegen Axel Sowieso, der offensichtlich auf der Suche nach jemandem Dummen ist, einem wie mir, der sich demütig seine Glanzhistörchen aus dem Berliner Literarischen Colloquium anhört. Du alte Schwuchtel, du blöder »Icke«- und »Wa«-Sager, mach doch heim in deine vergammelte Ex-Hauptstadt und fall deinem Höllerer auf die Nerven!

Der Redakteur der Schüler-Zeitung aus Großbirnbach bittet für die nächste halbe Stunde zum Interview. Er ist bestens präpariert und weiß sogar meinen Namen. Die ihm jetzt gerade entfallenen Buchtitel kann ja zur Not ich ihm sagen. Derweil ich eine Kleinigkeit mißgelaunt, ja grämlich beobachte, wie der Konkurrenzdichter Hans Wüllinger sich dreißig Meter linkerhand von drei blondlangmähnigen Miezen rücksichtslos umzirzen läßt. Wie James Bond persönlich. Doch, der kann's. Aber dafür muß eins geboren sein.

Wie gut, daß mir wenigstens der Schullehrer Herbert Kümmel aus Würzburg-Kist acht meiner Bücher zum Signieren vorlegt. Doch, doch, das macht Mut, wie er sie aus dem angeschleppten Rucksack kramt, das tut gut. Auch wenn sich dann gesprächsweise herausstellt, daß er außer mir auch Karin Struck und Luise Rinser prima findet; ja, diese fast noch primaner.

Aber: Ist der da drüben nicht Ror Wolf, mein erster, allerserster Augentrost des Tages? Nein, leider nicht. Dafür brettert armeschwenkend der Ex-Redaktions-Kollege – na, wie hieß der noch? – richtig: Peter Huntzing auf mich zu, er ist jetzt beim Hessischen Rundfunk tätig und teilt mir mit, er mache täglich um 8 Uhr eine Frauen-Frühstückssendung – ich solle ihm doch ruhig mal was schikken. 50 mal 40 bis 48 Zeilen, damit verdiente ich überschlägig besser als mit meinen Büchern. Er drückt mir sogar seine Visitenkarte in die Hand. Du alte, dumme, widerliche Visage! Hau bloß schnell ab! Du Schwuchtel!

Hinter mir, auf hohen Absätzen, klappert's abermals verdächtig. Verdächtig und obskur. Richtig, Angela Wichtig prescht zum vierten Mal vorbei. Kulturhure, Schnalle! Aber langsam macht sie sich immerhin lächerlich . . .

14.45 Uhr. An meinem Verlagsstand legt sich von hinten eine schwere und unverkennbare Schweizer Pranke auf meine Schulter. Ich wende mich – unleugbar: Es ist mein Lektor Botho S. Dammer – nach Stücker 15 Pfeifen und Windhunden und Gaunern die erste humane Gestalt, welcher ich auf dieser Messe begegne, die erste, die ich gerne sehe. Leider: Dammer hat fürsorglich einen Fan mitgebracht, der sofort und gnadenlos und so inkompetent wie nur möglich mit Fragen und wütender Neugier auf mich einteufelt und, das ahne ich mählich, mich wohl auch mit einem Dichter Richard Hänel oder Fuhrmann Henschel oder was verwechselt – ich aber schwöre mir in diesem Augenblick, es damit definitiv gut sein zu lassen und die Buchmesse ab sofort und in alle Ewigkeit wie eine Pest zu meiden.

Und das, wie gesagt, tat ich auch; fünf Jahre lang. Rücksichtslos. Rigid und rücksichtslos. Jawohl. In diesem Jahr aber gehe ich erstmals wieder hin. Ich finde, klüger und gelassener geworden, ein Autor darf sich nicht zu sehr gehenlassen, er muß sich mit anderen Autoren auch dort solidarisch erklären, wo es gilt, Terror auszuhalten. Noch genauer gesagt: Ich gehe 1988 wieder hin, weil mich ein TV-Team dazu bewogen hat. Man will mich zu meinem neuen Buche interviewen. Und dafür auch noch 1000 Mark rausrücken. Für ein paar Statements meinerseits. Tscha. Tja, auf Dauer kann sich keiner drücken, keiner ganz entziehen, mit Horst-Eberhard Richter zu seufzen. Und ich finde, für einen braunen Riesen als Gegenwert zu meinen acht Sätzen sollte ich nicht nur die fünfzehn üblichen und oben beschriebenen Messe-Arschgesichter ohne Hadern aushalten können; Menschen meiner charakterlichen Reife vermögen dazu sogar noch vier, fünf Fernseh-Esel spielend zu ertragen. (1988)

DIE OBER-PEINLICHEN

Eine Selbstdarstellung bundesdeutscher Pressevertreter

> *»Die Schmöcke sprechen so korrupt, wie sie denken; und schreiben – so, haben sie gelernt, soll's sein –, wie sie sprechen.«*
>
> *(Karl Kraus, Die Sprache)*
>
> *»Es herrscht Not an Kommis. Alles drängt dem Journalismus zu.«*
>
> *(Karl Kraus, Presse, Dummheit, Politik)*

Dem Journalisten Kraus hießen sie in der Folge Gustav Freytags schlicht »der Schmock«. Seinem Landsmann, dem Büchnerpreisträger Thomas Bernhard, sind sie, 70 Jahre später, »unappetitlich« und eine »Gemeinheit«.

Um das Image der deutschen Journalisten ist es nicht gut bestellt, innerhalb der sozialen Prestige-Leiter der öffentlichen Meinung stehen sie seit eh und je auf einer der untersten Sprossen. Und dies, obwohl vom Kanzler bis zum Fraktionsvorsitzenden der gegenwärtigen Regierungspartei, von einem ehemaligen Bundespräsidenten bis zum heutigen FDP-Generalsekretär der Beruf aufs reputierlichste präsentiert wird. Ein Anachronismus? Sind Mißtrauen und Geringschätzung unverdient, die heute noch jenem Berufsstand entgegengebracht werden, von dem weiland der Präsident Jefferson anmerkte, er sei im Zweifelsfall wichtiger als sogar die Träger des Staats?

Wenn Sie der Meinung sind, dann lesen Sie zur Strafe die folgende Selbstdarstellung: eine Sammlung von Zitaten aus dem Stellenanzeigenteil der Verbandszeitschrift ›Der Journalist‹ von Januar 1970 bis Dezember 1972.

Die Agilen und die Flotten

Turnvater Jahn und die Sporthilfe-Aktion ›Trimm dich‹ dürfen ihre helle Freude an deutschen Journalisten haben. Sie sind in allererster Linie *»vital«, »agil«, »fit«, »topfit«, »vital und springlebendig«, »dynamisch«* und *»aktiv«*. In zweiter Linie auch *»mobil«, »tüchtig«, »wendig«, »versiert«, »rüstig«, »gestanden«*.

Ob *»vitaler Managertyp«* oder auch *»vitaler Altredakteur«*, sie alle sind nicht nur *»gesundheitlich up to date«*, sondern sogar *»beruflich absolut up to date«*. Sie bieten, wie etwa ein veränderungswilliger Lokalredakteur, eine *»rauchende Schreibmaschine«* an, sie sind *»interessiert für Feuerwehr«*, sie haben und bieten *»Ellenbogen vor Ort«*, ja sie sind in *»Theorie + Praxis flexibel und strapazierfähig«*.

Na, das ist schön, wenn einer auch in der Theorie strapazierfähig bleibt.

Die Stilisten

Agilität und Flottigkeit gefrieren zum Wort. Deutsche Journalisten verfügen in den meisten Fällen über *»flotte Schreibe«, »flotten Stil«* (!), *»verbindlichen* (!) *und* (!) *flotten Stil«*, schlicht auch mal *»gute Schreibe«*, aber dann bieten sie doch wieder so geheimnisvolle Dinge wie einen *»interessant-eleganten Stil«* (und damit auch gleich eine Kostprobe davon), ja, ein ausgewachsener Dr. phil. verfügt sogar über eine *»flotte, gelegentlich* (!) *spitze Feder«* ...

Viel wird von diesen *»flotten Schreibern« »garantiert«* oder doch *»gewährleistet«*. Etwa eine *»feuilletonistische Begabung garantiert flotten Stil«; »gediegene Berichterstattung wird gewährleistet«;* und manchmal gar *»wird flüssige Muttersprache garantiert«*.

Die Beweise werden auch gleich mitgeliefert: Eine *»dy-*

namische Redakteurin« bietet *»eine gute Feder ... angewandt bei Tagespresse ...«;* einem *»Schreiber mit anerkannt lebendigem Stil«* glaubt man ebenso aufs Wort wie dem Kollegen, der *»sich eines anti-onkelhaften Stils befleißigt«.*

Gern gelesen sind Journalisten, die – ausgerechnet! – *»elegant im Schreiben«* oder deren *»starke Seiten: Organisation, Schreibe, Engagement«* sind. *»Was Schreiben angeht«,* so will man *»gern Befähigungsnachweise erbringen«.*

Danke, es reicht vorerst.

Oder, um es mit jener *»Redakteurin mit sehr großem Talent zum Schreiben«* zu sagen: *»Organisationserfahren auch in französischer Sprache«.* Oder um es wieder anders zu erklären: es sind dies eben *»nachweisliche Erfolge bei der Einrichtung von ... Kultur«.*

Ad speciem werden *»Reportagen beherrscht«* und ist *»flottes Redigieren«* angezeigt. Einer ist *»fit in Nachrichten«*, ein anderer gar *»fit in Kommentar«.* Ein dritter wiederum offeriert *»guten Stil, fit in Reportagen«.*

Etwas unklar bleiben die Verhältnisse trotzdem: Kommt es nun auf einen *»emotional wirksamen Stil«* an oder auf einen *»emotionslos-geradlinigen* (!) *Schreibstil«*, den man ja nun wirklich mal gern sehen möchte? Einer lobt seine *»gelockerte Schreibweise«* – wäre vielleicht nicht doch die straffe, geraffte angezeigter?

Ach, wahrscheinlich kommt es doch letztlich auf die richtige Mischung an, jene *»schnelle, lustige, fachliche, aber auch bildhafte Schreibe«* mit *»gut verkauftem«* – nicht verkäuflichem? – *»human touch«*, bzw. auf *»knallharte Geschichten«* mit *»human touch in der Schreibe«*, also letztlich auf eine *»anpassungsfähige* (!) *Stilistik* (!!)«, ach ja, warum denn nicht gleich eine strapazierfähige ...

Die Humoristen

Was ein rechter deutscher Pressemann ist, dem sitzt der Schalk allzeit im Nacken. *»Ich schreib(maschin)e selbst«*, wirbt so ein geborener Spaßvogel. *»Komme selten pünktlich ins Büro«*, schelmt ein anderer, und *»gebe überall meine erwünschten und unerwünschten Kommentare«*.

Sie wollen *»sich verändern«*, *»um andere Luft zu schnuppern«* und weil sie *»Tapetenwechsel«* brauchen – nein, da wird aber auch kein Klischee-Monstrum ausgespart. Verändern will sich gleichfalls ein überaus *»brauchbarer R.E.D.A.K.T.E.U.R., akademisch abgestempelt«* – und das wäre ja nun wirklich ein psychoanalytisches Abenteuer, zu rekonstruieren, was in dem betreffenden Hirn bei der Geburt dieses Gags vorgegangen sein mag.

»Junger Redakteur (29) mit der Nase lieber im Wind als mit den vier Buchstaben ständig auf dem Schemel, sucht anderen Dampfer. Der potentielle ›Neue‹ weiß sich auf (fast) jedem Parkett zu bewegen, fotografiert, Pkw-kutschiert, toleriert, recherchiert und läßt sich (gerne) eine würzige und flotte Schreibe nachsagen. Undsoweiter, undsoweiter.«

Usw. usw. Humor ist wahrscheinlich, wenn der Verleger selbst dazu noch lacht.

Die Anbiederer

So flott sie sind, Gewährsmänner werden geschätzt: *»Mein Chef ist es sogar, der mir sagt, jetzt sei die Zeit gekommen, daß ich eine Stufe höher steige«*; *»schreiben kann ich, engagiert, eigenwillig und gekonnt«*, verkündet ein anderer gekonnter Könner, *»das bestätigt Ihnen mein Chefredakteur.«* Tun Sie's nicht, Herr Chefredakteur – es fällt auf Sie zurück! *»Werde von Kollegen als brillanter Formulierer geschätzt«*; *»Unser Verleger behauptet, wir seien das beste Team* *unserer Zeitung«; »Ich könnte bei ihm Redakteur bleiben bis an mein Lebensende, sagt mein Chef.«*

»Trotz wiederholter (auch schriftlicher)« – ist nicht wahr! – *»Anerkennung durch den Chefredakteur möchte ich mich verändern. Meine Vorzüge zu schildern, möchte ich einem persönlichen Gespräch und der Bewertung von Arbeits- und Stilproben überlassen.«*

Na, mein Guter, ob das denn auch so ganz funktioniert? Ob ein Gespräch und eine Bewertung wirklich so richtig Ihre Vorzüge schildern können? Nein, Meister, dieser Satz reicht schon zur Probenschilderung ...

»Darum will ich hier keine großen Worte machen. Sicherlich haben Sie meinen Namen schon einmal schwarz auf weiß gelesen.« »Sicherlich haben Sie schon einmal über mich oder von mir gelesen, das ist ziemlich sicher«, schreibt ein 32jähriger, der weiß, was er will, *»in jedem Fall bewies es Mut.« »Von Eigenlob halte ich nicht viel«,* teilt ein Kollege mit, *»ich habe beste Referenzen.«* Einer ist eine *»nach maßgeblichen Urteilen anerkannte Spitzenkraft«*, der andere wird *»viel zitiert«*, ein dritter ist sogar *»beileibe* (!) *kein Fachidiot«*. Ein *»eingespieltes Redaktions-Team«* kann *»die Berge am Zeitungshorizont versetzen«*, einer wittert in sich den *»Lokalredakteur 1. Garnitur«*, und ein anderer hat das Weltenrätsel gelöst: *»Ein Journalist – was ist das? Ich.« »Können Sie sich das leisten?«* fragt ein Pressemann glashart den noch unbekannten Verleger. Ein anderer: *»Ich verpenne keine Geschichte. Das habe ich bewiesen. Verpennen Sie mich nicht.«*

Schließen wir das Kapitel humoristisch: *»Suchen Sie einen Windmacher? – dann sollten Sie gar nicht erst weiterlesen. Denn ich zwinge nicht schon vorweg die Konkurrenz in die Knie* (!), *juble* (!) *Anzeigen hoch, und ob ich ein Klasse-Mann* (!) *bin, das Urteil überlasse ich gern Ihnen. Ich habe lediglich 5 Erdteile, 10 weltberühmte Inseln, 30 Hauptstädte in aller Welt besucht und darüber in Wort und Bild berichtet für X-Millionen Leser ...«*

»Ich halte nichts von Lobpreisungen über meine Figur und mein Können. Als Mann der alten Schule habe ich Universitätsstudium. Ich bin noch vital und springlebendig. Ein Sehen wird Sie davon überzeugen können.«

Denn merke: *»Schreiben können viele. Vielleicht verlangen Sie mehr.«* Weil: *»Ich bin's leid, immer nur sagen zu müssen, was ich kann. Das sollte doch klar sein.«*

Weltberühmte Inseln besuchen? Als springlebendiger Mann der alten Schule mit Figur und Universitätsstudium ein überzeugendes Sehen veranstalten? Eine Bewertung Vorzüge schildern lassen?

Nein, es geht noch einfacher: *»Jimi Hendrix war mein Duzfreund.«* – Ein schöner, absolut korrekter, alle Höhen und Tiefen der Syntax meisterlich überwindender und von beileibe keiner Fachidiotie angekränkelter Satz im vital anti-onkelhaften Stil nebst verbindlich-spitzer Feder: Jimi Hendrix war mein Duzfreund . . .

Lakaien und blinde Agenten

Deutsche Pressevertreter – Wörterbuch des Unmenschen hin und her – *»stehen zur Verfügung«*, zeigen *»Einsatzfreudigkeit«, »Flexibilität und Einsatzfreude«*, ihr *»Einsatzbereich ist infolge* (!) *Vielseitigkeit weit gesteckt«*, von einem Journalisten-Ehepaar werden *»Einsatzfreude und friedliche Charaktere«* zugesichert. Und einer ist – o allmächtiger Wahnsinn! – sogar *»immer gut gelaunt und einsatzbereit«*.

Gleich wo auch. *»Ort und Medium gleichgültig.«* Einer ist *»bereit, überall einzusteigen«*, für ein anderes *»Arbeitstier«* muß es nur *»irgendeine Redaktion«* sein. Denn: *»Ich bin überall schnell drin«*, es braucht nur der *»Antrittstermin«* mitgeteilt zu werden, und dann kommt es lediglich noch drauf an, *»kurz, richtig mitzumischen«*.

Denn ein *»guter Mann«* ist *»mit allen Wassern gewaschen«*, er *»hat immer Zeit«*, weil er *»auf Sonn- und Feiertage keine Rücksicht zu nehmen braucht«*, hat er doch *»tausend realisierbare Ideen und eine unerschöpfliche Arbeitswut«*, ist er doch nur *»hungrig auf einen ausbaufähigen* (!) *Job«*, also *»gewillt, den verschiedensten Objekten meine Feder zu leihen«* (!!).

Komme, was da wolle. Ein *»gewachsener Allround-Journalist«* übernimmt *»Fachblätter jeden Genres«*, wenn's sein muß die der alten Nazis und Königstreuen, oder *»vielleicht brauchen Sie irgendjemand* (!) *für Interviews oder eine Reportage dann und wann* (!)? *Für eine flott aufgemachte Frauenseite. Eine Briefkastentante?«* – so fragt eine immerhin *»junge, gewissenhafte Journalistin«*.

Hinter einer allesaufreißerischen Großkotzigkeit versteckt sich tiefe Devotion, der geborene Schranze und Arschkriecher. *»Junger Journalist springt* (!) *ab sofort ein, wo bei einer Zeitung Not am Mann ist.«* Sie *»schmeißen jede Lokalredaktion«*, *»können alles«* und kommen sofort und unbesehen, *»wenn in Ihrer Redaktion ›action‹ groß geschrieben wird«*.

Worauf immer diese action hinauslaufen mag. In drei Jahren Stellenanzeigen im ›Journalisten‹ fanden sich exakt drei Texte, die halbwegs die politische Ambition ihrer Autoren signalisierten: zwei Pressemänner teilen mit, daß es sie ins eher *»Linksliberale«* drängt, und ein Chefredakteur ist auf eine *»eher progressive als konservative Zeitung«* aus. Und einer ist *»freigeistig«*. Wie das wohl aussehen mag? *»Ausgewogene Kommentierung und Führerschein selbstverständlich«*?

Die moralischen Underdogs als wildgewordene Agenten des blanken Nichts: *»Teilen Sie uns«*, fleht ein Journalisten-Team *»mit Pfiff«* ins Irgendwo hinein, *»nur kurz mit, was wir für Sie tun können«*. Wichtig ist nur a) *»gewußt wie und gewußt wo«* und b) *»Wo ist Was frei?«* Möglichst bei *»knapp 3000 Mäusen monatlich«*. Im übrigen: *»Für einen* *zünftigen Einstand bringe ich zudem noch mehrere Flaschen Badischen Wein mit.«*

»Mache alles, auch Briefkastenonkel, Fernsehrezensent (!) *etc.«*

»Mache alles mit.«

»Ist's das, was Sie suchen«, Herr Verleger, *»dann liegen Sie richtig. Dann kaufen Sie mich.«*

O Gott, welch einem Gruselkabinett gehört unsereins an!

(1973)

LIEBE BRÜDER IN CHRISTO!

Ein Top-secret-Hirtenbrief der Deutschen Bischofskonferenz an alle katholischen deutschen Beichtväter zum Weihnachtsfest 1980

Weihnachten steht abermals in Haus und Hütte, Weihnachten, das Fest, da unser lieber Herr Jesus gekreuzigt worden ist, das Fest der Liebe, das Fest des Friedens, das Fest der Jungfräulichkeit, das Fest der –

– aber worum geht es, liebe Brüder, in tiefer Sorge? In der Zeitschrift ›stern‹ erschien im Oktober, kurz vor der Bundestagswahl, ein Bericht des Journalisten Kromschröder, in dem dieser mitteilte, er habe, unter dem Vorwand des Beichtens, sich unbefugt in verschiedene deutsche Beichtstühle eingeschlichen, mit der Absicht, einen Teil unserer geistlichen Mitbrüder dahingehend auszuhorchen, was er, Kromschröder, denn am 5. Oktober christlicherweise wählen sollte; worauf ihm, Kromschröder, elf von zwölf Beichtvätern (der 12. ist mittlerweile episkopal bestraft) die Anweisung anvertraut hätten, er tue, verhoffe er sein Seelenheil zu retten, äußerst gut daran, Franz Josef Strauß zu wählen.

So weit, so bene. Nur ging jener Journalist anschließend hin und veröffentlichte mit böslichem Erwerbsstreben sein geheimes Wissen in der erwähnten, uns Bischöfen schon lange als atheistisch bekannten Zeitschrift – und zwar in einem infamen, ja infernalischen Erlebnisbericht, der aber leider völlig der Wahrheit entspricht und so auch bedauerlicherweise unser berühmtes Hirtenwort zur Bundestagswahl 1980 nicht nur bestätigt, sondern sogar untermauert. Denn so weit, eine Nichtwahl von Strauß mit der Höllendrohung zu belegen, konnten wir natürlich seinerzeit nicht gehen, Ihr versteht schon, Brüder in Christo, ja? Gut.

Außerdem räumt der ›stern‹-Bericht leider endgültig mit der vor Jahren von unserem jetzt seligen Vorbruder Kardinal Döpfner klug zusammengeschusterten Legende auf, unsere deutsche Mutter Kirche sei neuerdings politisch unparteilich, gesprächsbereit auch nach links (was denn? gegenüber den schmutzigen Sozialdemokraten, haha!), sie habe jetzt im Sinn der Ökumene etc. allerlei »Öffnungen« (pfui! Apage Satana) – und jedenfalls sei sie nicht mehr auf die CDU/CSU eingeschworen wie unter Adenauer. Das ist natürlich gröblicher, ja grober Unsinn. Mögen wir auch hin und wieder mit Sozialdemokraten geplaudert haben, möge auch der Pfuiteufelkommunist Wehner in die Kirche rennen, möge auch der Unglaubenskanzler Schmidt drei Tage vor dem 5. Oktober noch so versiert im Fernsehen eine angeblich katholische Soziallehre aus angeblich katholischen Sozialenzykliken wie ›Mater et Magistra‹ (nie gehört! hehehe!) daherzitieren – selbstverständlich sind und waren wir katholischen Bischöfe nie lern- und gesprächsbereit, nie parteilich neutral und schon gar nicht politisch abstinent; und natürlich haben wir uns nie auch nur die Zeit genommen, irgendsoeine Sache wie das Godesstädter Rundfunkprogramm auch nur zu lesen (wo kämen wir da hin, hoho!) – sondern selbstverständlich, liebe Brüder in Christo, sind wir katholischen deutschen Bischöfe (und Ihr Kleinen immer schön brav mit uns, gell!) nach wie vor und immerdar das, was wir zu fast allen Zeiten seit dem Jahr 0 waren: ein mieser, widerlicher, vergammelter Haufen ignoranter, intoleranter, allzeit reaktionärer, zum Teil debiler, zum Teil in aller Debilität schon wieder hochraffinierter Lügner und Heuchler und Gauner der mittelalterlichsten, bigottesten, hirn- und seelenverrottetsten Art – klaro, auch wenn wir seit einigen Jahren »Diskussionen« und Pop und Jazz und Rock und ähnlichen Quak notgedrungen, ja notgedungen in unseren Kirchen zulassen, um die Benebelteren vor allem unter den Jugendlichen bei Laune zu halten und so kraft zügiger Neurosen-Heranbildung etwa über das »christliche Gewissen« sowie ähnlichen Quatsch ein Leben lang an der Kandare zu haben.

Und natürlich juckt uns realiter nichts und niemand und keine Neuerung und keine Erneuerung und keine Reform und das Zweite Vatikanische Konzil (pfuipfui!) schon gar nicht – denn siehe, bräche, nach Apostelgeschichte 867,345, auch nur ein Steinchen aus unserem voraufgeklärten, gesamtreaktionären und volksverseuchenden Glaubensgebäude (hahaha!) – sei's die Erbfeindschaft mit den Kommunistendrecksäcken, sei's auch nur die Zulassung des Vögelns (Rumpelns) und Wichselns –, siehe, so wackelte gleich unser ganzes schönes altes und wurmstichiges Kirchengebäude (wackelwackel) und bräche sofort auseinander (wrmm) – und darum, sag doch selbst, Kamerad Bruder in Christo: Wären wir nicht geradezu unerlaubt strohdumm, wenn wir nicht zäh noch die letzten und kümmerlichsten unserer leider objektiv dahinschwindenden Verblödungsbastionen mit Klauen und Zähnen und allen Mitteln verteidigten, mit jeder erlaubten und etwanig unerlaubten, allein von Gott ja vollrohr exkulpierten Art von Perfidie und Zynismus?

Aber ehrlich!

Liebe Brüder in Christo oder was, unsere Beschwerde beim Deutschen Presserat über die Verletzung des Beichtgeheimnisses (was ein Schmarrn!) durch den ›stern‹-Bericht hat leider nicht allzuviel eingebracht. Doch so oder so, wir müssen damit rechnen, daß auch künftig bei Wahlen Unbefugte sich in die Beichtstühle schleichen, um unsere (aber immer!) reaktionäre Gesinnung, unsere gespaltene Zunge zu entlarven. Nun, liebe Brüderchen, da heißt's also ab sofort noch mehr jesuitische Pfiffigkeit!

Wir müssen, um Pannen à la ›stern‹ künftig zu vermeiden, ergo bei Wahlen viel versierter, undurchschaubarer und zugleich doch noch unmißverständlicher lügen und heucheln – was das Zeug hält! Und das könnte so aussehen:

Sollte ein Beichtkind z. B. bei den bevorstehenden Landtagswahlen von Rheinland-Pfalz wieder nach dem besten Kandidaten fragen, so sagen wir diesmal, wir wüßten es nicht, wir könnten uns lediglich nach der Bibel richten, diese aber – Matthäus 2001 – besage für solche Fälle: »Betrachtet den Vogel des Feldes, er kann nichts, er tut nichts, und doch thront er herrlich in der Landschaft herum, und der himmlische Vater ernährt das Land.« Das Wort »Vogel« betonen wir dabei ganzganz stark, Brüder, capito? So daß es einerseits das dämlichste Beichtkind merkt – andererseits, kommt wieder so ein Satansbraten wie dieser Kromschröder des Wegs, so kann er uns trotzdem nichts nachweisen und nicht an den Kragen, hehehe!

Sobald Niedersachsen den Landtag wählt, operieren wir, falls unser Freund Albrecht kandidiert, zum Beispiel mit Jesus Sirach § 1: »Lasset die Zierlichen zu mir kommen, die mit den niedlichen Beißerchen – denn ihrer sei das Reich« – und ähnlichem Unfug. Du, Bruder in Christo, solltest vorher ruhig ein wenig auf entsprechende Belegstellen hin in der Bibel rumblättern.

Bei der Wahl von Schleswig-Holstein aber reden wir folgendermaßen um den Brei herum: Natürlich gingen uns die parteilichen Gruppierungen nichts an, aber als Johannes der Täufer damals durchs Wattenmeer gezogen sei, da habe er also und schallend ins Land hineingerufen: »Sehet, es wird einer kommen, fast zwei Meter lang, strohknallblond, Stroh auch im Kopf, einen Knall im Herzen, suchet, so werdet ihr finden den Stolzen« (Betonung!) »Berg, wo sind deine Schrecken, Hölle, wo ist dein Sieg? Denn wo euer Gerhardschatz« (gegen Freudsche

Versprecher kann der ›stern‹ nichts machen) »ist, da wird auch euer Kreuz sein, und nun gehet hin« etc. pp.

Sollte dann Stoltenberg bei der Bundestagswahl Kandidat der CDU/CSU werden, dann tuet desgleichen – und ebenso machen wir es beim baumlangen Helmut Kohl; Geschmeidigere unter Euch können es auch mit einem »Gebet dem Staat, was des Staates, und Gott, was Kohl« versuchen (aber Vorsicht!). Sollte unterdessen unser lb. F. J. Strauß noch einmal antreten, dann nichts wie Lukas 1984, Durchwahl 09621, dem Beichtkinde ins Ohr: »Selig sind, die schon einmal schwer gefallen sind, denn siehe, die Schafe sitzen rechts, die Böcke aber links, des rechten« – »rechten« akzentuieren! – »rechten Kandidaten Seele sei wie ein riesiger, massiger, herrlicher« (Crescendo) »überwältigender, göttlicher Lilien« (fortissimo) »Strauß!« Logo, boys? Alles paletti?

Sodann, Brüder in Sackelzemento, das wär's erst mal. Gehabt Euch wohl, sauft über die Feiertage nicht zuviel, wascht Euch die Bäuche und geht nicht jeden Tag in den Puff (wir schon, hihi!). Haltet den Laden dicht, bleibt bei der alleinseligmachenden Stange (iiiiih) – und schaut halt, wie Ihr über die Runden kommt. Seid wachsam und heuchelt, was das Zeug hält. Denn höret, der Engel des Herrn ist schon nahe, tauen werden die Himmel den Gerechten, Wolken werden schon bald – ach was, Kack. Alsdann:

In saecula saeculorum –
see you later:

Eure Bischiwischis

(1980)

WARTEN AUF JOHN EHRLICHMAN

Es wird noch furchtbarer

»Mir kommt es fürchterlich vor,
in Amerika leben zu müssen.«
(L. Tieck)

Der Trommelwirbel war gewaltig, das Echo konnte sich gleichfalls hören lassen. Die Memoiren des ehemaligen Chefs von Richard Nixons Präsidentenstab, Bob Haldeman, hierzulande vorerst und Gottseidank nur auszugsweise im ›stern‹ abgedruckt, sie ließen nicht nur die unseligen Watergate-Ereignisse wieder auferstehen, leider vertieften sie höchst unerfreulich auch nochmals unsere ohnehin schon deprimierenden Kenntnisse über die Führungskader der westlichen Welt.

Laut Haldeman war sein Chef Nixon unter anderem ein verklemmter Sadist, ein voyeuristischer Paranoiker und sentimentaler Trottel mit ausgesprochener Vorliebe für die Fäkalsprache. Henry Kissinger und Edward (»Ted«) Kennedy erscheinen bei Haldeman als infantile Schürzenjäger, inferiore Westentaschen-Großmänner und ignorante Rabauken, und Lyndon B. Johnson war ein Tonband-Fetischist mit gleichfalls leidenschaftlichem Interesse für Intrige und Kabale und Unfug.

Mit Haldemans Bericht ist aber unser Wissen um die damaligen Washingtoner Vorgänge bedauerlicherweise noch längst nicht erschöpft. Wie jetzt aus der amerikanischen Szene zu hören ist, wird demnächst der momentan watergatehalber noch einsitzende ehemalige innenpolitische Berater Nixons, John Ehrlichman, mit einem Memoirenwerk namens »Ein Riesenhaufen Dreck« noch viel wahrheitsliebender und erbarmungsloser Licht ins Dunkel bringen. Und tatsächlich, was bisher an Informationen und Pikanterien aus dem noch nicht ganz fertigen Werk nach draußen drang, das läßt die Haare steil zu Berge stehen.

Wenn Ehrlichman ehrlich ist, so trug Nixon aus irgendwelchen, vermutlich kommunistenfeindlichen Gründen pinkfarbene Spitzenunterhöschen, kniete den ganzen Tag vor seiner Spielzeugeisenbahn und konnte es nicht verwinden, daß der verstorbene Präsident Kennedy zwei Zentimeter größer war als er.

Kissinger wußte, nach Ehrlichman, nicht genau, wo Polen und die Türkei liegen, versuchte sich einmal in St. Moritz nächtlich mit dem Schah zu verbünden und hinterließ in 82 Ländern 975 uneheliche Kinder.

Johnson seinerseits trug angeblich immer Whisky in seiner Colt-Tasche und hatte es auffällig mit dem Stallvieh. Robert Kennedy wird von Ehrlichman posthum als angemalter weißer Negerführer entlarvt, Ted Kennedy war in Wirklichkeit ein unehelicher Sohn von John F. und Marilyn Monroe – und Kollege Haldeman eigentlich ein homosexueller Schauspieler, in dem Nixon seine transsexuelle Mutter wiederzuerkennen glaubte und der nebenberuflich die Nacktfotos von Henry Kissingers prominenten Girl Friends an die Russen weiterverscherbelte. Indessen schließlich Nixons Pressesprecher, Ronald Ziegler, ursprünglich als Leibfriseur von Pat Nixon engagiert worden war, aber halt irgendwann einmal seine Kompetenzen überschritt, immer weiter nach unten abrutschte und doch rasch in die neue Aufgabe hineinwuchs.

Versteht sich, daß Ziegler dazu nicht schweigen kann – und nun seinerseits einen Bericht angedroht hat. Hauptinhalte: Haldeman und Ehrlichman waren zwei vagierende Grenzschmuggler aus Tirol, die Nixon ursprünglich nur etwas Obstschnaps angaunern wollten, aber aus allgemeiner Sympathie gleich dabehalten worden waren. Außerdem, so Ziegler, sei Nixon in Wirklichkeit ein Agent der Cosa Nostra gewesen, das Weiße Haus sei eine Provinz von Uganda, und Amerika gibt's eigentlich gar nicht, sondern steht kurz vor seiner Entdeckung durch einen gewissen Christoph (»Skunk«) Columbusman. Der auch gesagt haben soll, wenn es dieses Land nicht gäbe, müßte man es glatt erfinden. (1978)

ES GIBT IHN NOCH!

Wie langweilig wäre unser Leben ohne Gerhard Löwenthal

Beim ZDF sind Reformpläne aus den Geheimschubladen bekannt geworden, von denen bislang niemand etwas ahnte. Und aufmerksame Zeitgenossen haben es im Frühjahr vielleicht vermutet, unmittelbar vor der Übertragung des Fußballspiels Bayern München – Real Madrid. Damals teilte Gerhard Löwenthal im ZDF-Magazin mit, daß es bisher skandalöserweise keine Schallplattenaufnahme des gesungenen Deutschland-Lieds gegeben habe, daß aber diesem Übelstand nun seit kurzem abgeholfen sei. Und zum Beweis hatte Löwenthal auch gleich die Gebirgsjägerstaffel alle Mann hoch ins Studio beordert, die, nach einem Interview des Moderators mit dem Dirigenten, die dritte Strophe des Deutschlandlieds atemberaubend zum Vortrag brachte und so stimmungsvoll zum Fußballspiel überleitete:

»Blüh' im Glanze dieses Glückes, blühe, deutsches Vaterland!«

Manche Leute waren in letzter Zeit der Meinung, Gerhard Löwenthal gebe es gar nicht mehr. Aber es gibt ihn schon noch. Doch doch.

Wie aus Kreisen des ZDF-Magazins zu erfahren ist, soll künftig – nach einer zehn Jahre langen Phase von hartnäckiger Kritik an FU, Jusos und DKP – die politische Berichterstattung Löwenthals nämlich auch ganz nach dem Muster des Deutschlandlied-Erfolgs ausgerichtet werden. Statt der Enttarnung von Demokratiefeinden, statt der Demonstration kommunistischer oder sonstwie universitärer Transparente und Wandschmierereien soll das ZDF-Magazin ab sofort einer ebenso konstruktiven wie musischen Gesamttendenz dienen – »im Sinne der flächendeckenden Lebenshilfe als Aufgabe des wahren Journalismus«, wie Gerhard Löwenthal hintenrum es ausdrückte.

Geplant sind für die nächste Zukunft folgende Magazinbeiträge:

1. Wir nähen uns aus alten Stoffresten eine schwarzrotgoldene Bundesflagge.

2. Wir basteln uns aus leeren Streichholzschachteln eine kleine Berliner Mauer und lernen, sie mit Flohhüpfern zu überspringen.

3. Unter Anleitung von Gerhard Löwenthal besticken wir Sofakissen und Handtücher mit ehernen Lebensregeln wie etwa »Gesundheit ist Pflicht«, dem Adenauer-Wort »Je einfacher denken ist auch eine wertvolle Gabe Gottes« und »Rußland bleibt deutsch«.

4. Das ZDF-Magazin errichtet eine Vertriebsstelle für Landkarten mit den deutschen Grenzen von 1939. In einem Quiz werden die deutschen Namen polnischer Städte und Dörfer erraten.

Den weiteren konsequenten Ausbau der neuen musischen Konzeption des Magazins nach Maßgabe des gesungenen Deutschlandlieds sollen sodann die folgenden Maßnahmen bewerkstelligen:

1. Löwenthal verliest pro Sendung einen Beitrag gehobener Lyrik. Geplant sind fürs erste »Der Gott, der Eisen wachsen ließ«, »Ich hatt' einen Kameraden« und »Sie sollen ihn nicht haben, den deutschen Rhein«.

2. Zur musikalischen Untermauerung der politischen Gesinnung des Magazins wird jede Sendung mit dem Jägerchor aus Webers ›Freischütz‹ eröffnet: »Was gleicht wohl auf Erden dem Jägervergnügen?«

3. Das ZDF-Magazin zeigt aktuelle Filmspots vom Niederwalddenkmal, vom Koblenzer Deutschen Eck und von der Regensburger Walhalla, die alle drei – wie das

Deutschlandlied – in letzter Zeit gleichfalls ja viel zu kurz gekommen sind.

4. Löwenthal gibt eine Einführung in die Entzifferung germanischer Runenzeichen.

Spätestens 1978, sobald dann Deutschland in Argentinien wieder Weltmeister wird, sollte der Mann die letzten Hemmungen fallen lassen und die schönsten Pampas ins Reich heimholen. Ach Gott, wenn es unsere lieben Schwachköpfe nicht gäbe, um wieviel ärmer wäre doch das Leben in dieser Republik. (1976)

VON KLIPPE ZU KLIPPE

Ein offener Brief an Lothar Späth

Sehr geehrter Herr Ministerpräsident von Württemberg-Baden, wie kürzlich der Presse zu entnehmen war, haben Sie die von Ihnen schon im Vorjahr geborene »neue Versöhnungsgesellschaft« jetzt einigermaßen überraschend theoretisch-historisch abgesichert; nämlich mit Friedrich Hölderlin; nämlich mit dem berühmten Schluß des ›Hyperion‹-Romans sowie mit Hölderlins ›Schicksalslied‹: »Ihr wandelt droben im Licht / Auf weichem Boden, selige Genien!«

Verehrlicher Ministerpräsident Späth, auch ohne besonderen Auftrag der deutschen Hölderlin-Gesellschaft warne und verwarne ich Sie! Nicht so sehr wegen der schreienden Beleidigung, welche Sie derart dem Andenken des von Ihnen und mir geschätzten Hölderlin zufügen, indem Sie ihn ausgerechnet für die Ihnen vorschwebende und in Ihrem Buch entwickelte ziemlich affige High-Tech-Gesellschaft als die neueste Formation der bekannten altschwäbischen Schaffe-schaffe-Häusle-baue-Ideologie für sich reklamieren, ja brutal nutzbar machen. Nein, sondern vor allem deshalb, weil Sie *so* niemals der nächste Kanzler dieser Republik werden!

Denn Hölderlin ist, wie Sie eigentlich wissen sollten, ja längst von H. Kohl okkupiert, von Kohl, der bekanntlich in der Schule »in Hölderlin immer gut« war – und darüber hinaus ist es ausgerechnet jenes ›Schicksalslied‹, welches mit dem Namen Kohl heute untrennbar verbunden ist. »Alles andere totschlagend«, erinnerte sich schon vor Jahren der Kanzler, »war Hölderlin. Und es gehört zu meinen amüsantesten Erlebnissen der letzten Jahre, daß der rotchinesische Außenminister, der ja in Tübingen studiert hat, beim Essen aus dem ›Schicksalslied‹ zitierte. Der war ganz high, als ich dann mitten in der angefangenen Strophe fortgefahren bin« (cit. nach ›Die Zeit‹).

Alles klar, Lothar Späth? *So* lösen Sie eben Kohl *nie und nimmer* ab, wenn Sie ihn ausgerechnet bei seinen eigenen Domänen packen wollen, diesen Fulltime- und Fullspeed-Hölderlinianer aus Oggersheim! Abgesehen davon, daß das Winning-Team des Jacobiners Hölderlin und des spätgeborenen Kohl an Obszönität ohnehin nicht mehr zu steigern ist, nicht mal von Ihnen, Späth, und Ihrer Versöhnungsgesellschaft – nein, Späth, bei Ihnen scheint mir doch auch die Geistesverwandtschaft sagen wir z. B. zu Karl Valentin dominanter – und Sie sollten also schleunigst darauf hinarbeiten, die Karl Valentin-Plakette der Münchner Narhalla-Gesellschaft heimzufahren und so Ihre Kanzlerschaft vorzubereiten.

Und wenn Sie nun, Späth, darauf hinweisen, daß eben diese Plakette ja obsessiverweise auch schon Kohl gekriegt hat – dann, ja dann bleibt Ihnen immer noch die Hinwendung zu einer anderen schwäbischen Leitfigur, zu jener, mit der Kohl offensichtlich doch nicht so besonders gut kann, zu dessen Kürung als Sportler des Jahres 1985 Sie, Späth, zwecks Fernsehübertragung unlängst ja aber schon so tadellos angereist waren: Um jenen Boris Becker auf offener Bühne rücksichtslos clever zu tätscheln und mit blöden, echt hölderlinschen silly Scherzen das Publikum bei Laune zu halten. Doch, Späth, nachdem es mit Hölderlin aus besagten Gründen nichts ist, sollten Sie sich wieder energischer auf Boris konzentrieren, der paßt auch figürlich besser zu Ihnen, der ist Ihnen auch ähnlicher im intellektuellen Habitus von wegen Head Technology – treffen Sie eine klare Entscheidung für Boris, Herr Kanzlerkandidat; auf daß Sie nicht demnächst wie in Hölderlins ›Schicksalslied‹ »blindlings wie Wasser von Klippe /

Zu Klippe geworfen, / Jahr lang ins Ungewisse hinab« ganz desperately verschwinden. Halten Sie Boris die Stange – und, ein letzter Ratschlag, im übrigen möglichst Ihren monkey's Rand! (1986)

HERBERT ODER LUDWIG?

Phantasie zu einem Interview anläßlich dessen Bebilderung

Der liebe Gott steckt bekanntlich im Detail. Aber der Teufel auch. Und stiftet dort große Verwirrung.

Die Zeitschrift ›konkret‹ brachte Anfang Juli ein schon auf der Titelseite machtvoll annonciertes »Exklusiv-Interview« mit dem Philosophen Herbert Marcuse. Bzw., das ist eben nicht so sicher. Denn dekoriert war der Text unverkennbar mit dem Porträt des Philosophen Ludwig Marcuse. Nun hätte man – Mißverständnis des Bildarchivs – mit kollegialer Rankünе sich freuen und zur Tagesordnung übergehen können, wenn im darauffolgenden Heft oder auch noch im soeben erschienenen neuesten in dieser oder jener Form Korrektur erfolgt wäre. Dies eben geschah nicht. Und gibt Anlaß zu der allergrößten Nachdenklichkeit.

Weder die Redaktion noch auch nur einer der 490 000 ›konkret‹-Leser fühlte sich gerufen, die Sache zwischen Herbert und Ludwig aufzuklären. Nun gut. Man kann von der Intelligentsia schwerlich verlangen, sich mit derart läppischer Leserbriefschreiberei zu belästigen. In solchen Fällen greift halt dann die Redaktion selber mal in die Leserbrief-Tasten, möglichst verschmitzt die Tücke der Technik zu bejammern, vielleicht auch in zarten Anspielungen das delikate Verhältnis zwischen Herbert und Ludwig zu ironisieren. Doch nichts dergleichen geschah.

Aber auch die Marcuses schwiegen. Nun ist vom kalifornischen Herbert nicht ohne weiteres zu erwarten, daß er seine eigenen Interviews in deutschen Journalen liest, wo käme er da hin. Aber gerade vom professionellen Feingeist Ludwig hätte man ein neckisches Dementi erhofft, beziehungsreich, heiter, erhellend. Ist doch bekannt, daß er die Namensvetterschaft nicht so übermäßig schätzt, weil ihm halt, na ja, der andere doch irgendwie den Rang . . . na ja. Und der Anlaß zu satirischen Pfeilen diesmal so schön gewesen wäre. Nichts geschah. Auch Ludwig rührte sich nicht.

Spätestens jetzt erhebt sich allerdings die schneidende Frage, ob nicht das Foto korrekt, der Text indes verkehrt sein könnte: daß vielleicht das Interview tatsächlich mit Ludwig – und nicht mit Herbert stattfand. Dagegen spricht, sorgfältig erwogen, wenig. Haben halt die ›konkret‹-Leute Marcuse gehört, sofort Morgenluft gewittert und zackzack das Interview eingekauft. Und mit »Herbert Marcuse« wieder verkauft. Dann müßte sich aber doch, wenigstens im nachhinein, der Interviewer beschwert haben.

Also die nächste Exegese: Der Journalist hat geglaubt, mit Herbert zu plaudern und nicht mit Ludwig und hat dann allerdings korrekt des letzteren Foto abgeschickt. Oder es könnte auch sein, daß er geglaubt hat, mit Ludwig zu reden, und die fixen ›konkret‹-Leute haben gerade noch bemerkt, daß es der andere ist. Oder der Herbert bzw. der Ludwig haben es nicht mitgekriegt, daß der Interviewer sie verwechselte, bzw. sie haben es nicht sagen wollen, weil ja letzten Endes . . . o Himmelvater.

Hilft nur noch die Textanalyse. Bzw. auch nicht. Denn das Interview steht zwar im gewohnten Herbertschen Begriffs-Vokabular und handelt von einem scheint's unverkennbar Herbertschen Thema: der Beförderung der Revolution in die Bereiche des Alltags. So. Aber warum sollte sich der Ludwig nicht mittlerweile auch in diese Materie eingelesen und seinen Sprechstil entsprechend angepaßt haben. Heute reden ja selbst Geistliche und CDU-Parlamentarier von »Repression« und »Realitätsprinzip« und »Randgruppen«.

Halt, da wird einmal Bezug genommen auf eine Podiumsdiskussion jüngst in Düsseldorf, bei der »Herbert« Marcuse zu einem Interview-Thema sich schon geäußert hat. Die Aufklärung? Nix ist. Warum sollten ausgerechnet die dort anwesenden Journalisten im Zuge der allgemeinen Verwirrung auf linksrelevanter Ebene die beiden Marcuses auseinanderhalten können?

Was soll's auch. Schließlich sind beide Professor, beide ganz schön alt, beide wollen das Gute, und das mit der Arbeitsteilung muß sowieso mal aufhören, was soll auch dieses restriktiv linkische Konkurrenzverhältnis, das ist doch nur eine Belastung, und ›konkret‹ arbeitet ja schließlich auch unter Zeitdruck, denn irgendwie müssen ja 60 Seiten voll werden und schick auch noch, und, sicher, die Presse ist frei, und man glaubt gar nicht, wie subtil es oft in der Philosophie zugeht, und bestimmte Zeitungsartikel darf man eben gar nicht zu Ende denken. (1971)

DER BÜCHERVERHINDERER

Walter Schumm zu Ehren

In diesen Tagen, da alle Welt glaubt, mit möglichst viel Pomp und möglichst strahlenden Festtagsgesichtern den 100. Geburtstag Thomas Manns begehen zu müssen, jenes zähen Vielschreibers also, der wie kaum ein anderer Zunftgenosse im 20. Jahrhundert die Seiten vollgekritzelt und somit wesentlich zu jener Katastrophe beigetragen hat, die sein Sohn Golo unlängst als »Fluch der Papiermühlen« zu geißeln und brandmarken sich nicht scheute, in diesen kulturgesättigten Frühsommertagen gilt es vielmehr eines Mannes zu gedenken, der wie wenig andere einsam, kühn und mit der visionären Kraft des eingefleischten Philanthropen seit nunmehr haargenau 50 Jahren das Seine dazu beigetragen hat, das Ärgste von der Menschheit abzuwenden.

Die Rede ist von Walter Schumm, dem großen Bücherverhinderer, der, von der Öffentlichkeit kaum bemerkt, in eben diesen Tagen gleichfalls sein verdientes Jubiläum begeht.

Der gebürtige achte Sohn eines Deggendorfer Altprivatiers fiel nach ruhig verlaufener Kindheit 1919 erstmals einer breiteren Öffentlichkeit dadurch auf, daß er beim Abituraufsatz einen leeren Bogen Papier ablieferte, beschriftet lediglich mit den Zeilen: »Diesen Leerraum widme ich der Idee der ebenso universalen wie menschheitlichen Humanitas im Geiste Wilhelm von Humboldts. Hochachtungsvoll Walter Schumm.«

Der so gescheiterten Matura Schumms folgte eine Periode der inneren Reifung, geprägt von einem Kontinuum an philosophischer Reflexion, der Auseinandersetzung mit Oswald Spengler und einer seltenen Meisterschaft im Kartenspiel – oft über Wochen hin. Immer deutlicher aber kristallisierte sich in dem jungen, inzwischen in München eingetroffenen und in den dortigen literarischen Bohème- und Kaffeehauskreisen verkehrenden Manne seine allerhöchstpersönliche Sendung heraus, wie sie bald zu seinem Lebenswerk aufblühen sollte: Die Verhinderung von zusätzlichem gedrucktem Schrifttum, koste es, was es wolle, und unter Aufbietung aller körperlichen und intellektuellen Kräfte sowie sonstiger Tricks.

1924 gelingt Schumm der erste große Coup. Anläßlich einer Lesung von Hermann Bahr klaut er diesem beim anschließenden geselligen Beisammensein die noch ungedruckten 960 Manuskriptseiten und versenkt sie morgens um 4 Uhr, befestigt an einen Pflasterstein, in der Isar. Der Roman erscheint nie. Bahr war Gottseidank zu faul, den ganzen Haufen Dichtung noch einmal runterzuschreiben.

Dem Debüt gesellen sich rasch weitere Erfolge hinzu. Noch im gleichen Jahr beschwatzt Schumm Richard Dehmel zu einer fünfjährigen Südseereise, nachdem dieser mit einem achtteiligen Dramenzyklus »Armut, Reichtum und überhaupt« gedroht hat. 1925 holt Schumm Ernst von Wolzogen vom Schreibtisch weg, verschleppt ihn stante pede für drei Tage ins Hofbräuhaus und liefert ihn anschließend zur Ausnüchterung auf der Polizeiwache ab – in Wolzogens Wohnung beseitigt Schumm zwischenzeitlich alle Spuren einer neuen Novellensammlung. Die wichtigsten Schläge aus Schumms nächsten Jahren:

1927: Vergiftung des jungen und groß auftrumpfenden Nachwuchslyrikers Oskar Permaneder durch Zyankali.

1932: Schumm verheiratet den jungen Grafen Julian von Lichnowenskij, als dieser von seiner Vision eines weltumspannenden Mannschaftsdichtens schwafelt, kurzerhand mit seiner 17jährigen Schwester, Julia Schumm;

so daß das poetische blauäugige Blaublut bald wieder eine Ruhe gibt.

1941: Schumm überredet Thomas Mann, dem er extra in die Staaten nachreist, von seinem Weltrekordversuch abzulassen, einen Roman dreimal so dick wie den 1300seitigen ›Josephs‹-Roman zu schreiben. Schumms hart erfochtener Teilerfolg: Thomas Mann begnügt sich mit den 388 Seiten des ›Felix Krull‹.

Auch nach dem Krieg, in der Periode des Wiederaufbaus, setzt Walter Schumm ungebrochen sein Lebenswerk fort. Dem Alternden bleiben schöne Erfolge nicht versagt. Zwar kann er Grass und Lenz nicht verhindern, aber bereits 1947 zerrt er den gerade aufstrebenden Wolfgang Borchert ins kühle Grab, als er ihm ein winterliches Freibad im Zürcher See empfiehlt, das sei gut für den Satzbau. Den noch jüngeren Wolfgang Koeppen, der soeben mit drei Romanen groß rauszukommen beginnt, überzeugt Schumm bis zum heutigen Tag nachhaltig, daß man von dem Mythos, kein Buch mehr zu schreiben, auch ganz gut leben könne. Freilich, der steiermärkischen Schreibwut eines Peter Handke zeigen sich Schumms nachlassende Kräfte nicht mehr gewachsen. Immerhin, noch 1974 sind dem Greis im Rahmen diverser Verlagsintrigen zwei schöne Erfolge vergönnt: Rowohlts Reihe ›Das neue Buch‹ und die ›Sammlung Luchterhand‹ reduzierten ihr Programm auf die Hälfte der Titel pro Jahr – der Presse eine Papierkrise vorgaukelnd.

Heute, auf der Höhe des reifen Greisentums, im Angesicht des sicherlich in Bälde schon hereinbrechenden Exitus hat die Welt Anlaß, Walter Schumm für 50 Jahre Kulturarbeit zu danken. Der Dank findet seinen angemessensten Ausdruck, wenn wir dem Jubilar seine Lieblingsweisheit zurufen: »Kein Buch ist besser als eines.«

Walter Schumm: Ad multos annos! (1974/75)

FUSSBALL MIT DEM VATER

Keine Angst vor fliegenden Kalauern

Vor ein paar Jahren war es: Kaum hatte Esther Vilar ihr Buch vom ›Dressierten Mann‹ der Öffentlichkeit überantwortet, schon konterte die Journalistin Hannelore Schütz mit einem Werk namens ›Die dressierte Frau‹. Etwas weiter – nämlich auf Gabriel Marcels ›Sein und Haben‹ – griff jetzt Erich Fromm mit seinem ›Haben und Sein‹ zurück. Und kürzlich hat auch Erica Jongs ›Angst vorm Fliegen‹ seinen Meister gefunden: Für den Filmproduzenten Carl Spiehs schrieb eine gewisse Betty Miller die ›Freude am Fliegen‹, die denn auch bald in unseren Kinos zu erleben sein wird.

Was lehrt uns das? Nun, nicht viel, aber doch glanzvoll die stur-stupide Technik der Umkehrung. Sie ist übrigens nicht neu. Schon Goethes ›Die Leiden des jungen Werthers‹ zum Beispiel parierte seinerzeit ein Satiricus namens Nicolai mit dessen »Freuden«; und noch zwei Jahrhunderte später zehrt Ulrich Plenzdorf via Technik des Anklangs von dem steinalten Hut mit seinen ›Neuen Leiden des jungen W.‹. ›Die Halbstarken‹, betitelte sich ein Film-Opus der 50er Jahre, dem bald ›Die Halbzarte‹ folgte. Den ›Glorreichen Sieben‹ folgten die ›Zwei glorreichen Halunken‹, diesen wiederum ein ganzer Schwanz von »Glorreichen« und »Halleluja-Halunken« . . .

Jawohl doch, die Methode hat ihr Alter und ihre Würde, aber die Not an Titeln, welche zur Not noch einen dressierten Hund hinter dem Ofen hervorlocken, sie wird immer größer. Systematischer als bisher sollte man also Autoren, Verlagen und Produzenten mit Rat und Tips zur Hand gehen.

Die Leitgedanken heißen bei diesem offenbar spätkulturindustriellen Verfahren Wiedererkennung und Vertrautheitsgefühle per Verkehrung, Verdrehung und Anklang (Assonanz). So könnte denn Lilli Palmers ›Der rote Rabe‹ gut und gern eine »gelbe Rübe« folgen. Moodys Bestseller ›Leben nach dem Tod‹ wäre zweckmäßig durch das ohnehin sinnfälligere »Tod nach dem Leben« zu ergänzen, Sheehys ›In der Mitte des Lebens‹ sollte speziell für die Bonner Parteien ein »Leben in der Mitte« nachzuschicken sein, und nach ›Das Bermuda-Dreieck‹ wäre längst eine Arbeit über »Die Bermuda-Shorts« fällig.

Aber auch die Hoch-Literatur möge sich keinesfalls genieren, hat doch einst einer der Prosa-Meister des Jahrhunderts, Italo Svevo, seinem Roman ›Ein Mann wird älter‹ das Theaterstück ›Ein Mann wird jünger‹ folgen lassen – und auch Grass heißt jetzt dem Film vom ›Weißen Hai‹ seinen ›Butt‹ nachschwimmen. Reiner Kunzes ›Die wunderbaren Jahre‹ könnte in diesem Sinne durch »Wunderbar, wunderbar, Jahr für Jahr« etwas populärer eingefärbt oder aber (abhebend auf die Mitte-des-Lebens-Krise) mit »Die Jahre in der Mitte des Lebens sind wunderbar« verfeinert werden. Karin Strucks ›Lieben‹ ist – am besten aus der Feder des ohnedies wahlverwandten Gerhard Zwerenz – ein Artefakt namens »Hassen« nachzuschicken. In Anlehnung an ›Angst und Freude vorm/am Fliegen‹ sei dem italienischen Bestseller ›Schweine mit Flügeln‹ das Buch »Keine Angst vor fliegenden Schweinen« zur Nachfolge bestimmt – und um die auch durch ›Einer flog übers Kuckucksnest‹ signalisierte momentane Beliebtheit des Fliegens noch rechtzeitig zu nutzen, wäre als reifste, artifiziellste Fassung »Zwei Schweine segelten ins Schwalbennest« sehr anheimelnd denkbar.

Längst schon überfällig ist die Variante von Montherlants ›Erbarmen mit den Frauen‹ zu »Erbarmen mit den Männern« – die derzeit überhaupt zu kurz kommen. Mit

Handkes ›Wunschloses Unglück‹ und Gabriele Wohmanns ›Ausflug mit der Mutter‹ gibt es zwar zwei ausgezeichnete Mutter-Romane, aber der Herr Vater steht im Abseits. Sollte man ihn nicht durch ein marktstrategisch sehr assonantisches und zugleich schön fröhliches »Fußball mit dem Vater« daraus befreien?

Noch schwieriger wird's mit den Eigennamen. Hier ist Kühnheit geboten. Warum sollte man Max Frischs ›Montauk‹ nicht ein populäreres »Klamauk« folgen lassen? Als Synthese, als Tertium comparationis auch zu ›Klimbim‹? Nein? Aber ja doch! Keine Angst vor fliegenden Kalauern: ist doch – zum Kuckucksnest! – Sein und Schwein wie Raben und Haben und wunderbare Bahama-Shorts als betresster mätressenfroher Männer-Dress! (1977)

SPITZENTELEFONEUR MÖLLEMANN

Eine Live-Reportage

Nach einem kürzlich veröffentlichten Bericht des Haushaltsausschusses des Bundestags war der eifrigste Autotelefonierer des vergangenen Jahres der Staatsminister Jürgen Möllemann. Während Möllemanns Vorgänger H. Hamm-Brücher und Corterier mit je ca. 7800 Mark per anno ausgekommen waren; während etwa Stoltenbergs Staatssekretäre Voss und Häfele nicht einmal 3000 Mark erreichen; derweil vertelefonierte Möllemann im Dienstwagen zusammengezählte DM 18 000,15.

Daß der AA-Staatsminister in all seiner windschnittigen Dynamik auch telefonisch einsame Spitze ist, überrascht prinzipiell nicht. Zumal, wenn man, wie wir, den Vorzug genoß, den FDP-Spitzenpolitiker einmal im beruflichen Alltag beim Autofahren begleiten zu dürfen. Hier ein Auszug aus unserem Fahrtbericht Düsseldorf–Bonn:

»Ja, hier Möllemann! Möllemann! Jadoch! Richten Sie dem Chief, richten Sie Genscher aus, daß . . . wie? Ja, daß die Chose volle Pulle läuft. Ja, full power! Tschüßchen!«

». . . Möllemann! Autobahnausfahrt Hilden-Ost! Nein! Nichtdoch! Natürlich bringe ich ›Twen‹ wieder auf Touren. Auf Zack. Sagen Sie das Knapp und Teves. Alles paletti. Nein, die brauchen sich keine gottverdammten Sorgen um ihren Kies, ihr Darlehen . . . doch, klaro, ich zahle cash zurück – d. h. indirekt durch Leasing Business mit den Saudis!«

»Spreche ich mit Lambsdorff? Nein? Na, macht nix, ich wollte ihm nur sagen, daß ich mich grad Köln nähere und . . .«

»Dpa? Okay, fine. Ja, habe ich mit Genscher abgestimmt. Natürlich, der europäische Pfeiler als flexibles Top-Essential der NATO steht, der wird sogar noch gestärkt und developed, da beißt die Maus keinen Faden ab, haha – wie? Wie viele Mäuse das kostet? Na, so 800 Mios. Ja, können Sie wortwörtlich schreiben, easy, logo! Hören Sie, am liebsten wär mir ein Dreispalter mit Foto von Genscher und mir, ca. 180 Zeilen à 45 Anschläge, das Ganze voll rausgepowert und rundgestreut an die Tages- und Fachpresse usw. – was denn sonst? Und hören Sie . . .«

»Pronto, Möllemann. Come? Oh, how are you? So glad to hear you, old guy (Fahren Sie schneller, Mann, schon 7.48 Uhr!). Si, come sta questo Waffenexporto to the Near and Middle Far East and . . .? Wie? Oh! It's not you? Tscha, ich wollte den Scheich in Genf, si, Commendatore Salmann. Bin Mohammed. – Bin Kara Ben – Mensch, Mann . . .«

»Darling? Ja, hier Jürgen! Höhe Leverkusen. Ja, alles läuft sugar! Wir floaten grad Richtung Köln ein. Hör zu, falls Genscher wegen Bangi bei dir zuhaus anruft, er kann mich hier 7 34 59 86 zurückcallen. Oder ab 8.20 Uhr faxen. Ja, ist wegen der EG-Kiste. Die Kinder sind in der Schule? Na, wenigstens muß ich nicht mehr als Lehrer hin, sondern düse hier echt high und crazy rum, super, echt – alsdann, tschüß, Honey! Wow!«

»Listen, Mister! May I have a direct connection to Mr. President? Oui, Reagan! Got it? Not possible (Schneller, Mann!)? Why? Don't forget, Mister, here speaks Möllemann, West Germany, the famous foreign secretary and supervisor and commander . . .«

»WDR? Ja, ici Möllemann. Habe eben euer fuck'n' Köln passiert und nähere mich now stark Bonn. Ja, bin startklar – worum soll's geh'n im Daily WDR-8-Uhr-Möllemann-Interview? Mir ist's gleich. Okay, nehmen wir – nee, der Autobahnlärm stört nicht. Nö, mich nicht. Hören Sie, by the way, ich hab da News von wegen Gorbatschow. Yes, bau ich zum Essential der FDP aus. Wie, Sie hören nur Wrumm-wrumm? Mann, hier ist nicht wrumm-wrumm, hier Möllemann, alles klar . . .« (1985)

DIESE JUGEND IST OKAY

Zu einer Emnid-Umfrage

In einer Dokumentation des ›stern‹, die sich auf eine Umfrage des Emnid-Instituts bei 1000 Bundesbürgern zwischen 14 und 24 Jahren stützt, wird der deutschen Jugend '76 ein vernichtendes Urteil aufbereitet. Es sei diese Jugend u. a.: angepaßt, streberisch, subaltern, karrieresüchtig, unpolitisch, engagementfeindlich, dumpf materialistisch, spieß- und kleinbürgerlich – alles in allem so, daß »die Älteren Angst vor ihr haben« können.

Auf den ersten Blick scheint es damit seine Richtigkeit zu haben. Wenn Emnid etwa herausgefunden hat, daß in einer Sympathieskala (Noten zwischen 1 und 5) Neutra wie die Skikünstlerin Rosi Mittermaier, der Fußballer Gerd Müller und der Entertainer »Otto« weit vor politischen Leitfiguren aller Schattierungen, von Mao bis Strauß, von Schmidt bis Alice Schwarzer stehen; wenn Emnid weiter weiß, daß sich nur 20 Prozent dieser Jugend (1968: 52!) nach eigenem Bekunden häufig mit Politik einlassen; wenn 81 Prozent (1968: 32) mit dem heutigen Parteiensystem vollauf zufrieden sind – dann, ja, dann scheint das die Thesen des ›stern‹ zu bestätigen.

Sieht man sich indessen die Emnid-Recherchen etwas genauer an, so lassen gerade die versteckten Details die Jugend plötzlich in einem ganz anderen Licht erscheinen:

1. In der Sympathieskala beweist die Jugend letzten Endes doch ansehnliche, ja große politische Mündigkeit, wenn sie die CSU-freundliche Rosi Mittermaier (Note 1,7) klar vor dem politisch indifferenten Fernseh-»Krümelmonster« (2,1) plaziert.

2. Wenn diese beiden ihrerseits alle Bonner Spitzenpolitiker in die Schranken weisen, dann wird sogar so etwas

wie die alte Apo-Aufmüpfigkeit – als eine gewisse Reserve gegenüber Autoritäten und Institutionen – sichtbar.

3. Die Jugend beweist nachhaltig Toleranz und Liberalität, indem sie F. J. Strauß, Breschnew und Frankenfeld mit exakt den nämlichen Sympathienoten versieht.

4. Sie zeigt kritisches Konsumbewußtsein. Auf die Frage »Was würden Sie tun, wenn Sie überraschend zwei Stunden Zeit hätten?« entschieden sich 16 Prozent für »Bummeln«, aber nur 5 Prozent für »Lieben«, was ja als »das Falsche in der falschen Gesellschaft« (Theodor W. Adorno) eh zu nix führt.

5. Daß heute schon 30 von 100 Jugendlichen (1968: 22) eine Diktatur für ungefährlich halten – in Bayern sogar 48! – beweist, daß die Jugend so demokratiefest ist, daß es schon gar nicht mehr wahr ist.

6. Wenn sich heute 35 Prozent der Jugendlichen überhaupt nicht um Politik kümmern (1968: 7 Prozent), dann belegt das abermals jene metapolitische Gesinnung in der Kontinuität von Marcuses »großer Verweigerung« im Sinne der übergeordnet außerparlamentarischen Utopie.

In einem letzten Punkt aber stellt die Jugend die Erwachsenen ganz klar in den Schatten. Auf die Frage »Was würden Sie tun, wenn Sie überraschend 1000 Mark zur Verfügung hätten?« entschieden sich 17 Prozent für ein Moped, 11 Prozent für eine Stereoanlage, 20 Prozent wollten das Geld »auf die hohe Kante legen« – und 0 (in Worten: null) Prozent wollten es »auf den Kopf hauen«.

Gerade letzteres tun jedoch, nach meinen Informationen, 0,87 Prozent von uns Alten leider noch immer. Z. B. ich. Wie ich mich kenne, werde ich das Honorar für diese Glosse so blitzschnell von der hohen Kante herunterholen und achtkantig auf den Kopf hauen, daß mir die Angst vor dieser neuesten Jugend jedenfalls für einen Tag vergeht.

(1976)

NEIGUNG NACH NULL

Gedanken zum Advent

Der älteste aus der Familie dürfte der Null-Ouvert sein – den gibt's, seit es das Skatspiel gibt. Angejahrt und angestammt sind der Nullpunkt, die Nullinie und der Nullmeridian. Schon leicht veraltet scheinen uns Nullität und Nullifikation, während die Nulleitung vermutlich mit der Elektrizität geboren wurde. Aus dem 19. Jahrhundert könnte die Nullage – die Nullstellung bei Meßgeräten – datieren; nullachtfünfzehn kommt aus diesem.

Weitergegangen sein möchte es dann mit der Nullserie, der ersten Versuchs-Fertigungsserie. Vor etwa zwanzig Jahren dürfte die Nullnummer zum erstenmal aufgetreten sein: die (meist nichtöffentliche) Testnummer z. B. einer Zeitung oder einer Illustrierten. Ihr folgte vermutlich ziemlich genau 1968 der Nulltarif: die kostenlose Benutzung der öffentlichen Verkehrsmittel und Kultureinrichtungen – heiß diskutiert, selten realisiert im Zuge der allgemeinen Reformwünsche rund um die Studenten- und antiautoritäre Bewegung und ihre sozialistischen Impulse.

Auch wenn dieser Nulltarif schon fast wieder vergessen ist – die Tendenz hält an:

Wahrscheinlich in den frühen siebziger Jahren war zum erstenmal auf breiter Front von Nulldiät zu hören: der radikal kalorienlosen Ernährung. Dem schloß sich Ende des Jahrzehnts erstmals die Rede vom Nullwachstum an – und das meinte etwa: mit dem Sozialprodukt geht's nicht mehr wie bisher vorwärts; Stagnation, nichts rührt sich mehr, rien ne va plus. Entsprechend die folgende militärische Nullösung. Aber sogar die scheiterte.

Das ließen sich speziell die jungen Leute gesagt sein und konterten ihrerseits, no future vor Augen, mit ihrem

Bekenntnis zum Nullbock. Sie hätten, das war gemeint, eh keine Lust mehr auf irgendwas. Weder auf Wachstum noch aufs Gegenteil.

Auch wenn, wie man hört, speziell diese Jugend heute wieder auf allerlei, ja praktisch auf alles Bock hat – die augenscheinlich moderne Neigung zur Null scherte sich darum wenig, sondern setzte jetzt die Nullmenge in die Welt. Der Begriff stammt aus der Mengenlehre, die auch so geheimnisvolle Dinge wie die Komplementärmenge, die naive Menge, die leere Menge, die Restmenge kennt; die Nullmenge speziell scheint ein mathematischer Terminus zu sein, den wir Laien zwar nicht mehr so ganz kapieren, der aber heute wohl im Zusammenhang mit Umweltgift und Wohlstandsmüll Verwendung findet –

– aber auch bei der Nullmenge blieb es leider nicht; sondern seit kurzem hört man auch noch vom Nullmorphem. Das wiederum soll vom Strukturalismus herrühren und dann vorliegen, wenn eben nichts vorliegt – und eben dadurch aber etwas bezeichnet wird. Früher sagte man wohl Endlosigkeit dazu oder so ähnlich; darunter konnte man sich noch was vorstellen; unter dem Nullmorphem nichts mehr. Also Null. Aber: es klingt gut.

Nulleitung, Nulltarif, Nullösung, Nullwachstum; Nullmenge, Nullmorphem: Ob das Ganze mit dem vielbeunkten Postmodernismus zu tun hat? Mit Hölderlins »wunderbarem Sehnen dem Abgrund zu«? Oder doch eher mit H. Kohls großer Wendepolitik? Nullahnung. Und auch Nullust, jetzt, wo das Jahr eh auf den Nullpunkt zugeht, mir noch zu meiner Nullbefriedigung groß nullmorphologische Gedanken zu machen. Warum nicht mal mit einer Nullpointe schließen? Doch, vielleicht liegt grad darin die Überwindung des Nullpunkts. Mit anderen Worten: der große systemüberwindend satirische, mithin konstruktiv-kritische Dollpunkt. (1985)

HARALD JUHNKES GROSSER DURST

Eine Revision

»Dies niedrige Weltgesindel pflegt sich über die Maßen breit zu machen; es ist ein wahres Monadenpack, womit wir in diesem Planetenwinkel zusammengeraten sind . . .«
(Goethe, Gespräch mit Falk, 25. 1. 1813)

Im letzten Herbst ging es hoch her. »Juhnke blau im TV« (›Abendpost‹); »Juhnkes Frau warf Harald raus« (›Bild‹); »Juhnkes Maß ist voll« (›Abendpost‹); »Juhnke wieder in Klinik« (›Bild‹); »Juhnke, komm bald wieder!« (Münchner ›Abendzeitung‹, nach Juhnkes Verbannung vom ZDF-Bildschirm); »Wir retten Juhnke« (›Bild‹); »Nervenklinik: Frau Juhnke umarmte Harald« (›Bild‹).

Tage-, ja wochenlang war im Oktober und November 1984 in Deutschlands Boulevard-Gazetten balkenhoch nur von Harald Juhnke, seinen Räuschen, seinen geplatzten TV-Auftritten und den diversen Folgen die Rede. Selbst wer gar nicht wollte, mußte damals unfreiwillig, sofern er in ein Zeitungsgeschäft ging, eingehend von Juhnkes durstigen Eskapaden Kenntnis nehmen.

Ich selber fühlte mich endlich zu einem verärgerten Kommentar in einer Zeitung aufgerufen, des Tenors: Seit nahezu zehn Jahren vernehme der Mensch in regelmäßigen Abständen immer wieder von diesen peinlichen, nichtsnutzigen und zudem erzdummen und gänzlich unerheblichen Juhnke-Alkohol-Affären. Womit habe man das als unschuldiger Bürger verdient, schütze einen gegen diesen öffentlichen Unfug denn kein Gesetz? – Und ich schloß mit der bangen, tief philosophischen Frage, die sogar irgendwie und fast verworfen an die Existenz und Kompetenz Gottes rührte: »Was um Himmelswillen geht hier eigentlich vor?«

Dann war ein knappes halbes Jahr lang Ruhe. Nach Ostern aber funkte es wieder, wie gehabt: Aus ›Bild‹ erfahre ich am ersten Tag, daß Juhnke wieder trinkt. Am anderen Tag teilt mir die ›Abendzeitung‹ mit, warum. Am dritten Tag trinkt er nach ›Bild‹ weiter – abermals stehe ich nolens volens im Banne Harald Juhnkes.

Aber jetzt bin ich einsichtig geworden. Wie Mehltau-Pilzbelag fällt's mir von den Augen, und ich nehme meinen Kommentar vom Herbst hiermit feierlich zurück, ja ich muß mein damaliges Geschreibe als trübselig-insultorisches Geschreibsel verdammen. Denn plötzlich merkte ich, wie mir der ganze Schrott und Sumpf und Scheiß um Juhnkes Promille plötzlich – gefiel; jawohl: maßlos gefiel. Mich brennend zu interessieren begann, als ein ebenso menschlich bewegendes wie sogar politisch relevantes, ja brisantes Thema unserer Zeit – ja als ihr vielleicht erheblichstes.

Ach was, Weltraumrüstung und Rentenschere und 40 Jahre deutsche Kapitulation – Harald Juhnke heißt das Thema! Denn gibt es etwas Kompakteres, Stringenteres? Essentielleres? Gedeihlicheres?

Wein-Weib-Fernsehen-Elend-Tragik – wer fürwahr macht Juhnke diese Dichte nach? Heute interessiere ich mich rücksichtslos bis in alle Details hinein. Erfreut höre ich, daß Juhnkes Frau noch immer treu zu Harald hält; erregter erfahre ich die Motive von Juhnkes Saufen: seine Einsamkeit aufgrund der (von Juhnke mitgeteilten) Tatsache, daß die Ex-Kumpel Harry Meyen, Bubi Scholz und Hardy Krüger heute tot oder anderweitig beschäftigt sind. Ich lese, daß Harald aus der rechten Hand Cognac, aus der linken Champagner simultan in sich schüttet, wie von Gottfried Benn im Gedicht gefordert – voilà, un homme, Harald, das wahre Thema unserer Zeit.

Bin ich nicht mehr ganz dicht? Doch, doch, vielmehr mitten im Zentrum von Philosophie, ja Religion. Nur – seit einigen Tagen: etwas nervös. Seit Tagen schon habe ich nichts Neues mehr von Harald und seinen Räuschen vernommen. Klar, ich bin – süchtig. Gott steh mir bei. Doch bin ich unverzagt, daß Harald mich auch in Zukunft nicht enttäuschen, sondern seinen Mann stehen wird; daß er schon jetzt, da ich dies schreibe, wieder einen prüfenden Blick in den Kühlschrank wirft, und vielleicht schon morgen . . . ja doch, ich bin da jetzt auch wieder ganzganz unbeschwert und sicher . . . (1985)

DAS MYSTERIUM DES BERNHARD WORMS

Und das der Demoskopie

Gewiß, man kann gegen die Demoskopie ja an sich was haben und immer mal wieder die Seriosität ihrer Prozentzahlenarithmetik anzweifeln, auch wenn diese inzwischen etwas angejahrte Jungwissenschaft hin und wieder eindrucksvolle Leistungsnachweise zu erbringen scheint. Aber über das folgende demoskopische Einspielergebnis dürften sich Anhänger wie Zweifler wundern.

Laut ›Infratest‹, so war der Presse zu entnehmen, antworteten im Juni 1984 auf die Frage »Haben Sie schon mal etwas über Bernhard Worms gehört?« (also den CDU-Ministerpräsidenten-Kandidaten von Nordrhein-Westfalen) 64 Prozent der Wähler in Nordrhein-Westfalen mit »Ja«. Im November 1984, also nach einem halben Jahr Vorwahlkampf, waren es nur noch 48 Prozent!

Ist das der endgültige Nachweis, daß die Volksbefragung Unfug ist, daß ihre Methoden Zahlenpseudomystik sind? Eine abermals neue »Metaphysik der dummen Kerle« (Adorno)?

Mal angenommen, Bernhard Worms sei ein miserabler Kandidat: Wie aber kann einer ein halbes Jahr Wahlkampf bestreiten und dann deutlich unbekannter sein als zuvor? Das Aus für die Demoskopie?

Die Lage ist ernst; aber nicht aussichtslos. Ehe wir die Flinte endgültig in den Düsseldorfer Rhein werfen, sollten wir doch noch intensiv nach Rätsellösungen Ausschau halten. Eine denkbare wäre, daß in Nordrhein-Westfalen unverhältnismäßig viele ältere und politisch interessierte Menschen gestorben und gewaltig viele junge Dummis nachgewachsen sind. Indessen, die Bevölkerungsfluktuation blieb – leider – normal.

Man mag deshalb wohl auf die Idee kommen: Der Politiker Worms kämpfte unverdrossen, und er wäre also zumindest gleich bekannt geblieben, hätten sich nicht in der Zwischenzeit ganz gewaltig neue Namen penetrant ins öffentliche Bewußtsein vorgedrängt (Möllemann, Olaf Thon, Tschernenko, Stoiber und andere) und die Kapazität der Hirne derart überfordert, daß Worms, wenn nicht absolut, so doch anteilsmäßig, mentalkapazitätsproportional, zurückfiel.

Das freilich hieße doch wohl den Schwachsinnsverdacht wider ein Land zu erheben, das immer Wert drauf legte, aufgrund seiner Bildungsreformen zu den besonders gescheiten der Republik gezählt zu werden.

Anderer Ansatz: Haben die Befragten vom Juni 1984 den Politiker Worms einfach mit dem Braunschweiger Bundesliga-Fußballer Worm verwechselt und jetzt ihren Irrtum eingesehen? Gar mit der Stadt Worms? Die Erklärung scheitert daran, daß dann auch nichts gegen eine Verwechslung mit »Kohl« spräche, dessen Bekanntheitsgrad indessen heute schon aber nachweislich satte 92 Prozent beträgt.

Haben Büttel und Intriganten des Ministerpräsidenten Rau die Befragten im November 1984 dafür bezahlt, Worms nicht mehr zu kennen, um ihn derart als Phantasma lächerlich zu machen? Nein, Rau ist ein nachweislich blitzintegrer Charakter.

Bleibt als ultima ratio nur noch diese Interpretation: Im Juni 1984 glaubten sich 64 Prozent schwach an Worms zu erinnern. Dann aber machte der Mann in der folgenden Zeit einen derart matten Eindruck, daß ihn ein halbes Jahr später 16 Prozent nicht mehr kennen wollten. Und sie leugneten vor den Befragern, sich seiner zu entsinnen, weil sie sich nämlich schämten, mit etwas derart Überflüssigem vertraut zu sein. Ja, das würfe zwar ein ungutes

Licht auf den Politiker Worms. Aber die Demoskopie, ihre Glaubwürdigkeit und Dignität, die immerhin wären fürs erste wieder mal gerettet. (1985)

DDR-HUMOR VERSUS BRD-HUMOR

Der ungeschriebene Brief des Monats

Lieber ›Eulenspiegel‹-Leser,

durch die revanchistische Presse der aggressiven und monopolkapitalistischen BRD geisterte vor kurzem die revanchistische und schamlose Meldung, ich in meiner Eigenschaft als Chefredakteur des ›Eulenspiegel‹, der ersten satirischen Zeitung der friedliebenden Deutschen Demokratischen Republik, hätte auf einem internationalen Humor-Symposion eine Abgrenzung zwischen westlichem und DDR-Humor gefordert. Tatsächlich hatte ich erklärt, in der Auseinandersetzung der Systeme der DDR und der BRD versuche »der Gegner den Humor für Konvergenztheorie und Nonkonformismus zu nutzen und dadurch im ideologischen Kampf einzusetzen.« Auf diesem Gebiet könne es aber »keine Annäherung von unserer Seite an den Westen geben«.

Schon die westdeutsche Definition des Humors durch Brockhaus-Enzyklopädie – Humor sei »die vorwiegend heitere Gemütsbeschaffenheit, Stimmung, Gelassenheit« – kann im ersten deutschen Arbeiter- und Bauernstaat schlicht nicht zutreffen, weil es bei uns den Brockhaus nicht gibt – dank der ausgezeichneten Leistungen der bewaffneten Organe des Ministeriums des Innern.

Gleichfalls treffen bei uns die Erklärungen westlicher sogenannter Humor-Klassiker nicht zu. Wenn etwa Jean Paul den Humor als »ein auf das Unendliche angewandtes Endliches« bestimmt und die »vernichtende oder unendliche Idee des Humors« lobt, so halten wir dem das Gesetz über das einheitliche sozialistische Bildungswesen aus dem Jahr 1965 entgegen, das keineswegs auf vernichtende Ideen, sondern auf die »Bildung und Erziehung allseitig und harmonisch entwickelter sozialistischer Persönlichkeiten« abzielt.

Abzulehnen ist auch Lichtenbergs im Westen klassische Humor-Regel: »Heute habe ich der Sonne erlaubt, früher aufzustehen als ich.« Diesem Unsinn, hinter dem sich doch nur Faulheit und bourgeoiser Verrat an der Arbeiterklasse verbirgt, kann die harmonisch entwickelte sozialistische Persönlichkeit nur das Motto des VI. Parteitags der SED aus dem Jahr 1962 entgegenhalten: »Froh und kulturvoll leben!«

Zu Sigmund Freuds Definition aber, »Der Humor ist ein Mittel, um die Lust trotz der sie störenden peinlichen Affekte zu gewinnen«, läßt sich nur sagen, daß wir uns die Lust am Aufbau des Sozialismus durch diesen dekadenten Wiener Revanchetrommler nicht stören lassen und daß wir, dank der hervorragenden Wissenschaft des Marxismus-Leninismus, die sogenannte Psychoanalyse bei uns nicht brauchen, weil unser Volk wegen seiner friedliebenden Gesinnung kerngesund ist und deshalb folgerichtig auch bei den Olympischen Spielen um 857 Prozent mehr Goldmedaillen geholt hat als Österreich.

Zwar, der verdiente Genosse Johannes R. Becher hat noch auf unserem ersten Schriftstellerkongreß 1947 ausgerufen: »Es gibt keine westdeutsche oder ostdeutsche Literatur, sondern nur eine, eine deutsche« – aber für das literarische Spezialfach Humor konnte das schon damals nicht wirklich gelten. Denn daß der Westen umgekehrt sozialistischen und werktätigen DDR-Humor in all seinem konvergenzfeindlichen Nonkonformismus nicht begreift, erweist sich praktisch jeden Tag. Das zeigt die humorlos von der BRD bekrittelte Ausweisung dreier BRD-Journalisten von der Leipziger Messe, trotz und gerade angesichts des Grundlagenvertrags nach der materialistischen Dialektik von Marx und Engels.

Auch der Humor, daß man mit Wolfgang Harich einen unserer besten Marxisten wegen hochverräterischer Staatsgefährdung inhaftiert, ihn aber heute wieder im Westen über den Humor Jean Pauls publizieren läßt, welcher die berühmte Formel »Freiheit gibt Witz und Witz gibt Freiheit« gefunden hat – auch das begreift man im Westen nicht, obwohl das ja nun wirklich ein guter Witz in unserem freiheitlichen Sozialismus ist.

Ebensowenig ist dem faschistischen Westen der Humor zugänglich, mit dem wir Heym und Biermann zuhause den Mund verbieten, im Westen aber devisenträchtig zum Einsatz bringen. Und vollends scheitert eine bilaterale Humor-Konvergenz am Unverständnis des alten und tiefsinnigen Ulbricht-Scherzchens: »Niemand hat die Absicht, eine Mauer zu bauen« (›Neues Deutschland‹ vom 16. August 1961).

Wenn etwa der dekadente westdeutsche Kriegstreiber Böll mit ›Katharina Blum‹ und ›Bericht zur Gesinnungslage der Nation‹ noch immer satirisch übertreiben muß, so hat das unser sozialistischer Fertig-Humor längst nicht mehr nötig, und schon von daher ist die Ansicht unseres allzu humorlosen Schriftstellers Volker Braun zurückzuweisen, die DDR sei »der langweiligste Staat der Welt«.

Was aber nun den ›Eulenspiegel‹ selber anlangt, so versagt erneut das westliche hochrevanchistische Humorverständnis und beweist die Überlegenheit unseres dialektisch-materialistischen Humor-Systems. Denn es ist ja nun zweifellos zum Lachen, einen so anspruchsvollen Titel zu benutzen, obwohl man mit der legendären Gestalt des Eulenspiegel partout nichts im Sinn hat.

»Humor ist, wenn man trotzdem lacht«, heißt es, nach einem Wort des westlichen Lügners, Ausbeuters und Arbeiterfeinds Otto Julius Bierbaum, im degeneriert-aufweichlerischen Westen. Für uns aber gilt umgekehrt und mit dem von Marx vom Kopf auf die Beine gestellten Hegel: »Humor ist, wenn man trotzdem nicht lacht«; sondern in meiner Eigenschaft als ›Eulenspiegel‹-Chefredakteur aller Welt zum Gelächter dient.

Wie wenig der antihumanitäre Westen diese subtile Dialektik durchschaut, beweist schon, daß der militaristische, imperialistische Kabarettist Dieter Hildebrandt in einer staatsmonopolkapitalistischen ARD-›Report‹-Sendung sich über mich, wenn ich ihn richtig verstanden habe, lustig macht. Allein dies unterstreicht, wie schießwütig und dumm der Westen ist. Meine Humorerklärungen waren nämlich – in konsequenter Verwirklichung des Komplexprogramms des XXXIII. Parteitags – todernst gemeint.

Mit sozialistisch-humoristischem Gruß!

Gerd Nagel
›Eulenspiegel‹-Chefredaktion (1976)

TOPS IM THEATER

Zu einer Zadek-Premiere

Zu einem eindrucksvollen Erfolg gestaltete sich dieser Tage die Premiere der Neuinszenierung von Shakespeares ›Wie es euch gefällt‹ durch Peter Zadek im Hamburger Schauspielhaus. Der »überwältigend guten Laune«, welche Hellmuth Karasek im ›Spiegel‹ dem Zadekschen Regiekonzept bescheinigte, der überragenden Form von Eva Mattes und Ulrich Tukur auf der Bühne gesellte sich ein Premierenpublikum zu, das mit Zadek ebenso d'accord sein durfte wie dieser mit ihm.

Extra wegen Zadek war wie immer aus Kassel, wo er an der Kritischen Gesamthochschule Soziologie und Linguistiksemiologie lehrt, Jungprofessor W. Martin Gamper mit seinem weißen Porsche angedüst. Er hatte die 350 Kilometer in der neuen Rekordzeit von 2 Stunden 11 Minuten bewältigt – und traf, obwohl er am Nachmittag noch am Horst-Eberhard-Richter-Gedenksymposion »Totem und Tamtam« in Gießen teilgenommen und über »neue Verdrängungsstrategien der Postfestum-Postmoderne« referiert hatte, bereits 20 Minuten vor 8 Uhr im Schauspielhaus ein. Dort präsentierte er einem erwartungsvoll aufgekratzten Publikum seine smarte Ehefrau Dolly und seine rotblonde Hamburger »Gespielin« (›Der Spiegel‹) Kitty, ehe er mit Swing in Reihe 17 Platz nahm. Hier las er in den letzten vier Minuten vor Vorstellungsbeginn noch schnell einen ›taz‹-Artikel über die neue Krise in Kolumbien zu Ende.

Kitty ihrerseits war es dann, die nicht nur Shakespeare-Zadeks Bühnen-Rosalind an betörender Keßheit fast ausstach. Auf fiel vor allem auch, wie prächtig sie mit Ehefrau Dolly harmonisierte, der sie in der Pause sogar ein Bussi auf die Wange drückte – derweil W. Martin Gamper mit einem angedeuteten Bruderkuß das Multimedia-Faktotum Dietrich Edel begrüßte. Dieser hatte vorher lärmig und in – scheint's trauter – Eintracht mit seinem Gegenspieler Alfred Zischler palavert – letzterer wie immer zu Zadek-Premieren eigens aus München eingeflogen.

Während Edel fast noch ingeniöser, ja hinreißender als auf der Bühne Heinz Schubert den Clown unter Spaßmachern mimte, erwies sich schon in der Pause Zischler als eine Winner-Type, deren marode Exzentrik der maladen des Regisseurs Zadek in nichts nachstand; zumal er sich auch in Air und Outfit auf eine Melange aus Zadek, Wildgruber und Weizsäcker hingestylt hatte (indessen Edel eher wie eine Synthese aus Skinhead und SS-Kommandant daherkam). Beider gemeinsam geröhrtes »Wow!« bei den ersten Zadekschen Standard-Provokationen und Stilbrüchen konnte sich jedenfalls hören lassen und gab dem Abend etlichen zuckrigen Zusatz-Drive und -Zunder.

Dann natürlich wie immer: Hamburgs berühmt-berüchtigte Kulturschnepfe Angela Wichtig-Volldah! Schon vor Beginn der Vorstellung mit drei Buchverlegern und fünf Zeitungsherausgebern in angeregt-hektischem Gespräch, lief sie gleichwohl erst in der Pause zu voller Form auf, als sie in 47 Sekunden ununterbrochener Rede dem Großkritiker Benjamin Idering das Zadeksche Regiekonzept verklickerte. Noch steiler freilich, wie speedily sie nach den 37 Vorhängen Schlußbeifall mit Regisseur Zadek in Richtung Nobelpinte ›Chez Hupfauf‹ verschwand ...

Idering selber, als Vertreter der angesehenen Wochenzeitung ›Die Zeit‹, war solid wie immer in den bewährten Bluejeans von 1972 erschienen sowie in einer hellkotbraunen Lederjacke (samt offenem Pink-Hemd und lila Seidentuch; letzteres Anspielung auf die Grundfarbe von

Zadeks und Johannes Grützkes entschieden psychedelischer Stückkonzeption). Er wirkte freilich anfangs etwas indisponiert und sprach erst auf dem Nachhauseweg flüssig wie immer von der »Dialektik des Innovatorischen, die allein das Gegenwartstheater als sperrige Animationsprozeßhilfe retten kann, wenn überhaupt«.

Vollrohr präsent dagegen von Beginn an: Frau Honorarkonsulin Fee von Röhl-Zockingen, Zadeks derzeit treuestes Groupie und Großsponsorin der Hamburger Avant- und Postgarde in einem. Zwar schwankte sie beim Eintreffen leicht auf ihren viel zu hohen Schuhabsätzen (Nobelmarke »Paris reste Paris«) und schien leicht betrunken, was leider auch der Fall war, beziehungsweise genaugenommen war sie völlig breit. Allein, nachdem sie in Baudezernent Harry S. Rippenbrecher rasch einen gleichgesinnten Kavalier entdeckt hatte – auf ihn losstürzen und »Hallöhchen!« brüllen war eins –, fing sich Frau von Röhl-Zockingen bald wieder; einigermaßen wenigstens. Sie stieß noch vor Spielbeginn die ersten grell-spekulativen Lacher aus, winkte W. Martin Gamper ein angedeutetes Kußhändchen von Reihe 3 zu Reihe 17 zu – und war dann à tout prix nicht mehr zu bremsen. Kokettierte sie im ersten Akt wie Zadek auf der Bühne mehr mit einer leicht parodistischen Trivialität, so fand sie wie dieser rechtzeitig im zweiten Akt zur nötigen »Shakespeareschen Melancholie« (›stern‹); einer freilich, der wiederum »eine gehörige Portion Selbstpersiflage« (›Tempo‹) mitnichten fehlte. So daß auch die Kulturdezernentin, Frau Dr. Helga Quick-Speinshart, die in Begleitung ihrer von den Nazis verfolgten und KZ-geschädigten Großtante erschienen war, aber leider in der Pause wieder wegmußte, nachher im ›Chez Hupfauf‹ von einer fast überreifen Leistung ihrer Busenfreundin hören durfte.

Bei so viel Premierenglamour konnte es nicht ausbleiben, daß sich der etatmäßige »Unverschämtheit!«-Brüller aller Zadek-Aufführungen der letzten Jahre, Oberstudienrat a. D. Arno Angenend aus Pinneberg, diesmal nicht recht behaupten konnte und offenbar rasch resignierte. Er japste nur zweimal sehr schwach »Pervers!« und verzichtete sogar auf den an sich vorgesehenen Zwischenruf »Und so was mit unseren Steuergroschen!« an der Stelle, da Peter (»Anything goes«) Zadek zum Happy-End alle einander in den Hintern zwicken läßt – was Edel und Zischler erneut mit »Wow-wow!« quittierten.

Fazit: Ein einsamer Klasse-Premierenabend. »That's Entertainment«, schwelgte Karasek inflammiert im ›Spiegel‹. Läßt sich nur begeistert verlängern: And Schickimicki at it's very very best! (1986)

ROMY ENTLARVT IHRE MÖRDER

›Bild‹ und das Jenseits

»Romy aus dem Jenseits: Es war Mord!« Dies teilte vor einigen Wochen balkenhoch die ›Bild‹-Zeitung mit. Wem von diesem journalistischen Hit nicht schon das Blut in den Adern gefror, der konnte im Text genauer erfahren, daß Romy Schneider diese Mitteilung bei einer Art Wahrsager-Séance getätigt hatte, nämlich mit ihrer unverkennbaren Stimme aufs Tonband einer Geisterbeschwörerin.

Zwar konnte weder sie noch ›Bild‹ den Namen des Mörders sowie sein Motiv nennen, und gleichfalls die verschwisterte ›Bild der Frau‹ vermochte ein paar Tage später dank Jenseits-Tonband nur mitzuteilen, Romy habe »ihren Mörder geliebt«. Allein, als falsch stellte sich schon dadurch die 1982 als offiziell geltende Todesursache heraus (Tablettensucht zusammen mit übermäßig genossenem Rotwein). Und dank den Tonbändern, die *uns* dieser Tage aus dem Jenseits zugespielt wurden, ist die Lage jetzt nicht nur völlig klar, sondern die Bänder erhellen auch rasch, warum ›Bild‹ nur mit der halben Wahrheit herausrückte:

»Achtung, Achtung, hier spricht abermals Romy Schneider aus dem Jenseits. Ich befinde mich im Zentrum des Siriusspiralnebels, und bevor ich vollends in den Himmel eingehe, ist es mir ein Herzensanliegen, auch noch diese letzte irdische Bürde abzuwerfen und den Namen meines Mörders bekanntzugeben. Setzen Sie sich bitte zum Lesen gerade hin, halten Sie die Ohren steif, und werfen Sie auch die letzte journalistische Schambarriere ab sofort ab.

Als ich im Sommer 1982 schnell und schlagartig starb, hatte ich bereits eine Reihe fast geglückter Mordanschläge hinter mir – und immer waren es Menschen, die mich sehr liebten. Als erste beinahe gemordet hätte mich schon meine Mutter Magda, als sie mich zum Film schleppte. Dann war es Karlheinz Böhm, mit dem ich so unglücklich verheiratet wurde, daß schon er mein Mörder hätte sein können – wenn es nicht bald darauf beinahe Alain Delon geworden wäre; bis dieser mich an Harry Meyen übergab, den ich gleichfalls sehr liebte, der sich aber dann im Zweifelsfall lieber doch selber umbrachte.

An meine späteren Liebhaber und Ehemänner wie Daniel Biasini kann ich mich jetzt nicht mehr so genau erinnern – aber praktisch mordete mich jeder Stückchen für Stückchen weiter. Dazu gesellten sich gute Freunde wie Visconti und Georges Beaume und Hilde Knef, die mich auch praktisch immerzu umbrachten – so wie später das Fernsehen, der ›stern‹ und überhaupt die ganze drekkige Presse-Mafia. Kurz nach meinem Tod erfuhr ich via ›Bild‹ sogar von meiner Mutter, daß Curd Jürgens es gewesen sei, der mir irgendwie die Unschuld geraubt und mich insofern praktisch ja auch gemordet habe. Wenn ich genau darüber nachdenke, könnten natürlich auch Gustav Knuth, Yves Montand, Michel Piccoli, Belmondo, Mitterand, Helmut Schmidt und Helmut Kohl meine Mörder gewesen sein. Doch.

Den letzten Stich, den letzten Rest aber verpaßten mir jene, die mir noch im Jenseits nochmals an den Kragen gingen – ich, Romy Schneider, nenne hier als die allergemeinsten Mörderbanditen die Redakteure der größten deutschen sogenannten Boulevard-Zeitung, die in ihrer gesammelten Perversität und schweinischen Infamie als Hauptmörder . . .« (Stimme stirbt).

Es fällt nicht schwer zu verstehen, warum ›Bild‹ dies neue Tonband-Dokument aus dem Jenseits weder veröffentlichen noch auch nur käuflich erwerben wollte. Buchrechte reklamiert haben inzwischen allerdings für ihre Taschenbuch-Krimi-Reihen Rowohlt und Heyne. Wie man hört, sollen beider Häuser Spitzenautoren sich bereits eilig und eifrig warmschreiben. (1985)

PAPST PAUL HEIRATET

Ein neuer Nachrichtentypus

Die Nachricht war drei Zentimeter hoch:

LIZ TAYLOR

Die Unterzeile nur noch acht Millimeter:

Sekretärin heiratet Deutschen

Der Text lautete 1,5 Millimeter hoch: »Liz Taylor (sechsmal verheiratet) marschiert am Samstag schon wieder zum Standesamt – als Trauzeugin. Liz geleitet ihre blonde Privatsekretärin . . .« (›Bild‹ vom 29. 9. 76)

Die ›Deutsche Zeitung‹ hat an dieser, der letzten und erheblichsten Stelle des Blatts schon häufig Höhepunkte, Innovationen und Revolutionen im deutschen Pressewesen, vor allem solche der ›Bild‹-Zeitung, kommentiert, gewürdigt und analysiert. Sie wird das auch in Zukunft mit großer Gewissenhaftigkeit tun. Wieso? Aus Zeitvertreib. Bzw. im Gegenteil: Weil Meldungen wie die obige uns alle weiterbringen. Wohin? In eine glückliche Zukunft. Wirklich? Jawohl, mit einem noch schöneren Leben im Rahmen einer noch schöneren Presse. Nach Maßgabe von ›Bild‹ – man braucht das Ganze nur noch ein wenig weiterzudenken:

LIZ TAYLOR HEIRATET

Unterzeile: »nicht. Sondern ihre Sekretärin.«

»Curd Jürgens impotent!« Diese Schlagzeile ist ja den deutschen Lesern bis dato leider nicht vergönnt, weil nicht durchzusetzen. Und doch kann der Traum nach ›Bild‹-Modell Wirklichkeit werden. So:

CURD JÜRGENS: IMPOTENT . . .

Unterzeile: ». . . sein, muß nicht sein, sagt der Star.«

Oder, etwas konservativer, weniger sorglos so:

IMPOTENTER CURD JÜRGENS?

Unterzeile: »Daß ich nicht lache, sagt der alte Weiberhengst.«

Weitere Einspielergebnisse könnten sein:

PAPST PAUL HEIRATET

Unterzeile: »niemals, sagen die Bischöfe.«

ADENAUER LEBT

Unterzeile: »im Gedächtnis fort.«

Soweit Stufe 1 und 2 des ›Bild‹-Reformprogramms – Stufe 3 zielt weiter: Jede Meldung, und sei sie noch so trocken und nichtssagend, wird durch ›Bild‹ erst schön. So etwa:

MARILYN MONROE

Unterzeile: »Sekretärin ist verzweifelt.«

Was liegt wirklich an?

»Die Lebenshaltungskosten haben sich 1976 um 7,8 Prozent gesteigert. Auch die Ex-Sekretärin von Marilyn Monroe, die Zugehfrau Betty Beatnik (52), ist verzweifelt.«

Eine Mischung aus Stufe 2 und 3 könnte so aussehen:

WILLY BRANDT: BETRUNKEN

Unterzeile: »heit schützt vor Strafe nicht.«

Text: »Der ADAC will Straferschwernis bei Betrunkenheit im Straßenverkehr durchsetzen. Dies wurde gestern in Fichtelwies mitgeteilt. Willy Brandt war dabei nicht zugegen, er war aber, wie aus SPD-Kreisen zu erfahren war, zu diesem Zeitpunkt auch nicht betrunken.«

In einem letzten Stadium dieses fortschrittlichen Boulevard-Zeitungs-Typs könnte sich ein ganzes Blatt aus 438 Meldungen wie dieser zusammensetzen:

SCHEEL SCHWEIN

Unterzeile: »gehabt.«

Text: »Bei der gestrigen EWG-Ministerratssitzung in Brüssel wurden die Schweinepreise neu festgelegt. Bundespräsident Scheel war glücklicherweise nicht dabei. Kann ja auch nicht. Ist ja gar kein Minister mehr. Ist ja Bundespräsident. Dies betonte gestern ein Sprecher aus Axthausen. War schon betrunken. ›Bild‹ fragt: Wie lange noch?«

Wie lange noch? Fragen wir. In atemloser Vorfreude auf den absolut revolutionären Zeitungstyp. Denn:

›BILD‹ IST EIN WAHNSINN

Unterzeile: »ig prima Blatt.« (1976)

LITERATUR-INDEX 0,01233

Gedanken zu Handke, Suhrkamp u. m. a.

Die zeitgenössische Literatur, immer wieder totgesagt, lebt. Lebt glänzender denn je zuvor. Im Herbst 1976 erklomm sie sogar einen neuen Gipfelpunkt.

Rechtzeitig zur Buchmesse erschien im Suhrkamp-Verlag Peter Handkes Erzählung ›Die linkshändige Frau‹; und das bedeutet a) eine Sternstunde der Poesie, b) Handkes zarte Reverenz an die Links- sowohl als Frauenbewegung und c) 125 mit »kinderbuchgroßen Lettern« (›Süddeutsche Zeitung‹) bedruckte Seiten zum Preis von 14,80 DM. Genauer: für sein Geld erhält der Bücherfreund 125 Seiten à 25 Zeilen à 40 Anschläge.

Zieht man für nicht ausgedruckte Zeilen und sonstige Leerräume des Texts etwa 5 Prozent ab, so kommt man auf 120 000 Anschläge zum Preis von 1480 Pfennig und ergo auf einen Buchstabenpreis von 0,01233 Pfennig – dieses aber ist absoluter Rekord in der Geschichte der deutschen Nachkriegsliteratur, in Geldwert berechnet vermutlich aller Zeiten.

Der Buchstabenpreis von 0,01233 ergibt nämlich umgerechnet, daß wir in ›Die linkshändige Frau‹ für einen D-Pfennig ganze 81 Handke-Buchstaben zwischen den Handke-Buchstabenzwischenräumen bekommen – und dies ist in synchroner Bewegung zum deutschen auch absoluter Rekord des auf diesem Gebiet schon längere Zeit führenden Hauses Suhrkamp aus dem Geschlecht des Siegfried Unseld.

Denn die bisherige Spitzenposition hielt Samuel Becketts Roman ›Der Verwaiser‹ mit etwa 130 deutsch/französisch bedruckten Seiten à 22 Zeilen à 32 Anschläge zum Preis von 6,80 DM, womit Beckett auf einen Index von 130 Buchstaben pro Pfennig kam; womit er damals die anderen führenden Kräfte des Hauses klar abhängte.

Thomas Bernhard in ›Verstörung‹, zum Beispiel, schreibt pro Pfennig immerhin 530 Buchstaben nieder, Herbert Marcuse in ›Triebstruktur und Gesellschaft‹ muß, wenn er den Pfennig ehren will, 600 Lettern schaffen – und Theodor W. Adorno in ›Minima Moralia‹ gar 700 Stück, bevor er seinen Zehrpfennig kassiert, und das hielt Adorno damals in einem verschollenen Gespräch mit Walter Benjamin für ein Minimum an Moral.

Immerhin machen selbst diese Suhrkamp-Mittelverdiener die Rangunterschiede zu anderer, zu alter und neuer Weltliteratur klar. Muß etwa Handkes Auflagenkonkurrent Heinrich Böll für den Pfennig noch leidige 320 Buchstaben ablassen, so Hans Henny Jahnn in ›Fluß ohne Ufer‹ gar 750, und wenn ich dann etwa in Rechnung stelle, daß ich in meiner ›Krieg und Frieden‹-Ausgabe 1240 Tolstoi-Buchstaben für den Pfennig gekriegt habe und für den gleichen Preis sogar 1600 ›Brüder Karamasoff‹-Buchstaben, dann – ja dann erst erstrahlt die poetische Unvergleichlichkeit des Peter Handke in geziemendem, ja in einem immer vergleichsloseren Licht.

Veranschlage ich aber weiter, daß die gesamte ›Linkshändige Frau‹ auf zwei Seiten der FAZ-Samstagsbeilage gepaßt hätte, die mir für eine kreisrunde Mark auch gleich noch die Sportvorschau mitliefert, dann: wächst meine Bewunderung für die Kunst des Peter Handke und seine generöse Geste, sich immer wieder einmal 125 Seiten abzunötigen, die zwar in Wirklichkeit nur 35 sind, aber einfach zu gut für solche Platzbescheidung, ins annähernd Unermeßliche.

(1976)

DOUBLE-BIND UND HÖFER-EFFEKT

Oder auch: Fernsehen und Marketing

In großen Anzeigenserien wirbt in diesen herbstlichen Wochen 1. Der Fernsehpublizist Thilo Koch mit seinem Porträtfoto für das keineswegs von ihm geschriebene Buch ›Chronik des 20. Jahrhunderts‹. 2. Der Fernsehpublizist Peter von Zahn für das mitnichten von ihm verantwortete Buch ›Chronik der Deutschen‹. 3. Der Fernsehpublizist Werner Höfer ebenfalls mit seinem Foto für das Fischer-Lexikon ›aktuell‹, mit welchem er aber gleichfalls weiter nichts zu tun hat.

Der Kasus ist nicht ganz neu. Nämlich, daß vom Fernsehen her vertraute Gesichter – bekannte Fernsehgesichter, heißt's heute schon – für dies und das Reklame stehen; was heißt, daß sie ihr Gesicht als Werbeträger verkaufen für Inhalte, mit denen sie weiter nix zu schaffen haben. Robert Lembke zum Beispiel steht so seit Jahren für eine Bausparkasse gerade, Wim Thoelke dagegen für eine spezielle Fensterscheibenart.

Die Buch-Promotion via Fernseh-Prominenz ist indessen etwas verzwickter, nämlich tendenziell paradoxer. Denn Zahn, Koch und Höfer sind ja auch selber Buchautoren (und Höfer zum Beispiel auch vielbeschäftigter Vor- und Nachwortschreiber). Wenn die drei jetzt für die Bücher anderer – in diesem Fall eines Kollektivs – werben: schadet das dann nicht, unbeschadet des Honorars, eventuell dem Absatz der eigenen Bücher? Oder aber potenziert es diesen gar? Und dies wäre womöglich die eigentliche und geheime Absicht?

Eine andere Frage liegt, parallel zu jener, nahe. Wann wird es nach den Gesetzlichkeiten des Fernseh-Zeitalters, das heißt nach denen universeller Fernseh-Präsenz, so weit sein, daß Thilo Koch für den Buchabsatz einer Gesamtausgabe von Thomas Mann Modell stehen muß? Zahn für Konrad Lorenz, und Höfer für den ohnehin schwer artverwandten Goethe?

Zwischenüberlegung: Wenn Peter Scholl-Latour und Johannes Gross 1983 zum ›stern‹ berufen wurden, um diesem nach der Hitler-Pleite kraft ihrer bonitätsfesten Fernseh-Gesichter neues Vertrauen zu gewinnen; wenn andererseits die Physiognomie Henri Nannens noch im Rentnerstatus andauernd für allerlei Publikationen a) aus dem eigenen und b) aus fremdem Hause zwecks Reklame gut ist: Wäre es da nicht fast plausibler, daß dann Nannen mit seinem Elder-Statesman- und Seemannsblick auch vice versa für weniger bekannte Fernsehsendungen würbe – und ...

Nein, dieser Gedanke ist vorerst noch zu kühn, um ganz durchdacht zu werden. Ein anderer und abschließender scheint uns dafür um so zwingender. Wenn Koch, Höfer und Zahn einerseits permanent via visio für die Bücher anderer einstehen; wenn alle drei gleichzeitig aber selber anderweitig Buchautoren sind, wär's dann nicht gewaltig logisch, ab sofort den Werbe- und Marketingeffekt zu verdoppeln dergestalt: Daß Höfers Gesicht für Zahns Buch wirbt, das von Zahn für ein Werk Kochs geradesteht und daß, den Zirkel zu runden, Kochs vertrauenstiftende Physiognomie die Gediegenheit von Höfers kommender Autobiographie preist?

Wobei, wohlgemerkt, den Mindersinn zu eskalieren, die jeweils mitabgebildeten Buch-Cover natürlich die Fotoporträts der jeweiligen Autoren Zahn, Koch und Höfer tragen müßten!

In der Psychiatrie gibt es den Begriff des »Double-Bind«, der »Beziehungsfalle«. Andererseits gibt es im Volksmund die Formel, daß doppelt genäht besser halte.

Vielleicht bewegt sich unser Volk kraft Fernsehen doppeltgebündelt auf etwas ziemlich doppeltgemoppelt Psychiatrisches zu. (1984)

MEIN LEHRER, DU!

Parlamentarische Redensarten

Der ehemalige Bundespräsident Scheel hat kurz vor der Beendigung seiner Amtszeit den Stil der politischen Auseinandersetzung in der Bundesrepublik gerügt. Sie habe, so die Meinung Scheels, immer häufiger den Streit zum Ziel und immer weniger das Gespräch.

Scheel hat recht moniert. Freilich, von einem »Stil« ist schon kaum mehr zu sprechen. In den politischen Gremien ist in den letzten Jahren leider ein Ton eingerissen, dessen Skala von der Banalität bis zur schlechthinnigen Vulgarität reicht.

»Saftsack!« – »Quatschkopf« – »Pharisäer« – »Ratte« – »Sauhaufen« – »Kriminelle Oppositionelle« – das sind gegenwärtig die landläufigsten Anrede- und Invektivformen: Scheltreden zwischen den Spitzenpolitikern und den Parteiblöcken haben sich auf einen Standard eingependelt, dem vom »Katastrophenkanzler« über den »Lügenminister« bis zum »Meineidsfraktionssausack« alles recht ist – wenn es nur tief genug unter die demokratische Gürtellinie zielt.

Sage keiner, das Parlament sei im Sinne des Grundgesetzes die getreue Abbildung der vox populi: dies seien eben harte, aber grundehrliche Töne. Haben unsere Berufspolitiker nicht vielmehr die Funktion von Leitbildern, denen eine nachwachsende Generation ihr zivilisatorisches Niveau und ihren Demokratiebegriff danken soll? Wie wäre es dann aber z. B., statt des heute übelüblichen Parlamentariergrußes »Tach, Sie Schweinigel!« ein nettes, hilfreiches »Na, Sportsfreund?« zu etablieren? Statt des unversöhnlichen »Schandmaul!« ein eher konziliantes »Aber, aber, Herr politischer Gegner«?

Anstatt eines aggressiven »mein Pinscher« – was bräche es einem Debattierer aus der Krone, zu einem kordialen »Euer Wohlgeboren« zu greifen? Wie überaus leicht wäre »Dummbeutel« durch »Durchlaucht« zu ersetzen, das wilde wehnerische »Sie, Herr, Sie!« durch das aparte »Sire« oder »Mylord«.

Überhaupt täte – gerade auch im Hinblick auf das kommende Europa! – ein Schuß Internationalität sehr gut. Viel lieber als das geläufige »Rotznickel« würde man das gemütliche »old boy« hören – knisternder als das etwas plumpe »Giftspritze« klängen »Mein Lieber«, »Kamerad« oder gar das altrussisch-humane »Väterchen« – etwa gerichtet von F. J. Strauß an den russophilen Willy Brandt.

Seinen Stil veredeln könnte aber auch der Kanzler, redete er künftig Helmut Kohl nicht süffisant-rankünös als »Herr Abgeordneter« an, sondern zart mit »mon petit chancellier éphémère« mit dem Nachweis französischer Lebensart und einer Prise souveräner Ironie obendrein. Kohl seinerseits, statt sich auf das sauretraubenbittere »Herr Kollege Schmidt« zu versteifen, sollte sich mit einem raffiniert europäisch-mondänen »mio cher friend Helmut« revanchieren – und ein Traum politischer Gentilezza wäre es natürlich, wenn unsere notorischen Parlaments-Zwischenrufer statt zum albernen »hört, hört!« zu einem vor Fairneß nachgerade strahlenden »audiatur et altera pars« griffen.

»Mein Lehrer, du« wäre eine understatemental schöne Anrede zwischen politischen Gegnern, die beide viel Dreck am Stecken haben. »Gesegneter Mann« lautete die rechte Anrede für den Parlamentspräsidenten, oder aber »ehrenwerter Vater«. Letztlich aber legitimierte politische Kultur sich vor allem bei den Anreden der Hinterbänkler. »Euer Ehrwürden« tönte als eine hochhumane Geste gegenüber diesen Ärmsten – und wer gar schon mehr als

30 Jahre im Plenum hockt, ohne je den Mund aufgetan zu haben, der soll wahlweise »erhabener Greis« oder »göttliches Wesen« heißen. Vergessen sei endgültig der bisher geläufige »Schnarchsack« ...

Am Anfang war das Wort. Humanisierung der Politik hebt ergo an im Worte. Scheel hat mit Ablauf seiner Amtszeit ein Signal gegeben. Scheel, die weiseste der Schlummerrollen. (1979)

WIR FORDERN DIE ROTE ZELLE ALL

Zur längst fälligen Sozialisierung des Universums

In einer Zeit, da der Mensch vom Präsidenten Gerald Ford bis zur freien Marktwirtschaft, von der Poesie und Epik bis zum guten alten § 218 meint, alles kritisieren zu müssen, was einstmals Rang und Namen hatte; in diesen Tagen des allgemeinen Stänkerns und Madigmachens bleibt ausgerechnet das Urbild dessen – die Schöpfung und mithin ihr Schöpfer – ungeschoren. Die Himmelswissenschaft übertrifft heute in Ost wie West an Lobhudelei oder aber Indifferenz alles bisher schon Dagewesene. Not tut also endlich im Rahmen der allgemeinen Entzauberung eine absolut kritische Astronomie, eine kritische Kosmologie.

Schauen wir es uns doch einmal sine ira et studio an, dieses Firmament mit seinen ach so wunderbaren Sternen, Sternenhaufen und Spiralnebeln. Na und? Lächerlich! Außer den simpelsten Rundformen wie Kreisen, Kugeln und Ellipsen – nichts! Keine Geraden, keine Kanten, keine Flanken, keine Pässe in den freien Raum, geschweige denn die Schönheit des Goldenen Schnitts, dessen Anmut uns Irdische täglich so ästhetisch und weich stimmt. Dafür ein konfuses Gekleckse, das kein Mensch versteht.

Und dann, und dann: Bei uns Irdischen heißt es immer: »In der Beschränkung zeigt sich der Meister.« Richtig. Was soll man aber dann dazu sagen, daß der Herr Schöpfer Größenordnungen hinstellt wie die, daß schon der unserer Sonne nächste Stern, der Proxima Centauri, 4,3 Lichtjahre von uns entfernt liegt. Das wären nach dem gegenwärtigen Stand der Weltraumfahrt 100 000 Reisejahre! Daß unsere vielbesungene Milchstraße aus rund 100 Milliarden Sonnensystemen wie dem unsern besteht.

Und daß im ganzen Weltall wiederum Stücker 100 Milliarden Milchstraßen dieser Größenordnung herumschwirren und -segeln!

Und schließlich – die reine Protzerei als l'art pour l'art! – die sog. Überriesen unter den Sternen. Was eigentlich will dieser sog. Schöpfer damit ausdrücken, wenn er solche Sternmonster laufen läßt wie etwa den Beteigeuze im Sternbild Orion, der doch tatsächlich raummäßig 50millionenmal größer als unsere Sonne ist? Tumbe Kraftmeierei als Selbstzweck! Ridiküles Imponiergehabe! Oder was will uns dieser sog. Schöpfer mit einem solch nachweislich nutzlosen Aufwand beweisen? Daß er sein Handwerk versteht? Hah! Einschüchterung! Autoritäre Repression! Großbourgeoise Dekadenz! Ich jedenfalls meine: ein Firmament, ein Kosmos von der Dimension eines größeren Oktoberfest-Bierzelts hätte es auch getan.

In der Immanenz, bei uns auf der Erde, mäkelt man zu Recht an der Bombastik von überlangen Romanen, Opern und Sinfonien herum – und Richard Wagner, Meyerbeer und Gustav Mahler haben da schon manche verdiente Kritik einstecken müssen. Aber bei dem da oben, da zieht man ewig den Kopf ein und lobt, daß Gott erbarm, da werden diese Lümmel namens Beteigeuze und Epsilon nicht nur hingenommen, sondern als pure Machtentfaltung auch noch über die bare Akzeptanz hinaus umhätschelt, diese gewamperten, nichtsnutzig umeinanderkugelnden Hammeln, diese hundsordinären Saubauern, die!

Und wie steht es eigentlich mit der Logik in diesem Kosmos? Schlecht. Denn einerseits heißt dieses Gewimmel in seiner Gesamtheit jetzt schon »All«, also »alles«, andererseits dehnt sich dieses »All« in typischem bürgerlichen Eskapismus auch noch andauernd mit unvorstellbarer Expansionsgeschwindigkeit luftballonartig aus – zu einem gewissermaßen »All + noch was«?!

Also was jetzt? All oder doch nicht All? Das soll einer verstehen! Und fressen!

Und dann die allergrößte Unverschämtheit dieses Demiurgen, dieses sog. Weltenbaumeisters: die 4. Dimension, die Krümmung des Weltalls zu sich selber zurück. Höchstens ein halbes Dutzend der lebenden Menschen kann sich diese vierte Dimension überhaupt vorstellen – und wird davon sofort wahnsinnig! Ein gigantischer Sadismus ist das des sog. Schöpfers, eine elende Perfidie, eine ausgeschamte elitäre Arroganz, das hältste ja wirklich im Kopf nicht aus!

Pfuiteufel!

Wir fordern deshalb eine Rote Zelle All (Rotzall). Nein, Reformen helfen da nichts mehr – hier ist Revolution, hier ist ein reingefegter Tisch angesagt. Die gesamte Linke ist aufgerufen. Kampf den Siriusverneblern! Tod den Verrätern! Tod jenem Gott, der uns ja eh doch nur verarscht!

(1975)

BÜCHER-ABWERBER UNTERWEGS

Schatten über der Buchmesse

In diesen Tagen, da die Nächte wieder länger, da die wirtschaftlichen Sorgen sowohl der Verlage als des freien Buchhandels in Gestalt der allgemeinen Kostenexplosion wieder einmal größer werden und die Frankfurter Buchmesse 1976 überschatten: in ausgerechnet diesen Tagen ist eine ebenso verlags- wie buchhandelsfeindliche Seuche aufgetaucht, die uns gerade noch gefehlt hat. Die Rede ist vom Bücher-Abrater oder Bücher-Abwerber, wie er in eingeweihten Kreisen mit Furcht und Abscheu genannt wird.

Wie sieht der Unhold aus, was stellt er an, wie ist er zu identifizieren? Der Bücher-Abrater treibt sich – ganz wie ein solider Kunde – zwischen den Sortimentsregalen herum, blättert hin und wieder scheinbar interessiert in einer Schwarte und macht überhaupt einen nahezu kulturtragenden Eindruck. Kaum aber schnappt sich ein regulärer Kunde und potentieller Käufer nach schwerem Entschluß ein Buch und will damit zur Ladenkasse schreiten, da tritt der Bücher-Abrater in Aktion.

Ein typischer Fall, aufgeschnappt in den Peter-Heinlein-Bücherstuben zu Nürnberg:

»Hören Sie, guter Mann, für diesen Schinken wollen Sie also 29,80 Mark ausgeben?«

»Ja, wieso? Was wollen . . . wer sind . . .?«

»Hören Sie, wenn Sie mir 30 Prozent von der Differenz zahlen, zeige ich Ihnen, wo Sie das gleiche für 5,80 Mark als Taschenbuch kriegen. Sind 24 Mark Unterschied. 7,20 Mark für mich, 16,80 Mark für Sie. Hier, bitte.«

»Oh, besten Dank für . . .«

»Gern geschehen, so, 7,20 Mark. Auf Wiedersehen.«

Ein anderer Fall, kürzlich in Frankfurt von einem wachen Buchhändler auf Tonband mitgeschnitten:

»Gnädige Frau, wenn ich Sie richtig beobachtet habe, wollen Sie die Eichendorff-Ausgabe des Hebauf-Verlags für 38 Mark kaufen, ja?«

»Wie? Ach so. Ja, freilich . . .«

»Lassen Sie es. Der Eichendorff des Springinsfeld-Verlags ist textkritisch besser und zehn Eier billiger. Fünf für Sie, fünf für mich.«

»Ja, wenn Sie's sagen . . .«

Skandal! Das Prinzip der Bücher-Abraterei, als Verbraucherhilfe getarnt, verstößt nicht allein elementar gegen den freien Buchhandel, sondern gegen jede freiheitliche Kulturentfaltung überhaupt. Erste Recherchen der aufgeschreckten Branche haben denn ergeben, daß es sich bei diesen gewerbsmäßigen Bücher-Abratern großteils um abgehalfterte, verarmte und verbitterte Literaten handelt, Asoziale also, die sich auf diese Weise nicht nur etwas schmähliches Zubrot verschaffen, sondern sich auch an ihren erfolgreichen Kollegen rächen wollen.

Es kommt aber gelegentlich noch ärger, und dies bringt nicht nur den Buchhandel an die Grenze seiner Belastbarkeit, sondern die freie demokratische Grundordnung als solche. Ein Teil der Bücher-Abrater arbeitet erwiesenermaßen gratis: »Stellen Sie's ins Regal zurück«, bescheiden diese Unerwünschten, lässig an die Ladenkasse gelehnt, kaufentschlossene Kunden, »der Ramsch lohnt nicht. Verlorenes Geld, verlorene Zeit, und Sie werden nur noch dümmer davon, als Sie allerdings eh werden. Nein, dieser Tip kostet Sie keinen Pfennig, gnädige Frau, bitteschön, tschautschau!«

Wir vertreten hier weder die Interessen des Verlagswesens noch der Sortimenterbranche. Aber das schlägt ja nun wirklich dem Faß den Buchdeckel ins Gesicht. Das lacht ja nicht nur der freien Marktwirtschaft und allen guten Sitten des Kartellamts hämisch Hohn, das führt ja direkt in die Volksaufklärung – und damit direttissima in den Sozialismus! Hah! Sauerei! (1976)

BEETHOVEN FIEL ZU NUSSDORF BEI WIEN

Aus der Forschung

Rechtzeitig zum 147. Todestag des Tonkünstlers Ludwig van Beethoven (1770–1827) hat dieser Tage der leidlich bekannte Hanauer Kalender- und Sportbuch-Verlag Brahms (ausgerechnet!) mit einer sog. Biographie des Meisters zugeschlagen, an der leider – aber auch schon radiputz alles falsch ist.

Indiskutabel schon die simpelsten Fakten, ja bereits der Titel zielt weit am gesetzten Thema vorbei: »Herbert von Beethovens Glanz und Ende der Kurtisanen« – dabei weiß doch jeder halbwegs Schulpflichtige, daß diese beiden erst lang nach Beethovens Tod mit Balzac so richtig begannen. Unscharf ist auch das Geburtsdatum des Meisters, das mit »irgendwann in einem Wonnemonat des Spanischen Erbfolgekriegs so kurz nach dem dritten Hahnenschrei« notiert wird. Gleichfalls das Ende des Meisters – vage, vage: bekanntlich ist Beethoven zu Nußdorf bei Wien gefallen, und nicht »nach heldenhaftem Kampf mit den Kräften des Chaos und der Tyrannei mitten auf dem Lechfeld im Indischen Ozean ersoffen«.

Weiter: Sicherlich begrüßt jeder Vernünftige die Entmystifizierung des stilisierten Ikonen- und Heiligenbildes Beethovens zum blutvollen Vertreter von Wein, Weib und Walzer, wie wir ihnen ja letztlich alle verfallen sind; aber so weit darf es denn doch nicht gehen, den Komponisten der ›Götterdämmerung‹ und der ›Aida‹ als einen »Radaubruder«, »verdammten Falschmünzer«, »Beamtenschinder« und »Nepper, Schlepper, Bauernfänger« zu denunzieren. In erster Linie war der Meister doch wohl immer noch ein genialer Kleinkünstler, Stillebenmaler und Pressefotograf – und seine sehr fein hinziselierten

Wald- und Wiesenpicknickszenen sind ja so übel wirklich und wahrhaftig nicht.

Das F-Dur-Streichquartett – die Liste der schnöden Verfehlungen fortzusetzen – ist nicht dem Grafen Bobby, sondern dem Grafen Rasumowsky zugeeignet. Falsch ist, daß Beethoven der minderjährigen Bettina von Brentano im Mondschein die zugegeben äußerst laszive IX. Sinfonie vorgeigte. In Wahrheit war Bettina damals längst auf die Missa Solemnis fixiert und mit Arnim von Achim verheiratet, der damals gerade mit Schorsch Eichendorff rummachte. Usw. usf. Der Irrtümer, der – böswilligen! – Verdrehungen kein Ende.

Nun, werden Sie glücklich mit Ihren Verlagshonoraren, verehrter Herr Biograph, der Sie es vorgezogen haben, unter den Initialen L. v. B. (ausgerechnet!) im dunkeln der Anonymität zu verharren! Jaja, pecunia non olet – werden Sie glücklich, wenn Sie können! Sicherlich, auch ich schreibe diese kritischen Zeilen unter dem Zeichen und in der Erwartung jener Kohlen, die wir alle so bitterlich brauchen, richtig, aber nie, nie würde ich mich dazu hergeben, für miesen Mammon, und brächte er mir 100 000 Schlei, so einen windigen Kra ... naja, für 100 000 vielleicht schon, vielleicht auch für 10 000, aber immerhin, ich habe Frau und Familie und ziemlich Schulden, und die Bank will auch nicht mehr so richtig ...

Doch wie auch immer: Beethoven blieb sauber. Ihm gebührt die Ehre, der schöne Götterfunken. Ihr Treiben aber, Herr L. v. B., werden wir von dieser Stelle aus auch weiterhin scharf beobachten und immer wieder geißeln und brandmarken. Neidgebläht und entsprechend rücksichtslos.

(1974)

WARUM NICHT GERADE ICH?

Start frei für meine Autobiografie

Eigentlich und ursprünglich wollte ich ja in diesem und im nächsten Jahr einen neuen, gewaltig anstrengenden und autobiografisch eingefärbten Roman schreiben. Aber wahrscheinlich, höchstwahrscheinlich werde ich umdisponieren. Und: einfach meine Autobiografie schreiben. Das ist, absehbarerweise, entschieden weniger anstrengend, und was Peter Rühmkorf schon mit 40 konnte und durfte, kann und darf ich mit 46 erst recht. Von Sepp Maier, Max Schmeling, Alma Mahler-Werfel und Franz Beckenbauer mal ganz zu schweigen.

Zumal, zum zweiten, Leser ja ohnehin alles über einen Kamm scheren. Und zwischen Roman und Autobiografie letztlich nicht unterscheiden. Die z. T. hochkomplizierte, höhere Mathematik, ja Stereometrie tangierende Separierung eines bürgerlichen Ich in ein Autoren- und womöglich zusätzlich noch in ein Erzähler-Ich – dergleichen mühvollen und zeitweise an Gesundheitsschädigung grenzenden Feinsinn haben die Leser meiner vier bisherigen, so oder so autobiografisch getönten Romane (aber eben nicht: autobiografischen Romane und schon gar nicht Autobiografien!) noch immer am wenigsten zu ästimieren gewußt; noch jedes fiktive, halbfiktive oder aus Biografischem montierte Detail nahmen sie für bare Münze; und wunderten sich dann eben groß und ahnungslos, wenn sie statt des faulpelzhaften und voyeuristischen Ich der Romane in mir einen ameisenfleißigen und hochmoralischen Menschen kennenlernten; statt der romantechnisch motiviert recht obskuren Charaktere einen Schwergebildeten, Skrupulösen, Freundlichen, ja ein Menschheitsideal wie mindestens Albert Schweitzer und

Professor Sauerbruch; die in ihren Lebensgeschichten aber eben meiner schwachen Erinnerung nach auch ganz schön hochgestapelt haben – von meiner langjährigen Spezialfreundin Luise Rinser fast nicht zu reden, die ja apropos meiner Zählung nach schon mindestens acht Autobiografien heruntergegackert hat, eine edler und heroischer und widerstandskämpferischer und wolfumarmerischer als die andere, na, ich hoffe ja immer noch, daß wenigstens ein Drittel davon halbwegs stimmt –

– aber, um nochmals auf den Punkt zu kommen: Die subtile, raffiniert angereizte autobiografische Fiktionalität zahlt sich in unserer schnell konsumierenden und eher grob reagierenden Jetztzeit nicht mehr aus, sie stiftet im Gegenteil nur Verwirrung und Mißverständnisse. Und ich werde also höchstwahrscheinlich die bittere, aber aufrechte Konsequenz ziehen und – für meine professionellen Verhältnisse eine reine Fleißarbeit, nicht vergleichbar auch nur im entferntesten den Anfechtungen im Romangenre – eine ganz platte Autobiografie schreiben. Wie Adenauer. Wie Helmut Schmidt. Wie früher Bamm und Canetti. Und zuletzt höchst einträglich Dieter Hildebrandt und Leni Riefenstahl. Deren Erinnerungen dann erstaunlicherweise sogar der hochheikle Joachim Kaiser doll fand. Jawohl, eine Autobiografie wie Arthur Miller: dessen bombastisch auf 600 Seiten ausgewalzten Lebensplatitüten immerhin der Reich-Ranicki nachsagte, sie seien wohl das wichtigste Buch der Herbstlese 1987. Tscha. Und der ›Spiegel‹, vor nichts mehr zurückschrekkend, druckte (pro Heft dabei mindestens fünf Monroe-Fotos einflechtend!) den literarisch seichten, philosophisch komplett vergessenswerten Summs aus Sex und VIP-Set sogar in Fortsetzung. Unglaublich.

Aber – jetzt bin *ich* dran!

Zwar, zugegeben, es fehlt mir eine Lebensgefährtin

Marilyn Monroe als Kitzel und Dekor, auch sind aus unerfindlichen Gründen Dramatiker popularitätsmäßig entschieden besser dran als Epiker und Satiriker – aber immerhin: Mir sind jetzt, meine ich, mit 46, ausreichend viele im Sinne der autobiografischen Wichtigmacherei hochinteressante Leute über den Weg gelaufen. Gewiß, mit H. Schmidt kann ich nicht ganz konkurrieren: der traf außer Breschnew, Ford, Carter, Reagan doch tatsächlich auch Koryphäen wie Kohl und Genscher und sogar Bölling (hat der nicht kürzlich auch seine erste Autobiografie in die Welt gestemmt? Mit, von seiner skandalös jungen Frau abgesehen, H. Schmidt als Hauptattraktion? Nein, das verwechsle ich jetzt wahrscheinlich doch mit Joschka Fischer und seiner Vorautobiografie, ein im ›Spiegel‹-Auftrag geschriebenes Diarium über seine letzten Tage mit Börner o. s. ä.) – doch wie auch immer, jawohl, ich bin inzwischen auch mit ausreichend vielen Attraktionen zusammengestoßen, habe hinreichend Personality Connections im Sinne jenes Hauchs von Tratsch und Glamour, die, wie jeder weiß, der sich drin suhlt, zum Wesen der besseren Autobiografie gehören.

Der Ministerpräsident (und Fast-Kanzler!) Rau gehört da ebenso zu meinen V-VIP-Männern, wie der besagte Ex-Minister Fischer – der erste Grünminister auf dem Erdball! Und *wie* er da kürzlich in Wiesbaden anläßlich einer von uns gemeinsam veranstalteten Vernissage von Resignation gezeichnet war! *Wie* vergrämt sich da seine traurigen Dackelaugen in meine verständnisvollen versenkten! Sic transit gloria mundi, Joschka, nimm's nicht so schwer, die Sonne wird auch für dich wieder scheinen!

Schon 1969 traf ich in Schwandorf zu einem Intensiv-Gespräch kurz vor der großen Bonner Wachablösung Herbert Wehner, erörterte mit ihm die qualifizierte Mitbestimmung und zog mir dabei seinen – völlig unsinnigen – Verdacht zu, ein Verräter, ein Parteifeind zu sein. Im Jahr zuvor schon hatte ich den heutigen weltbekannten Landtagspräsidenten Franz Heubl getroffen, jenen also, der dann wenig später von seinem Widersacher Strauß ums Haar geschaßt worden wäre; kurz darauf lernte ich kurz den höchst charmanten Hermann Höcherl kennen, bei einem Regensburger Faschingsball, Höcherl war freilich stark angetrunken und weniger hinter mir als hinter einer Zeitungsvolontärin her –

– aber um von der hohen Politik weg auf meine angestammte geistige Heimat zu kommen: In der Kultur- und Kulturgeschwätzszene kenne ich sie inzwischen fast alle: Von Karasek bis Bohrer, von Schütte bis Schirrmacher (»den hochbegabten Reich-Ranicki-Nachfolger«, werde ich wahrscheinlich schreiben, »dem es, nicht zuletzt mit meiner Hilfe, auferlegt war, eine unselige FAZ-Ära zu beenden und vergessen zu machen« – ah, schon juckt's mich in den Fingern!), von Drews bis Wollschläger und Reemtsma und Gremliza und Gernhardt – so gut wie *keiner* ist mir entgangen! Gott, werde ich auspacken! Drews' in Klagenfurt offen zutage getretener Neidhaß auf Karasek und umgekehrt! Gremlizas Trauma, nicht er sei der wahre und legitime Karl-Kraus-Erbe, sondern vielleicht doch Wollschläger! Wollschlägers ihrerseits höchst obskure (und erhellende!) Geldtransaktionen und Fehlspekulationen in Afrika – hätten Sie *das* gedacht? Ja wirklich, jetzt zum erstenmal merke ich's erst: Zum Teil weiß ich ja richtige Intimitäten von denen, Tratsch vom allerbesten! Ihre Neurosen, ihre Hypochondrien, ihre geheimen, praktisch nur mir zugänglichen Leiden und Leidenschaften! Dieter Hildebrandts nicht so ganz lupenreine Freundschaft mit Gerhard Polt, dem er das letzte Quentchen Popularität neidet! Polts andererseits sehr unscharfe Wertschätzung Gernhardts. Dessen – mir als Insider – nicht sehr glaubwürdige, ja durchaus odiose Verehrung Loriots. Den kenne ich natürlich auch. Sogar in der tief in musikalische Grundsatzkonfessionen versenkten Intimität seines (wegen der beiden schreckhaften Möpse!) korkenbestückten eremitagenartigen Musikzimmers in Ammerland am See ...

Und apropos Musik: Im Opernfach sind mir mit Rita Streich (1969) und Carlo Bergonzi (1977) ja mindestens zwei Weltstars der Extra-Glamour-Class über den Weg gelaufen. Und wenn schon Bergonzi meinem wohldurchdachten Vorschlag, doch endlich den Don Ottavio auf Schallplatte zu singen, aus langfristigen Termingründen nicht gehorchen konnte – mein Rat an Frau Kammersängerin Streich, dem Schubertschen ›Hirt auf dem Felsen‹ im langsamen Mittelteil vielleicht noch mehr Süße und 20 Prozent mehr Fülle und Emphase zu geben: den befolgte sie ja schon, kaum war er ausgesprochen, zwei Wochen später bei den Salzburger Festspielen; wo ich dann auch beinahe Karajan getroffen hätte, wäre der Maestro nicht uninteressiert oder vielmehr indisponiert gewesen ...

Tja, mir verstärkt sich wirklich der Eindruck, ich habe mich ganz schön umgesehen auf der Welt; genug jedenfalls, um andere an meinen Erkenntnissen, an meinen Lebenserfahrungen, an meinem Glanz partizipieren zu lassen. Walter Höllerer! Sulzbach-Rosenberg 1977! Dann wieder Berlin, Wannsee-Symposion 1986! Aber, vorher schon, natürlich meine unvergeßliche Begegnung mit Sepp Herberger 1968 in Regensburg. Anläßlich eines Empfangs des früheren Nationaltorwarts Hans Jakob mit Bratwurstfrühstück. Des Großen Alten und meine gemeinsamen Analysen des ungarischen Wundersturms von 1954 – und unseres Abwehrblocks mit Posipal-Liebrich-Kohlmayer! Meinem – angesichts des Gewinns der Weltmeisterschaft schon fast zu dreisten – Verbesserungsvorschlag a posteriori, der Frankfurter Alfred Pfaff (auch ihm lief ich später für Sekunden mal über den Weg) anstelle von Hans Schäfer auf Linksaußen wäre vielleicht noch eine Idee stärker, genialer gewesen: dem begegnete der Bundessepp mit tief gedankvollem Stirnrunzeln, ja mit dem unausgesprochenen, aber in seinen mild klugen Augen offen stehenden Eingeständnis, daß ich, der Jüngere, vielleicht doch der fußballstrategisch und -taktisch noch Tiefere und Superieurere sei ...

Hm ja, kurz darauf war Herberger tot, ich aber begegnete noch im gleichen Jahr im Regensburger Parkhotel dem damaligen Bonner Newcomer und hochbegabten Minister Stoltenberg und kann heute allen versichern, die wg. Barschel Zweifel an der abgrundtiefen Integrität dieses Mannes verspüren: Nach meinen Beobachtungen ist Stoltenberg sogar topinteger! Und dann natürlich – ha! Ha! Wenn ich dann aber umgekehrt an meine Florenz-Begegnung mit Peter Wapnewski zurückdenke! Oh! Ui! Wo er da tagelang irgend so ein blondes und viel zu junges Gift über den Ponte Vecchio spazierenführte! Und nicht und nicht zu ahnen schien, daß er in dieser seiner Galanterie und Abstaubereigenschaft eines Tages und sehr uninteger in meiner – *meiner!* – Autobiografie auftauchen würde! Von Hans Wollschlägers Anmacherei bei einer noch Blonderen und Klamottenschickeren (Bamberg, Nov. 1987) hier vorerst – *vorerst!* – fast gar keine Erwähnung zu tun. Ob das gutgehen konnte? Der karlkrausdurchsättigte Altephebe – und dies unschuldige Blut? Faust und – abermals Gretchen?? Wie auch immer, *ich jedenfalls* war als hellwacher Augen- und (wider Willen ein bißchen auch) Ohrenzeuge dabei. Auch damals, 1979, als Reich-Ranicki aus Anlaß von Rühmkorfs 50. Geburtstag vom versammelten Freß- und Saufmob bei seiner Laudatio so gnadenlos ausgepfiffen wurde, daß dieser hochvitale und weltherrscherliche Mann beinahe geweint, daß ich ihn beinahe getröstet hätte ...

Sodann: Luise Rinser, Graz 1981! Ebendort auch: Intensivgespräch mit Grass! Frisch! Hildesheimer! Und das Ganze unter dem Panier von Bruno Kreisky. Und dann – Kohl! Kohl hat mir einmal, Amberg 1974, wenn auch eher unfreiwillig und wahllos sogar die Hand gedrückt. Ganz fest die Hand gedrückt. Mir – seinem späteren Biografen! Als ob er gewußt, als ob er geahnt hätte. Wenn ich mich recht erinnere, ging da spürbar ein raunendes Atmen des Weltgeistes durch die Juninachtluft. Jawohl.

Meine Autobiografie: Weißgott, an personalem Glanz und farbigem Abglanz ist genug vertreten. Sicher, es müßte freilich zusätzlich noch etwas triviale Philosophie und Lebensphilosophie à la Knef und Curd Jürgens mit rein, etwas wie »Noch in der Midlife-crisis und doch schon so ein erbarmungslos gemütlicher Plauderer«, ja, etwas der Art, da laß ich mir die nächsten Tage noch was Spritziges einfallen – aber dann vor allem auch die Prototypik bei gleichzeitiger Abenteuerlichkeit und Unvergleichlichkeit meiner Vita! Kindergarten in Amberg, Abitur ebd., Studium, Übersiedelung nach Frankfurt, Heirat und dann ein Buch nach dem anderen – na gut, allzu viel war es nicht, was da in 46 Jahren zusammenschlidderte, aber immerhin doch einige ebenso exemplarische wie fast snobistische Fixstationen: Erste Italienreise (Gardasee) 1963. Budapest 1977. New York 1980. Pilsen und Eger 1983 ...

Böll ist tot. Hm. Aber etliche Zusätzliche könnten noch ganz gut tun, an einige werde ich mich, später Zeugnis abzulegen, noch schnell ranschmeißen. An Augstein z. B. Der ist einfach ein Muß – der kennt nämlich selber auch jeden. Und also hat er auch mich zu kennen. Dann werde ich R. v. Weizsäcker anschleichen, unter irgendeinem betroffenheitspolitischen Vorwand. Oder zumindest seine

Frau Marianne. Und dann, selbstverständlich, ist endlich – Ute Lemper dran. Eine verwegene Zweitehe? Zwischen Geist und Beineschmeißen? Weiterüberlegen. Brandt? Muß inzwischen nicht mehr sein. Und Schmidt und Ehmke und Engholm? Verzichte ich, wie in übergroßer Delikatheit, ja fast Angewidertheit. Nein, die drei nicht – die sollen ruhig, wie der Leser, spüren, daß sie unter meinem Niveau sind.

Ehmke??? Äh bäh.

Eher schon Hans Toschke. Doch, der kommt ins Buch rein, der alte schräge Schweinepriester. Den mache ich gleich mit berühmt. Aber apropos Marilyn bzw. Ute Lemper: Ha! Beinah' hätt' ich's verschwitzt: Immerhin war ja doch meine erste und langjährige Freundin (»Geliebte«, werde ich schreiben, klingt noch blöder) – nämlich das spätere Hauptfigurenmodell meines hocherotischen ›Dolce Madonna Bionda‹-Romans – eins der ersten deutschen Playmates! D. h. den deutschen ›Playboy‹ gab's 1965 noch nicht; sondern es handelte sich da um irgend so eine prompt und zügig wieder eingegangene, eher kultiviert-dezente bzw. verdrückte Sexpostille namens ›Snob‹. Und da saß sie denn im Mittel-Folder als Nackerl in einem ausrangierten Zahnarztstuhl. Höchsterotisch! Schwerstlasziv! Meingott, wie ich mich schämte. Nr. 4 des Blatts; doch, ja, hintergrundsfreudige Henscheidforscher und -interpreten können ruhig mal nachschauen. Von daher nämlich runden sich erst – vgl. oben – Autobiografie und autobiografisch feingesponnene Epik zu höheren Weihen, und sei's von den alten Zahnarztstühlen her. Jawohl, runden sich zu sublimerer Einheit, Komplexität, Artifizialität. Ja, Autobiografie und – Aktfotografie. Reimt sich. Wie Faust auf Helena. Jaah! Das heißt besser noch: diesen (grasgrünen!) nackerten Zahnarztstuhl resp. das erstaunlich geile Foto knalle ich einfach aufs Coverblatt meiner

Autobiografie. Jawohl, das tu ich! Damit verkauft sich die erst recht wie geschmiert: der halb prüde, halb brüllende Sex der 60er Jahre – jawohl! Gleich morgen rufe ich diesbezüglich kaltschnäuzig meinen Verleger an. Der wird, das weiß ich jetzt schon, schwer begeistert sein.

Übrigens ist dieser Verleger der *Schwiegersohn* von *Loriot* . . .

(1988)

DAS IDEALE DEUTSCHE MITTELFELD

Ein Gespräch zur Lage der Nation zwischen Eckhard Henscheid und Ror Wolf

H: Herr Wolf, Kanzler und Präsident sind gewählt. Kommen wir zu den entscheidenden Fragen der Nation. Wie ist bei der bevorstehenden Fußball-Weltmeisterschaft 1974 die optimale Besetzung des deutschen Mittelfeldes?

W: Hoeneß, Hölzenbein, Overath. Wir sollten aber dennoch dem neuen Kanzler Schmidt jene 100 Tage Vorschußvertrauen schenken, die in westlichen Demokratien üblich sind.

H: Und was ist mit Netzer? Wie ist seine psychosomatische Verfassung?

W: Seine psychosomatische Verfassung ist gut.

H: Sie können ihn aber trotzdem nicht berücksichtigen?

W: Berücksichtigen kann ich ihn nicht.

H: Sie bleiben bei Hoeneß, Hölzenbein, Overath?

W: Ich bleibe dabei.

H: Und warum ausgerechnet ein Mittelfeld mit Hoeneß, Hölzenbein, Overath, eine Formation, die mir doch, mit Verlaub, eher befremdend, geschweige denn besonders erfolgversprechend erscheint.

W: Ich halte eine taktische Neugruppierung für unbedingt erforderlich. Es soll ja der taktische Zweck sein, den Gegner taktisch zu irritieren. Und dieser Zweck ist mit meiner Mittelfeld-Achse voll erreicht.

H: Warum denn das?

W: Sehen Sie, es geht für Herrn Schön hic et nunc darum, die R-Spieler radikal zu eliminieren.

H: Wen bitte?

W: Die R-Spieler. Die End-R-Spieler. Das wären also

Maier, Beckenbauer, Breitner und Müller vom FC Bayern, was mir für die Mannschaft leid tut, weil sie ja doch einen recht ordentlichen Fußball spielt – aber auch, um auf das Mittelfeld zurückzukommen, Netzer und Wimmer, gegen die ich als solche auch nichts habe, im Gegenteil, die Leute sind mir lieb und wert, freundliche und angenehme Leute.

H: Und doch auch gute Fußballer!

W: Durchaus. Auch das. Aber sie gehorchen nicht der Notwendigkeit elementaren strategischen Umdenkens.

H: Des Umdenkens im Mittelfeld?

W: Genau, und ich würde Herrn Schön dringend ersuchen, dieses Umdenken schleunigst in die Wege zu leiten. Sehen Sie, der Zweck ist eine totale Verblüffung des Gegners, er muß auf den Platz kommen und sofort die Übersicht verlieren.

H: Wie bitte?

W: ... des Gegners, der sich seit Jahren an die deutschen R-Spieler gewöhnt hat und sich jetzt strategisch total überrascht und überrumpelt sieht, wenn er das Fehlen der ihm vertrauten R-Spieler bemerkt. Ich fordere deshalb deren totale Ausmerzung. Und Herr Schön wäre gut beraten ...

H: Hut ab, Herr Wolf, ist es aber nicht gerade so, daß wir mit zahlreichen R-Spielern Weltmeister geworden sind, ich erinnere Sie an die Gebrüder Walter, an Kohlmeyer, Schäfer ...

W: Das waren auch andere Zeiten.

H: 1954!

W: Genau, und diese Zeiten haben sich wesentlich geändert, und damit eben auch das Spielsystem. Sehen Sie, früher, da hatten wir die zwei Verteidiger, die drei Läufer und die fünf Stürmer, klare Fronten. Und bitteschön, was ist davon heute übriggeblieben?

H: Der Tormann!

W: Eben. Und wir müssen uns doch klar darüber werden, was zählt!

H: Ja, ich weiß auch nicht.

W: Eben. Was zählt, ist der Erfolg. Und wir müssen heute einfach begreifen lernen, daß der Erfolg in einer totalen Verwirrung des Gegners besteht.

H: Wenn ich Sie recht verstehe, schlagen Sie im Rahmen dieser Wolfschen Irritationstechnik Hoeneß, Hölzenbein und Overath vor.

W: Und dies nach reiflicher Überlegung. Indem der Gegner die R-Folge vermißt, wird er auch bald die Erfolge vermissen. Gleichzeitig aber wird der Gegner durch die ihm extrem befremdliche HÖ-Folge . . .

H: Hoeneß, Hölzenbein . . .

W: . . . zusätzlich überrascht und tief erschreckt.

H: Tatsächlich.

W: Ich habe sogar mit dem Gedanken gespielt, Hö-ttges in diesem Sinn ins Mittelfeld zu stellen, um die Panik beim Gegner noch zu steigern. Ja, ich war in meinen privatesten Überlegungen versucht, Herrn Schön sogar zu empfehlen, nachträglich noch die Stuttgarter Spieler Hö-busch und Hö-ller sowie den Hamburger Hö-nig ins Aufgebot zu berufen . . .

H: Ah ja . . .

W: . . . und vielleicht noch Hermann Hö-fer von der Frankfurter Meistermannschaft 1959. Indessen wäre hier wieder zu befürchten, daß der Feind unsere Taktik allzuschnell durchschaut, wogegen Herr Schön neue strategische Varianten einplanen muß.

H: Also Zick-Zack-Overath?

W: Ja. Overath, so ist es. Ich gebe zu, ich dachte zuerst an den Kölner Flohe, dessen buchstäblich insektenartiges Auftreten eine – davon bin ich überzeugt – außerordentlich effektvolle Mittelfeldkontrastwirkung zur Nesselhaftigkeit von Hoeneß und einer gewissen Knochenhaftigkeit von Hölzenbein bildet. Davon habe ich mir am Anfang sehr viel versprochen. Andererseits scheint mir innerhalb der Mittelfeldproblematik und speziell der 4–3–3-Formation die Aussagekraft eines Mannes wie des Düsseldorfers Seel, in seiner platonisch-dynamischen Wesenlosigkeit, diesen Feind-Befremdungseffekt bis auf die Spitze zu treiben. Wenn ich Herrn Schön trotzdem und nachdrücklich Overath empfehle, so deshalb, weil ich als zusätzliche Zielvorstellung und Feindprojektion die alles entscheidende H-endung im Overath-H verkörpert sehe, die in paralleler Polarität ...

H: ... im Sinne Goethes ...

W: ... zu den H-Kräften Hölzenbein und Hoeneß das prästabilisierte Gleichgewicht im Mittelfeld wiederherstellt.

H: Von dem ja auch in der Regierungserklärung so eindringlich die Rede war.

W: Genau. In synchroner Reformbewegung scheint es mir unvermeidlich zu sein, die Spieler Haller und den Eintracht-Linksaußen Rohrbach ins 22er-Aufgebot einzubeziehen.

H: Den alten Haller??

W: Das hat mit dem Alter gar nichts zu tun. Es kommt vielmehr darauf an, daß ein H-Mann mit R-Endung und ein R-Mann mit H-Endung die Flügel bilden.

H: Ja, wohin aber dann mit Grabowski?

W: Grabowski wird für Spezialaufgaben im Hintergrund verwendet.

H: Sie denken an die den Gegner täuschende Friedhofsstille seines Namens?

W: Wieso Friedhofsstille?

H: Na ja, Grab und so.

W: Ah, ja, richtig, das war in meine bisherige Planung noch gar nicht einbezogen: Grab-owski, der gewissermaßen als Phantasma aus der Stille des Grabes . . .

H: . . . hochkrabbelt. Auf lautlosem: Ski. Okay. Zurück zum Mittelfeld: Hoeneß, Hölzenbein, Overath. Eine linguistisch-taktisch überzeugende Lösung. Wie aber steht's mit der politisch-neosensitivistischen Kommunikation und Interaktion der drei.

W: Gut.

H: Und gruppendynamisch?

W: Alles in Ordnung.

H: Aerodynamisch? Psychokinetisch?

W: Gut, daß Sie auf diese Frage kommen. Ich glaube, daß die allzu lange institutionalisierte Seinsverfinsterung zwischen Hoeneß und Overath, auf die ja auch Helmut Schmidt in seiner Regierungserklärung kurz, aber eindringlich zu sprechen kam, sich in einem regressiven Stadium befindet und daß auch Hölzenbeins Allergie im Verhältnis zu Overaths Idiosynkrasie langen Pässen gegenüber . . .

H: . . . irgendwie die Oberhand behalten wird.

W: Gut. Bene.

H: Und Hoeneß' sich abzeichnende Ehekrise mit Bekkenbauer?

W: Ist mit der Eliminierung der R-Spieler behoben. Davon bin ich zutiefst überzeugt.

H: Mit anderen Worten: Im Mittelfeld eine vaterlose Gesellschaft?

W: Um mit Alexander Suhrkamp zu sprechen: So ist es.

H: Und die galaktische Spektralachse nach linksaußen führt von Höttg-es . . .

W: Über Hoen-eß . . .

H: Zu Heynck-es. Während Grabowski im Grabe lauert . . .

W: . . . und, davon bin ich zutiefst überzeugt, im entscheidenden Augenblick dasein wird.

H: Und zwar voll da. Aber, Herr Wolf, ist es nicht trotz aller postpubertärexplosiven Sprengkraft von Hoeneß, aller liberaldemokratischen Dribblings von Hölzenbein und des rheinisch-kategorischen Imperativs von Overath so, daß der Ball rund ist?

W: Im Grunde ist der Ball gar nicht rund, das sieht nur so aus.

H: Was? Wie ist denn der Ball Ihrer Meinung nach?

W: Nicht nur meiner, sondern der Meinung vieler, vieler Experten nach.

H: Ja, aber wie ist er denn nun?

W: Was?

H: Na ja, der Ball . . .

W: Was »der Ball?«

H: Der Ball, von dem Sie gesprochen haben.

W: Na ja, der Ball ist rund, das ist doch kein Geheimnis.

H: Sie haben aber doch gerade behauptet, der Ball sei gar nicht rund.

W: Ach was. Ich behaupte das Gegenteil.

H: Ach ja? Im Grunde genommen wollen Sie doch nur Ihren Eintracht-Rohrbach da ins 22er-Aufgebot noch hineinpressen.

W: In der Tat, das wünsche ich mir von der neuen Regierung. (1974)

ZWEI SOZIALDEMOKRATEN SCHREIBEN DEM ERZBISCHOF EINEN BRIEF

Eine Fantasie

»SPD-Katholik Hermann Schmitt-Vockenhausen riet seinem Glaubens-Genossen Georg Leber, sich einfach ›dumm zu stellen‹. Die beiden sozialdemokratischen Renommier-Katholiken ratschlagten, wie sie einen Beschwerdebrief an Deutschlands obersten Kirchenfürsten, den Münchner Kardinal Julius Döpfner, so einleiten könnten, daß er dem Adressaten nicht gleich als Klage erschiene. Schmitt-Vockenhausen zu Leber: ›Schreib doch einfach so, Schorsch: Mit Interesse habe ich in der spanischen Zeitung 'ABC' gelesen, daß es in Bonn einen katholischen Club gibt, der nur CDU-Mitglieder aufnimmt.‹« (›Der Spiegel‹, 14/71)

SCHMITT-V.: Also, zuerst schreibst du drüber: »Eminenz« . . .

LEBER: Ich mein', das muß »Exzellenz« heißen, »Eminenz«, das ist doch bloß der Papst.

SCHMITT-V.: Neinnein, »Eminenz« muß es heißen, der Papst, der ist wieder was anderes, ich glaub': »Eure Heiligkeit« bzw. auf lateinisch, während »Eminenz« der Bischof ist.

LEBER: Das ist aber doch ein Kardinal, der Dingsda, der Döpfner, dann muß es also doch »Exzellenz« heißen! Exzellent heißt ja »herausragend«, d. h. herausragend aus dem Haufen Bischöfe.

SCHMITT-V.: Eminent heißt auch »herausragend« . . .

LEBER: Ja schon, aber doch nicht so stark. Also, für meine Begriffe ragt »Exzellenz« noch mehr heraus. »Eminent«, glaub' ich, ist nicht ganz so ragend. Für mein Gefühl . . .

SCHMITT-V.: Ja, das Gefühl nutzt uns da gar nichts, das muß hieb- und stichfest scin, wenn wir ihm den Brief schreiben, sonst schaut's gleich am Anfang schlecht aus.

LEBER: Ja, was machen wir jetzt da?

SCHMITT-V.: Weißt was, Schorsch, schreiben wir halt einfach was anderes.

LEBER: Jaaa . . . hm . . .: »Ehrwürdiger Herr«?

SCHMITT-V.: Nein, das ist viel zu wenig, also, der ist sicher mehr als ehrwürdig. Ehrwürdig ist bei denen doch schon jeder Prälat . . .

LEBER: Nix, die heißen »Hochwürden«!

SCHMITT-V.: Naja, is' ja gleich, jedenfalls ist es zu wenig.

LEBER: Und wenn ich schreib': »Sehr geehrter Herr Kardinal«? Oder – halt, jetzt weiß ich's: »Lieber Kardinal«! Ich kenn' den ja schon lang – und hab schon oft mit ihm geplaudert im Zentralkomitee. Und auf der Akademietagung. Jetzt erst neulich beim Neujahrsempfang, da hat er mir sogar auf die Schulter geklopft . . . ehrlich!

SCHMITT-V.: Ja, schon, die Burschen dürfen das, aber du nicht, Schorsch! Du mußt ihn nach wie vor ganz feinsäuberlich anreden, »Lieber Kardinal« – das geht nicht, das stinkt dem, wenn das sein Sekretär liest oder wer.

LEBER: Herrgottsakrament, so was Blödes, diese Pfaffen mit ihren saudummen Titeln da!

SCHMITT-V.: Naja, *du* willst ja auch »Herr Minister« und nicht »Genosse Leber« angeredet werden, Schorsch!

LEBER: Das ist auch ein Unterschied zu unserem Problem.

SCHMITT-V.: Also, ein Problem ist das eigentlich überhaupt nicht, wir wissen halt einfach nicht genug über die da.

Leber: Soll ich vielleicht schreiben: »Mein Vater«? Oder vielleicht: »Gott zum Gruß!«?

Schmitt-V.: Schmarren, das kauft der dir doch niemals ab, ganz blöd ist der ja auch nicht. Also ich würd' sagen, wir lassen jetzt erst einmal das mit der Überschrift liegen, da soll dann deine Sekretärin sich drum kümmern, wie man den Bischof da ...

Leber: Kardinal!

Schmitt-V.: ... richtig anredet. Und wir gehen jetzt zuerst einmal an unser Anliegen. Die Hauptsache ist der Anfang. Daß wir den Ton richtig erwischen. Du glaubst gar nicht, wie genau diese Burschen alles lesen ...

Leber: Zeit haben sie ja ...

Schmitt-V.: ... die hören dir alles raus, die wissen sofort, was gespielt wird. Also, was wollen wir eigentlich genau?

Leber: Daß es Scheiße ist, Hermann, daß wir von der SPD nicht in den katholischen Club hineinkommen und daß das anders werden muß. Also, ich würde sagen, wir müssen dem Mann klarmachen, daß es *so* nicht geht und daß wir auch ein Recht drauf haben, weil von uns auch ein ganzer Haufen katholisch ist und die Kirchensteuer zahlt – und die Kirche niemals angreift!

Schmitt-V.: Darum geht's ja gar nicht, das weiß der Döpfner selber, daß wir ihm nichts tun, auch wenn ein paar von uns möchten. Aber daß wir seinen Laden *trotzdem* nicht schmecken können, das weiß der *genauso* gut. Der weiß alles ...

Leber: Und außerdem war ich schon beim Papst!

Schmitt-V.: Das mit dem Papst nützt dich in *dem* Fall gar nichts, Schorsch, deswegen läßt dich der noch lang nicht in den Club, der Breschnew war auch schon beim Papst, meinst du vielleicht, der kommt rein? Neinnein, wir dürfen da nicht stur auf unsere jahrelangen Goodwill-

Gesten pochen, sonst wird der Döpfner noch ganz sauer, sondern wir müssen es *so* schreiben, daß das mit dem Club eigentlich eine Selbstverständlichkeit ist, und ganz verwundert tun, weil die katholische Kirche also Dings: universal ist und keine Vorrechte vor Gott kennt und so, wenn wir ihm das schön hinreiben, kann er nichts machen, der Döpfner.

LEBER: Okay, schreib' ich so: »Erlauben Sie, daß ich hiermit an Ihren bekannten Gerechtigkeitssinn appelliere, indem . . .«

SCHMITT-V.: Du bist ja wahnsinnig, du kannst doch dem Döpfner keine Ungerechtigkeit vorwerfen, das ist doch Selbstmord!

LEBER: Ich sag ja bloß . . . also daß . . .

SCHMITT-V.: Indirekt unterstellst du ihm Ungerechtigkeit! Wenn du ihn zur Gerechtigkeit ermahnst!

LEBER: Ich appellier' ja bloß!

SCHMITT-V.: Ach was, Krampf! So geht's nicht, Schorsch, so geht's garantiert in' Arsch!

LEBER: Also, dann vielleicht so: »Darf ich mich, mein Kardinal, in einer Angelegenheit, in einer pikanten oder: fast pikanten Angelegenheit, an Sie wenden, deren katholisch . . . also global universeller Charakter . . .«

SCHMITT-V.: Ich glaub', es ist besser, wenn wir uns da noch ein bißchen dümmer stellen. Vielleicht so: »Seit einiger Zeit vermerkt die Sozialdemokratische Partei Deutschlands mit Bedauern . . .«

LEBER: Oder: »Mit tiefer Sorge«?

SCHMITT-V.: Neinnein, das merkt der gleich, daß das eine Verarschung vom Papst wäre, nein, ganz locker: »mit Bedauern« . . .

LEBER: »Tiefem Bedauern«!

SCHMITT-V.: Jetzt, Schorsch, laß mich doch mal mit deinem blöden »tiefen« in Ruh', ich sag' dir doch, wir müssen es zwar respektvoll, aber nicht aufreißerisch äh: anbiederisch bringen. Jedenfalls darf der Döpfner keinen Beweis haben, daß wir unheimlich spitz drauf sind und ihn deshalb anschleimen. Wir sind schließlich *auch* eine Potenz ...

LEBER: Aber – wir wollen in den Club!

SCHMITT-V.: Wir kommen aber bloß dann hinein, wenn wir dem Bischof ...

LEBER: Kardinal!

SCHMITT-V.: ... dem Kardinal ganz gelassen und souverän und relaxt entgegentreten, dann spürt er am besten, woher der Wind pfeift. Ganz cool und souverän: ». .. vermerkt die SPD mit Bedauern, daß in Bonn ein katholischer Club existiert, der ...« – halt, noch besser so: »Mit Bedauern habe ich jüngst der Fachpresse entnommen, daß also in Bonn ...«

LEBER: Aber das weiß ich doch schon seit ewig!

SCHMITT-V.: Das darfst du ihm aber nicht sagen, sonst freut der sich, der Döpfner, daß es dich jetzt endlich *derart* gewurmt hat, daß du ihm einen Brief schreibst, Schorsch! Schorsch! Das muß so ausschauen, als ob du es *erst jetzt ganz zufällig* erfahren hast und dich halt also *mal so* erkundigen willst. Hah! Also paß auf: »Mit Bedauern« – oder noch lockerer: »Mit einigem Interesse habe ich unlängst der Presse ...«

LEBER: »Interesse der Presse« klingt – blöd, irgendwie. Wie »Fresse« ...

SCHMITT-V.: Also gut, setzen wir eine bestimmte Zeitung ein, da merkt er gleich, daß wir alles genau lesen und seine Kirche ganz genau beobachten. Also du schreibst: »Mit brennendem Interesse habe ich in der XY-Zeitung« – da müssen wir dann noch irgendeine raussuchen – »gelesen, daß es in Bonn einen katholischen Club gibt, der befremdlicherweise der SPD den Eintritt verweigert.«

Leber: »SPD« und »Weigerung« ist nicht gut. »Befremdlich«: ganz schlecht.

Schmitt-V.: Also dann umgekehrt: ». . . einen katholischen Club gibt, der was also nur CDU-Mitglieder aufnimmt.« So, das wäre der erste Satz. – Ganz schön bescheuert, was? – – –

Leber: Sag mal, ist der Döpfner nicht – sogar Kurienkardinal?

Schmitt-V.: Keine Ahnung. Warum?

Leber: Naja, ich mein' nur wegen der Anrede, wenn wir die dann machen, vielleicht heißen die Kurienkardinäle wieder anders, noch mehr als »Eminenz« und »Exzellenz« . . .

Schmitt-V.: »Eklatanz«? Oder vielleicht: »Impertinenz«, hähä!

Leber: Herrgottsakrament, Hermann, ist das ein Gefrett, wenn man so einem Doldi mal einen Brief schreiben will, und alles bloß wegen diesem vergammelten Club, in den eigentlich kein Schwanz von der SPD letztlich hineinwill. Leck mich doch am . . .

Schmitt-V.: Wollen nicht, Schorsch, aber . . . kruzifixaberauch . . .

Leber: Ja, is' schon recht . . . Scheiß-Wählerreservoir . . . Also nochmals: »Hochwürdige Epatanz! Wie wir mit durchaus etlicher Entfremdung hören . . .« (1971)

TEURES SCHÄNDEN

Kindermörder auf dem Abstellgleis

Zu heftigen Vorwürfen gegen die Bundesregierung, die CDU/CSU-Opposition und die Gesamtgesellschaft überhaupt kam es beim diesjährigen Jahrestreffen der Deutschen Kindermörder und -schänder in Bad Lauterberg im Harz. Niemand, so wurde vor allem geklagt, in dieser Nation gehe dem bekanntermaßen grassierenden und fortschreitenden Kinderalkoholismus so energisch ans Leder, wie es diese moderne Volksseuche verdiene. Dies sei, so monierten die organisierten Kindermörder und -schänder, nicht nur ein gesundheitspolitischer Skandal erster Ordnung, mehr noch: einem fatalen Wohlstands- und nicht zuletzt schnöd fiskalisch orientierten Denken werde die Verpflichtung des modernen Sozialstaats geopfert – und auf der Strecke blieben am Ende »als Parias und Outcasts der Gesellschaft die Kindermörder«.

In seinem Hauptreferat ging der bekannte Kindermörder Walter Schumm auf die ungute und unbefriedigende Entwicklung des Kindermordens und -schändens seit dem Zweiten Weltkrieg ein. Noch zur Zeit der Währungsreform, so führte Schumm, in Kriminalpolizeikreisen bekannt als »der Schlaksige mit dem sanften Blick«, aus, seien die Auslagen beim Kindermord sehr wohl durch das Realeinkommen gedeckt gewesen. 1949 sei der Aufwand für Kindermord statistisch gesehen auf 12,7 Pfennige gekommen, das Schänden auf knapp 10 Pfennige. »Oft hat«, erläuterte Schumm, »ein grüner 5-Pfennig-Schein, für den man Brausepulver in Orange-, Himbeer- und Waldmeistergeschmack gekriegt hat, hingelangt, eine Vierjährige zu betören und in der Folge auch zu morden. Heute aber schreien diese rotzfrechen Gören: ›Sauf den Dreck selber, fieser Opa!‹«

Schon um 1960 hätten die Kindermörder und -schänder, so Schumm weiter, zu Joghurt-Schokoladenstangen und Praline-Präsent-Packungen übergehen müssen, der Durchschnittsmordaufwand sei damals auf 6,70 Mark geklettert, »währenddessen unsere bundesdeutschen Durchschnitts-Einkommen im gleichen Zeitraum um gerade 74 Prozent angestiegen sind!« Und 1965 und die Jahre darauf, im Zuge der Schüler- und Studentenbewegung, habe sich der Kindermörder endgültig auf Schnapspralinen umstellen müssen, die Schachtel für mindestens 12 Mark – etwas später sei für einen Mord die Einheit von sechs Cola mit Schuß à 2,50 DM in Mode gekommen – und vollends heute gehe unter einem ausgedehnten Kneipenbummel überhaupt kein Kindermord mehr.

»Wenn ich bedenke, daß mein seliger Vater noch für Bärendreck und Gummibärchen, das Stück 0,1 Pfennig, mehrfach erfolgreich gemordet hat, und das unter Hitler«, rief Schumm erregt, »dann weiß ich heute, was ich von Fortschritt, Demokratie und diesem Sozialwesen zu halten habe! Und die Entwicklung geht weiter!« schrie Schumm gellend und verwies auf jüngste Presseberichte, aus denen eindeutig hervorgehe, daß die Kinder nicht nur viel zuviel, sondern, mit oder ohne Mord, auch nur noch das Teuerste vom Teuren schlucken.

»Heute schon«, berichtete Schumm, »klagen Kollegen, daß bei vielen Kurzen unter einer Flasche Pommery überhaupt nix drin ist – weder Schänden noch Morden! Denn wenn schon, sagen die Kinder, dann möchten sie mit einem unheimlich soften Feeling nach drüben« – aber selbst wenn der Mörder und Schänder so tief in die Tasche greife, wie er es vor seiner Familie kaum mehr verantworten könne, halte sich im Zuge dieser ganzen »Scheiß-

Entwicklung« die Mordlust doppelt in Grenzen, weil ein betrunkenes Kind gerade zum Morden und Schänden wenig reize – »weil ein solches Kind einfach ein widerlicher Anblick ist, meine Herren!« rief Schumm mit aller Kraft.

Es handle sich hier, schloß der Referent, nicht nur um einen Fall von skandalöser gesundheitspolitischer Nachlässigkeit, sondern auch um Wettbewerbsverzerrung, die endlich das Kartellamt interessieren sollte.

»Aber statt daß die Herren in Bonn und in den Ländern dem Kinderalkoholismus auf den Leib rückten, veranstalten sie jetzt auch noch in Illustrierten und auf Plakaten widerliche Aufklärungskampagnen letztendlich gegen uns Mörder und Schänder. Haben wir deshalb 1969 die sozialliberale Koalition gewählt und in sie all unser Hoffen gesetzt?« fragte Schumm und ließ durchblicken, daß die berechtigten Interessen der Kindermörder allerdings auch bei der CDU/CSU kaum besser aufgehoben seien. Heute sei eben alles am Zusammenbrechen, schloß Schumm resigniert und gab dem System insgesamt wenig Überlebens-Chancen.

Die Tagung schloß mit einer Diskussion über das »Modell Schweden«, einem gemütlichen Beisammensein und einem Gemeinschafts-Lauern am Bad Lauterberger Kindergarten.

(1974/78)

DER GRÖSSTE VERBRECHER

Eine Anekdote

Durch die Straßen einer kleinen Stadt ging der Stadtdiener und verkündete mit lauter Stimme: »Am kommenden Mittwoch um 20 Uhr hält der Zuchthausbeamte N. einen Vortrag über das Thema ›Der größte Verbrecher!‹ Die ganze Einwohnerschaft ist freundlichst eingeladen. Eintritt frei!«

Wie ein Lauffeuer verbreitete sich diese Nachricht in dem Ort. Auf den Bürgersteigen und an Stammtischen begann ein Rätselraten, wer wohl der größte Verbrecher sei. Die unglaublichsten Behauptungen und Vermutungen wurden aufgestellt, sogar die Brüder Kennedy wurden genannt, und der städtische Max-Bense-Klub schwor auf den Papst. So steigerte sich von Tag zu Tag die Erwartung, bis endlich der Abend herankam. Der Saal war überfüllt. Nur mit Mühe konnte sich der Redner den Weg zum Podium bahnen. Eine atemlose Stille kündete von der fürwahr riesigen Anspannung, welche über der Versammlung lag.

Dann begann der Redner: »Werte Gäste! Meine Damen und Herren! Ob Sie wohl den größten Verbrecher kennen? Zwar reden die Zeitungen jeden Tag von neuen Verbrechern, aber es gibt einen Verbrecher, der setzt allen anderen die Krone auf, er ist unstreitig der größte Verbrecher: das ist der Alkohol!«

Das schlug wie eine Bombe ein, denn damit hatte niemand gerechnet. Hinzu kam die treffende und klare Diktion des Redners, der auch die zerrüttende Wirkung des Alkohols nicht verschwieg. So geschah es, daß anschließend an den Vortrag und auch in den nächsten Tagen die Gaststätten der kleinen Stadt überfüllt waren von heißen Debatten über den Alkohol, ein endloses Pro und Kontra, und erst als der fahle Morgen graute, ging jedes seiner Wege. Aber es dauerte nicht lange, da war der Eindruck des Abends wieder vergessen, still ward's bald rings in der Runde, o Gott, führ' uns liebreich zu dir!

(1975)

DER IGEL IN DER WELTLITERATUR

Eine Bestandsaufnahme

Goethe, der dem Weiblichen bekanntlich durchaus aufgeschlossen gegenüberstand und der sich seinerzeit im Hessischen, Badischen und Weimarischen (Christiane Vulpius!) beharrlich comme un petit idiot herumtummelte und . . .

Mais passons, darum geht's gar nicht. Zur Sache: Die Rolle des Igels in der Weltliteratur ist bis auf den heutigen Tag unbegreiflich bescheiden geblieben. Während Hund und Katze, Ochs und Esel, Schwein und Wopperer oft geradezu integral in die Struktur der epischen Totalität usw. usw. Jedenfalls richtete der Igel nicht viel aus. Das hat seine Gründe. Davon ein andermal. Und doch: In einem der Meisterwerke europäischer Prosa, in Dostojewskis ›Idiot‹ (Kap. IV, 5) greift ein Igel ebenso unwiderstehlich wie inkommensurabel, ja wahrhaftig ungreifbar in die Liebestragödie zwischen dem Fürsten Myschkin und Lisaweta Prokofjewna ein. Hören Sie selbst: »Ihre Unruhe hatte ihren Gipfel erreicht, die Hauptursache alles dessen war aber dieser Igel. Was bedeutete der Igel? Was war das für ein Übereinkommen? Was sollte damit angedeutet werden?«

Eben. C'est le mot. Das Mythisch-Mysteriöse des Igelwesens, sein Irisierend-Oszillierendes, der perniziös smarte Kern, der sich hinter einer sardonisch rauhen Schale . . . unangreifbar . . . Aber sonst? Schwach, schwach. Nur in Grassens unsterblich-berüchtigter ›Blechtrommel‹ taucht noch ein gewisser Igel auf. Aber der ist Zimmerwirt und doof. Immerhin.

Dämm'rung will die Flügel spreizen . . . schaurig rühren sich die Bäume . . . Wolken zieh'n wie schwere Träume. Auf den Autobahnen lebhafter Verkehr. Im Grase aber lauert geduckt der Igel. Außerdem gibt es bei Innsbruck die Stadt Igls. Und der alte Schmonsus der Grimm-Gebrüder fällt mir grad noch ein, naja, auch was. Klar, er putzt den Hasen. Durch die Kraft des einfachen Intellekts. Genau.

Nein, im Ernst: Wenn du, lieber Leser, noch weitere dichterisch gestaltete Igel kennst, schreib es mir. Für jeden ordentlichen Hinweis bin ich dankbar. Möchte nämlich evtl. ein Werk über diese Materie schreiben, genauer gesagt: Einen Bestseller. Kohlen machen, capito? Vous comprenez? Muß alles sein. (1975)

DES ABENDS

Ein Mini-Drama

Zwei Rentner auf einer Alleebank. Spätnachmittags. Langes Schweigen. Besinnliches Starren.

A Jetzt wird's langsam finster …

Etwa zehnsekündiges Schweigen.

B Da wird's dann bald wieder Nacht …

Etwa zwanzigsekündiges Schweigen. Evtl. Vogelgeräusche. Ab jetzt langsames, kaum spürbares Finsterer-Werden.

A Da wird … da wird dann wieder was weggevögelt werden!

Etwa zehnsekündiges Schweigen. Evtl. hauchzart übergehend in die ersten Takte des Klavierstücks »Des Abends« aus Schumanns Fantasiestücken op. 12.

B Frage nicht …

Schweigen oder leise und abschwellend weiter im Schumann-Stück. Deutliches Finsterer-Werden. (1980)

AN DREI FRAUEN

Briefe

Antje Vollmer,
um der Barmherzigkeit willen: Müssen Sie das denn immerzu und unentwegt und bei jedem passenden und unpassenden Anlaß? Einfach, um uns eh schon Genervte noch zäher zu nerven? Oder können Sie wirklich nicht anders, wissen Sie vielleicht nicht mal, was Sie da ununterbrochen verbrechen? Um aller Heiligen willen: Es muß, A. Vollmer, doch irgendwo eine Sprach- und Rednerschule geben, die Ihnen Ihre offenbar vokaltechnisch und mundwerkzeugmäßig angeborene Weinerlichkeit austreibt! Diese larmoyante Tränenverdrückt- und -verdrucksthehit bei praktisch jedem Ihrer öffentlich vorgetragenen und in irgendwelche Mikrophone hineingeflennten Sätze! Dieses weit über Ihr offenhörliches Vorbild – die aber auch und auch diesbezüglich schon unerträgliche Hildegard H.-Brücher – hinausweinende Betroffenheits- und Wehmuts-Tremolo, das uns, die Adressaten, die Opfer dessen, ja ständig befürchten läßt, daß das schon in der nächsten Sekunde zu einem corampubliken Tränenschwall ausschwellt und -schwuchtelt und alles vollends in Zähren der Rührung und der weiblich uns hinanziehenden Übermanntheit – –!

Antje Vollmer: Um der 14 Nothelfer und Ihrer eigenen jetzt schon ungesund überforderten Heulsusendrüsen willen: Sieben Jahre haben wir's ertragen – und können es *jetzt nicht tragen mehr*!!

Erbarmen!
Fleht (gleich losweinend): Titanic

*

Sie aber, Leona Siebenschön,
haben es geschafft: Mit dem siebzehnmalschönen Buchtitel ›Die Einzelgänger – Die skeptische Generation heute‹ (Heyne TB) nicht allein N. Blüm und die covermäßig das Bein schwingenden Kessler-Schwestern für eben jene »skeptische Generation« (gemeint ist die des Soziologen Schelsky und der fünfziger Jahre) zu reklamieren; sondern auch: H. Kohl.

Jawohl, H. Kohl. Und genau dafür ernennen wir Sie, Leona Siebenschön, zur – aber nur, wenn man davon ausgeht, daß Idiot ursprünglich griechisch soviel wie vornehmer, ja splendider Einzelgänger bedeutet – zur Vollidiotin des Jahrzehnts.

Gratulation: Titanic

*

Luise Rinser,
lange, beinahe schon zu lange haben wir in Ihrem 79. Lebensjahre nichts mehr voneinander gehört – Zeit, die Verbindung wieder inständiger zu knüpfen: Und da hätten wir denn auch gleich schon ein Anliegen, ja ein richtiggehendes dichterisches Thema. Wie Ihnen, L. Rinser, momentan vielleicht ein bißchen entgangen, ist Auschwitz, nicht zuletzt auch durch Kanzler Kohls kürzliche dortige Stippvisite, wieder heftig im Gespräch, erregt von Lothar Baier bis Gabriele von Arnim die publizistischen Köpfe und Gemüter – und da hätten wir denn, Rinser, an Sie eine Bitte: Die Bitte, endlich, eh' wir platzen (und: weil wir uns selber halt nicht trauen), das kühne und längst überfällige, dabei ständig in der Luft liegende Wortspiel Auschwitz/ausschwitzen zu tätigen und vorzunehmen – doch, Luise Rinser, Sie, die »große Autorin« (L. Rinser), auch wenn es kühn ist, Sie dürfen das! Doch!

Wir aber haben auch schon nachgedacht und sind auf zwei grundsätzlich mögliche und überaus treffliche Alternativen gekommen: Entweder etwas in der Richtung, in den KZ-Gaskammern Auschwitz hätten leider viele Menschen (Juden!) ihr Leben ausgeschwitzt – oder (vielleicht ratsamer, weil weniger pikant): Die Deutschen hätten Auschwitz noch immer nicht ausgeschwitzt, d. h., sie hätten es, ganz im Marg. Mitscherlichschen Sinne, allzeit stur verdrängt, jawohl: verdrängt!

Nein, Rinserluise, Sie brauchen keine Angst haben, bei Ihnen geht das satt durch – um so mehr als, wie wir lesen, unser Frankfurter OB Hauff Auschwitz ohnehin dauernd – einem Irrtum? eben diesem Wortspiel folgend? – »Ausschwitz« schreibt. Echt! Nein, keine Bange, Luise, vor dem gar zu Numinösen! Doch ehe dieser Hauff selber oder eben Hüsch oder Werner Schneyder endlich auf das Wortspiel stoßen: Erledigen Sie es, Rinser! Dochdoch, einer – eine! – muß endlich den »Mut« (Rinser) aufbringen und es packen! Damit auch das erledigt und endlich – ja eben: ausgeschwitzt sei, häha, genau! Titanic (1990)

P.S. 1990: Das Wortspiel Auschwitz/ausschwitzen packte aber dann noch im selben Jahre, wenn schon weder Rinser noch Schneyder, so doch der Kabarettist S. Zimmerschied; bravo.

NOCH EIN DENKMAL

Den neu-deutschen Männern gewidmet

»Und Gott erschuf den Mann nach der Frauen Bild und Gleichnis – nach ihrem dummen Bilde schuf er ihn.« (Lady Beaverbrook)

»Denn warum auch sollten Männer wenigstens auf einem Sektor etwas weniger blöd als Frauen sein?« (Lord Beaverbrook, der Ahn)

Hinrich Fink-Eitel
Rudolf Krämer-Badoni
Marcel Reich-Ranicki
Wilfried Hertz-Eichenrode
Ulrich Frank-Planitz
Alfred Sohn-Rethel
Fritz Schulz-Reichel
Erich Pfeiffer-Belli
Hugo Müller-Vogg
Arnold Werner-Jensen
Robert Steiner-Isenmann
Rolf Schmidt-Holtz
Herbert Riehl-Heyse
Werner Kroeber-Riel
Kurt Pratsch-Kaufmann
Alfons Lütke-Westhues
Christian Schwarz-Schilling
Gerhard Mayer-Vorfelder
Gerhard Schmitt-Thiel
Gerhard Ting-Hundsdörfer
Gerd Heinz-Mohr
Walter Meier-Arendt

Curt Meyer-Clason
Jörg Mayer-Rosa
Arturo Benedetti-Michelangelo
Marius Müller-Westernhagen
Ernst Müller-Meiningen jr.
Adolf Ferdinand Müller-Emmert
Ernst Müller-Hermann
Ulrich von Müller-Kremer
Müller-Wipperfürth (div.)
Müller-Thurgau
Prof. Bruno Müller-Linow
Heinz Maier-Leibnitz
Dr. Andreas Meyer-Landrut
Karl Schmidt-Rottluff
Helmut Schmidt-Bergedorf
Otto-Schmidt-Wuppertal
Martin Reinhold Schmidt-Gellersen
Hermann Schmitt-Vockenhausen
Paul Schultze-Naumburg
Günter Schulze-Bünte
Werner Schulze-Reimpell
Peter Schulze-Rohr
Gerd Schulte-Hillen
Jürgen Räuschel-Schulte
R. Krafft-Ebing
Michael Kipp-Thomas
Heinz Lukas-Kindermann
Tom Rutert-Klein
Thomas Kleine-Brockhoff
Ernst Fürntratt-Kloep
Eberhard Knödler-Bunte
Jochen Lutscher-Lang
Jürgen Schröder-Jahn
Bernd Mökk-Tassel

Daniel Cohn-Bendit
Walter Leisler Kiep
Norbert Schachtsiek-Freitag
Rupert Skasa-Weiß
Matthias Lutz-Bachmann
Jens Butterweck-Gerbig
Ulrich Roloff-Momin
Kai Krahnen-Maltz
Konrad Grünig-Bogenschütz
Rolf Seelmann-Eggebrecht
Joachim Fritz-Vannahme
Günther Schneider-Siemssen
Michael Kahn-Ackermann
Michael Dommers-Thorhildsen
Ludwig Ring-Eifel
Hermann Probst-Vent
Christian Erdmann-Schott
Norbert Becker-Flügel
Erik Grawert-May
Horst Schäfer-Schuchardt
Ermanno Wolf-Ferrari
Felix Mendelssohn-Bartholdy
Wilhelm Lange-Eichbaum
Dietrich Fischer-Dieskau
Ferdinand Bloch-Bauer
Peter Paulwitz-Matthäi
Dr. Hans Bürger-Prinz
Alexander Schalck-Golodkowski
Gunnar Zickendraht-Wendelstadt
Jürgen Hippenstiel-Imhausen
Peter Voss-Andreae
Peter Scholl-Latour
Berhelm Booß-Bavnbek
Robert Weber-Perez

Dietmar Artzinger-Bolten
Friedrich Vordemberge-Gildewart

Dieter Otto Schroer-Ilisch
Heinrich Maria Ledig-Rowohlt
Dr. Hans-Wilhelm Müller-Wohlfahrt
Franz Hermann Schulze-Delitzsch
Hansgeorg Schmitz-Eckert

Heinrich von Kleist-Retzow
Knut von Kühlmann-Stumm
Oswald von Nell-Breuning
Ralf Hans-Joachim Haven-Teubner
Alexander Sacher-Masoch
Fritz von Herzmanovsky-Orlando
Lothar von Raab-Straube
Alexander von Pückler-Muskau
Johannes von Thurn und Taxis
Rudolf von Bennigsen-Foerder
Max von Vequel-Westernach
Peter von der Osten-Sacken
Erdmann von Wilamowitz-Moellendorf

Dr. Günter Thelen-Rosemann-Niedrig

Rainer Kuban-Meyer zum alten Burgloh

RUHM, PREIS UND DANK AUCH IHNEN

(1990)

SO, WALTER JENS,

sind Sie nun befriedigt? Wenn schon nicht den heißbegehrten echten Büchner-Preis (welcher nämlich nur Säkular-Koryphäen wie Reiner Kunze vorbehalten ist), so doch: den sogenannten »alternativen«. Gestiftet von keinem geringeren als jenem »Darmstädter Unternehmer«, der auf den Namen »Walter Steinmetz« hört. Und die 10 000 Mark überreicht von keinem überraschenderen als wiederum dem alten Freund und Kupferschieber: jawohl, M. Reich-Ranicki i. R., aber noch kregel und unverzagt wie eh und je, nämlich wie Jens. Scheißleben, was, Walter Jens? Aber immerhin: nochmals 10 000 schnellverdiente Eier. Und Grüße von Deinem guten Freunde Eckhard (1989)

UNSER LAUTESTER DEMISSIONIERT

Marcel-Reich-Ranicki – auf diesen Fels baute Gott seine Literaturabteilung

Vor fast zwanzig Jahren formulierte Peter Handke den Verdacht, es sei schwer, über Reich-Ranicki keine Satire zu schreiben. Vor fast zehn Jahren faßte Christian Schultz-Gerstein im ›Spiegel‹ nach, es sei schwer, über Reich-Ranicki überhaupt noch zu schreiben. Mir selber, der vor gleichfalls zehn Jahren der Attraktion des Mannes erlag und der sich deshalb sporadisch-kontinuierlich immer wieder mal ihm schriftlich zuwandte, verschlägt es, gebeutelt zwischen Lust und Langeweile, auch langsam das Unken. Was, um Himmelswillen, soll man über ihn noch schreiben, da allen am Geschwätz Beteiligten, so sie nicht komplett aufs Dach gefallen sind, längst alles bekannt ist?

Wahrscheinlich muß man ihn loben.

Zumal epochaler Anlaß besteht:

Seit Anfang des Jahres verwest Marcel Reich-Ranicki, 67, die FAZ-Literatur-Abteilung, wie man liest, nur noch interimistisch – ein passender Nachfolger scheint, was man hört, von den Herausgebern nach unermeßlichen Geheimniskrämereien endlich vorstellig geworden zu sein – nein, der Vorgänger Karl Heinz Bohrer ist es nicht, es wäre zu schön gewesen. Noch deckt seinen Namen der Mantel einer vermutlich komplizierten allseitigen Scham – vor allem der, daß der Mann eigentlich jetzt schon abdanken kann: So idealtypisch kongruent mit seiner Dekade, mit der FAZ und mit sich selbst wird der Neue eh nie. Gelobt sei schon deshalb sein Vorgänger, »der wunderbar temperamentvolle Mann und forensisch hochbegabte Streiter für alle Belange der Literatur« (Kollege Rupert Skasa-Weiß, mit nur äußerst leiser Ironie).

In der Meinung etlicher anderer Kritikerkollegen von

Wolfram Schütte bis Schultz-Gerstein hat Marcel Reich-Ranicki, vor allem seit er für die ›Frankfurter Allgemeine‹ firmiert, das Niveau der deutschen Literaturkritik, wie sie in den 70er Jahren nach neuen Höhen und Ausdrucksmöglichkeiten schielte, seit ca. 1975 mit steigendem Erfolg auf den Standard von ca. 1955 oder gar 1930 zurückgedrückt. Gut so; wahrscheinlich wäre sonst alles zu kompliziert, zu hochgeschraubt und noch scharlatanesker geworden – letztlich ist ja Poesie eh zeitlos, alles andere chices Proletengeschwätz, und aktuelle Literaturkritik hat höchstenfalls so oder ähnlich antithetisch sich zu bewähren: »In Peter Rühmkorf verehren wir den Poeta doctus ebenso wie den Bürgerschreck, den Magister ludens nicht weniger als den fröhlichen Taugenichts, den unermüdlichen Aufklärer ebenso wie den unsicheren Kantonisten . . .« (so oder so ähnlich RR zum 50. Geburtstag von Rühmkorf 1979; leider wurde der zehnminütige Wahnsinn scheint's nie gedruckt, und ich muß aus der Erinnerung zitieren).

Loben muß man Reich-Ranicki auch für seine jenseits solcher Antithesen-Artistik simultane und ungescheut funktionärsmäßige Weinbauernperspektive von Literatur: »Dies ist ein schlechter Bücherherbst.« Denn wahrscheinlich, wenn ich heute die Wahl habe, das Buchhandelsbörsenblatt oder ein Mitteilungsorgan der Riesling-Hersteller zu abonnieren, dann weiß ich, was ich zu tun habe – und eigentlich könnten die beiden eh längst fusionieren.

Schon zu besten Dienstzeiten eigentlich genug gelobt wurde unser sog. Kritikerpapst ob seines allseits attestierten hohen Unterhaltungswerts, welcher uns jetzt, da eine Ära sich gegen Abend neigt, absehbar schwerer fehlen wird als selbst seine Freunde längst befürchten. Loben muß man Reich-Ranicki ob seines spätestens 1987 ratifizierten Nachweises, daß Klagenfurt ohne ihn eben doch nix wert ist; auch wenn ein Komiker-Talent wie Karasek, ein Wort des Ko-Juroren Demetz aufzugreifen, in den nächsten Jahren noch entschlossener in die zurückgelassene, unsichtbar gegenwärtige Hülle steigen wird. Gelobt und gepriesen – eh ich's vergesse, weil's fast zu bekannt ist – sei R.-Ranicki für die kulturproduktive Leistung, die Gattung Literaturkritik, so schlicht er sie verstand, andererseits wieder so anproblematisiert zu haben wie Benn und Musil ihrerseits die Literatur. Seit R.-Ranicki frägt sich's wieder mal forciert: Ist der Kritiker essentiell eine Unterhaltungsnudel? Ein Konditionsathlet? Ein phylogenetischer Börsenmakler? Ein Clown, ein Faktotum der allzeit kreglen Welt? Oder doch eher nur ein Telefonist.

Loben muß man R.-Ranicki für dies Polytalent im Zuge einer offensichtlich grenzenlosen Vitalität, loben ihn – oder wahlweise Gott – für seinen wunderbar bauerntheatermäßig mephistophelischen Kopf samt den diesem gehorchenden Grimassen, für das perniziöse Mundspiel zumal. Das schönste aber ist, wie er – etwa, wenn andere quatschen – den Schädel knuddelt und knetet: als ob er wahrhaftig Gedanken aus diesem herauslocken wollte, obschon keiner so gut weiß wie er, daß keine drin sind. Einschränkend tadeln möchte ich in diesem Zusammenhang gleichwohl und bei allem grundsätzlichen Wohlgefallen R.-Ranickis jüngste Fernsehshows: Allzu wahllos-gelangweilt harrte er da nur noch auf seinen eigenen endlichen Einsatz als Gaudibursch und Stimmungskanone, allzu erwartbar schnarrte er dann los, allzu siegessicher seinen allbekannten Stiefel runter. Fürs Altenteil sei er beschworen: Auch ein genuiner Komiker wie er hat, nicht anders als Chaplin und Otto, die Ökonomie, das Timing, seine Mitkaspern zu beachten!

Um so eindringlicher, ziehe ich heute die Bilanz eines Dezenniums, die argumentativen Leistungen des Kritikerpapstes. Fast über seine Verhältnisse raffiniert die von ihm wesentlich kreierte oder doch perfektionierte Kunst einer Literaturkritik ex negativo: Eine FAZ-Seite mit der Aufzählung dessen zu füllen, was alles *nicht* im Buch der Ulla Hahn vorkommt. Auf der anderen Seite stand Ranicki auch immer wieder mal und wie auf Abbestellung für Merksätze von hoher gedanklicher Durchdrungenheit pfeilgerade: »Es ist immer noch besser, ein gutes Buch wird gekauft und nicht gelesen, als wenn es erst gar nicht verkauft wird« – genau, so ist es, und das akkurat gleiche sagte dann vorher auch schon der Suhrkamp-Verkaufschef Honnefelder, nur etwas kunstreicher und die Zahnärzte noch charmierender.

Apropos Zahnärzte, Bonner Wende usw.: Ausdrücklich loben möchte ich hier Reich-Ranicki, wie schon einmal, dafür, daß er uns von sich aus nie mit seiner Warschauer-Getto-Vergangenheit genervt hat – andere, die nicht mal drin waren, leben, damit hausierengehend, lebenslang von diesem Bon. Obwohl: Etwas Konsternierendes hat es ja andersrum schon, wie bei einem Mann seiner Biografie ein jeder Anhauch von Marx, ja jede leiseste Spur eines irgendwie politisch situierten Literaturbegriffs unhörbar und unsichtbar bleibt – statt dessen ein tendenziell vollkommen luftleerer Raum, den allein sein Instinkt, sein obsoleter Geschmacksstandard zu füllen hat: »Ein gutttes Buch« – »Neeein, das ist keine guttte Littterraturrr!«

So soll's sein: Die Lautstärke gibt den Ausschlag. Sei's medial, sei's lieber noch naturhaft vokal und brachial. Im Casino-Ton erschalle folgerichtig »Offizierscasino-Bildung« (Schultz-Gerstein), identisch mit dem »hartköpfigen Altherrenschmonsus aus der Volkshochschule von 1930, der ihm durch die Rübe rauscht« (Eckhard Henscheid).

Denn der schafft klare Fronten. Wie sie uns in der vorkohlschen Ära oft so schmerzlich mangelten. Neindoch, Herr Schütte, glauben Sie's nur: Adorno und Benjamin mit etwas Jean Paul durchschüttelt – da liegt partout kein Segen drin.

Womit wir aber auch beim Raddatz wären. Loben muß man RR dafür, daß er, anders als jener und trotz allen deckungsgleichen Größenwahns, zum einen nie, aber auch wirklich nie in die Idee sich verrannt, vollends auf den Strich zu gehen und einen Roman herunterzukaspern; seine einzige Gemeinsamkeit mit Karl Kraus. Loben muß man RR zweitens dafür, wie leidenschaftlich und gnadenlos er Untaten des Hamburger Gegenpapstes und Oberschluris jeweils verfolgte und ahndete oder durch Minderfedern ahnden ließ – loben auch dann, wenn ihm über dem Rotanstreichen des Raddatz offenbar dessen Grandioses entging. Der Raddatz, nicht faul, aber nahm den Handschuh auf und revanchierte sich kürzlich mit der für seine Verhältnisse schönen Metapher, sein alter Haupt- und Staatsfeind sei ein »Illiterat« schlechthin, er schreibe »mit dem Telefon«.

Wir unsererseits, neutral, halten hier fest: Daß sie das beide tun; der eine etwas fixer, der andere ungleich lauter.

Reich-Ranickis zahlreiche Feinde und Kämpfe: Sie angezettelt, ausgetragen und durchgewürgt zu haben, sei unserem Frühpensionierten nie vergessen, dafür sei ihm besonderer Dank gesagt. Dürrenmatt und Handke, Andersch und M. Walser, um nur die populärsten der meist simultanen Fälle in Erinnerung zu rufen: Gepriesen seien Kampfeslust und Kampfesmut, es mit all den Pappkameraden aufzunehmen, für nichts und wieder nichts, wie es uns aus der zeitlichen Distanz dünken möchte – und fast noch lauterer Ruhm geredet sei Reich-Ranickis felsenfest-unerschütterlichem, noch heute wirksamem Hirnschwurbel dergestalt: in all den Kämpfen obsiegt, in der Sache recht behalten zu haben.

Gepriesen seien Eitelkeit und Größenwahn jenseits jeder Selbstironie, deren Reich-Ranicki sonst zuweilen fähig scheint. Nachweislich hält er jeweils seine Eloge oder seinen Verriß für beträchtlicher, für bleibender als das Epos selber: »Lesen Sie meinen Andersch-Verriß! Ein miserables Buch! Nein, das Buch von Andersch brauchen Sie gar nicht zu lesen! Lesen Sie meinen Verriß!!«

In diesem Fall parierte ich ihm sogar. Dochdoch, rukkelt man nur die langjährig verschrumpelte eigene Optik zurecht: Alles, alles muß man in der Rückschau an ihm loben. Ihn loben ob seiner bigamistischen Spätverheiratung mit Ulla Hahn, welcher (wer hätte sich sonst um die gekümmert?) er öffentlich, in der FAZ, wortwörtlich »rote Rosen« überreicht und der er, nach fünf Jahren Konkubinat und trotz aller gelegentlicher Schäferstündchen mit Sarah Kirsch, trotz allem Hohn und Spott, hemmungslos die Treue und damit die Stellung hält. So wie unser Mann, nach Wolfgang Pohrts schöner Beobachtung, zuletzt nur noch mit dem Löwenmut der puren Verzweiflung Autoren »entdeckt« und seinerseits gelobt hat, nämlich die harmreichsten Luschen, die ihm vors Auge kamen: exklusiv deshalb, weil er sich nun mal entschlossen und für sie entschieden hatte – und weil er andererseits noch allzeit unfähig war, im nachwachsenden Schriftkunsttum des Landes, was seines Amtes gewesen wäre, je wirklich Lobenswertes zu erspähen – richtig, jetzt rede ich u. a. auch von mir.

Ja doch, gelobt hat er seinerseits viel und immer die Falschen, so wie er nämlich, der Legende zuwider (und insofern führt Schultz-Gersteins ansonsten noch verbindlicher Aufsatz wegen seines Titels vom »furchtbaren Kunstrichter« nochmals fatal in die Irre) eigentlich immer mehr ein emphatischer, engagierter, ja enragierter Lober war denn ein Beckmesser und Richter; auch wenn umgekehrt und allerdings diese Loberei mit der Vernichterei eins und gehupft wie gesprungen ist: Denn selten diente beides je anderem als der Machtdemonstration, zu der Reich-Ranicki (in einem kürzlichen Interview mit dem ›Wiener‹) auch vorbildlich gußeisern steht. Dazu nämlich, einem staunenden Land und einem am Ende darob gleichfalls staunenden Reich-Ranicki vorzuführen, was sich alles hochpushen läßt, wenn eins nur über die Power verfügt, Teil der ökonomischen Macht eines kalkreaktionären Blatts zu sein, dem kunstwillige Oberärzte, pensionierte Generäle und amtierende Buchhändler eben mehr glauben als Schultz-Gerstein, Pohrt und mir zusammen – aus teils plausiblen, teils wundersam inkommensurablen Gründen wird halt immer noch jeder FAZ-Schrott abgekauft. Keine Doktorarbeit wird sie je ganz ausleuchten; Reich-Ranicki kennt sie wohl auch nur sehr oberflächlich – seine Größe und sein abermalig Löbliches ist es, derlei auch nicht allzu genau überdenken zu mögen. Sondern die Macht viel lieber ehern festzuhalten.

Ein schwerer Intrigant soll er, laut Raddatz, sein, der was davon verstehen dürfte. Auch das ist gut so, es wird heute, von Reiner Pfeiffer abgesehen, eh zu wenig intrigiert. Loben und preisen muß man Reich-Ranicki parallel dafür, wie umsichtig und genuin offizierskasinomilitärisch er, in den letzten Jahren immer straffer, seine Unterkritiker, seine Hauptscharfmacher und Wadlbeißer herangezüchtet, auf Zack gebracht hat. Alles, was etwaige autonome Positionen okkupierte, schied systemlogisch aus der FAZ-Kritikerriege aus – was blieb, pariert blind, die gewünschte Marschrichtung wenn nicht wissend, so doch telepathisch ahnend. Einem jeden der Burschen ist klar, was die Ökonomie aus Honorar und Publizitätsprestige geschlagen hat. Wehe dem Jungautor, der der Hilfe dieses erlauchten Gremiums bedürfen sollte. Macht er sich irgend unbeliebt, genauso klanglos verschwindet er im Orkus wie jene, die als Rezensenten nicht auf Linie schreiben. Fast alle unter den letzteren tun es vorbildlich – und ich weiß, wovon ich rede. Reich-Ranickis derzeit am perfektesten funktionierende Schranze, der Tübinger Rhetorik-Professor Gert Ueding, tat mir jüngst im Zusammenhang mit irgendwelchen Klagenfurter Schwerintrigen die Freude an, in mir einen »Klamaukschriftsteller« zu erkennen. Obschon er nachweislich noch keine Zeile von mir gelesen hat. Und obschon »Krawallschriftsteller« noch einen Tick präziser wäre. Aber für einen neudeutschen Kathederfrosch: nicht schlecht. Und – um noch für fünf Sekunden in meinen eigenen Erfahrungen zu verweilen –: Totgeschwiegen wird von der FAZ keiner; auch nicht ihr ärgster Feind. Sondern mindestens jedes sechste Buch wird glatt besprochen: jeweils vom willigsten und somnambulisch einfühlsamsten der auf Verfügungen wartenden Lakaien. Dies für die branchenfremderen der Leser.

Es gibt Marcel Reich-Ranicki nächstens einen Laden ab, den er in gut zehn Jahren bravourös, virtuos und hemmungslos auf Vordermann und Gleichklang gebracht hat. Lob sei ihm auch dafür. Bei der ›Frankfurter Rundschau‹ ist vergleichsweise nur Chaos wahrzunehmen: zehn Meter hohes Niveaugeschaukel.

Zu rühmen ist Reich-Ranicki kurzum für den Nachweis, daß in Dingen der Kultur kein etwaiger demokratischer oder kollektiver Weltgeist das Sagen haben darf; sondern jeweils unser Lautester, er selber; wo kämen wir sonst hin. Die Denkart überzeugt am Ende noch die Renitentesten, jene, um die sich vorgeblich alles dreht. Am machtvollsten zu loben, zu preisen, dankend zu feiern ist zum Beschluß einer Ära die Tatsache, daß ein schierer Mythos vom Großkritiker es vermag, deutsche Schwerdichter gleich serienweise narrisch zu machen. Der eine, Brinkmann, droht RR im Rahmen einer erstaunlich falschen Metapher den symbolischen Tod durch Erschießen an; der andere, Goetz, ritzt sich, jenem zu gefallen, in Klagenfurt mit dem Rasiermesser ins Hirn; Martin Walser gesteht, noch nagend an einem besonders dummen Verriß, öffentlich Alpträume ein, die RR als Hauptfigur haben; und Koeppen kapituliert: »Er schreibt über mich, also bin ich.«

So viel zum Stand des deutschen Obrigkeitsverächters.

Zum Ausklang seines Frankfurter allgemeinen Wirkens hat Marcel Reich-Ranicki hintereinander die Familie Thomas Mann, Hölderlin und Heinrich Mann abgefakkelt – um im letzteren Fall in den Genuß zu kommen, den Kollegen Schütte ein letztes Mal aus der Reserve und zu einer freilich kaum gehörten Gegenpolemik zu locken. Im Casus Hölderlin = Hölderlin-Preis (ausgerechnet der Schranzen-Stadt Bad Homburg) wird RR ein schon zu Lebzeiten hallendes Echo seines Wirkens und seiner schwerlich sterblichen Denkart gern und womöglich sogar schmunzelnd vernommen haben: Ihn, der zuweilen wohl zwei Dutzend Literatur-Jurys unisono überwachte, braucht es schon gar nicht mehr: Die Handvoll vormaliger Protegés von Hahn bis Köpf und Burger verleiht sich zwischen Bad Homburg und Bergen Enkheim die Gelder ungescheut schon selbander und hält sich 1987 wechselseitig Lob- und Dankesreden: Mit Sprüchen, die mir, dem Gedächtnisstarken, recht bekannt vorkommen: Sie stehen wortwörtlich schon in meiner RR-Burger-Parodie von 1984; und ergo in der FAZ von 1980–82.

Das Erbe steht, die Gesinnung stimmt, die Dreistigkeit wird, werweiß, sogar nochmals zulegen, auch ohne ihn.

Frägt sich gleichwohl: Wohin mit unserem Pensionisten? – der Mann scheint hochvital wie je. Wir wollen nicht verzagen – nichts spricht dafür, daß wir ihn künftig missen müssen. »Das Cäsarengehabe eines Conferenciers« (Mathias Bröckers in ›konkret‹) – wo wäre es besser aufgehoben als im großen Maul des Fernsehens. Substantiell gehört es eh längst in die Röhre, heute zwingender noch als vor zehn Jahren. Ein Alterswerk von schmelzendster Reife mag da brüllend auf uns zuwalken. Wir werden es zu gegebener Zeit nochmals zu loben wissen.

(1987/88)

FASSUNGSLOSES BETROFFENSEIN

Wie man ein moralisches Thema ruiniert

Was denkt sich jemand, der dies schreibt?

»Die Hauptsache ist, daß die Ermordeten nicht so tief verscharrt werden, daß wir fröhlichen Herzens über die blühenden Felder lustwandeln, unter denen sie (die Toten) zu fruchtbringendem Staub werden. Manchmal, wenn ich im Zug durch dieses herrliche Deutschland fahre, packt mich ein wahres Grausen: Wie viele Gemeuchelte wohl als Gebeine unter diesen strotzenden Ähren modern.«

Oder was denkt sich jemand dabei, wenn er auch dies ungescheut zu Papier bringt?

»Erst im Rückblick weiß ich, daß es mir genau darum ging, das große Schweigen der Erschütterung auszuliefern und Schmerz zu empfinden, um statt erstarrt, lebendig zu leben.«

Denn:

»Scham und Schuld stecken in dem verwünschten Schatten, Niedertracht, Mord und Massenvernichtung, es ist ein blutiger und böser Schatten, ein gefährlicher Geselle (. . .) Und so machen sie sich auf, die vom Schatten Verfolgten, ihre Verfolger zu vernichten. Sie morden nicht. Sie schweigen nur.«

Das aber kann nicht gutgehen. Denn:

»Es spielt eine Rolle, daß der Wiederkehr des Verdrängten offenbar nicht zu entkommen ist.«

Allein, es fehlt an:

»Scham – ein schwieriges Wort – auch nicht im Sinne vom ständigen Nagen am eigenen Gewissen, sondern eher ausgedrückt durch Schlaf- und Seelenstörung, durch heillose Unruhe, durch ein Bekenntnis wie das von C. Meier: ›Es macht beklommen, diesem Volk anzugehören.‹«

Weil, wie z. B. das Lager von Bergen-Belsen überdeutlich und auch sprachlich mustergültig zeigt:

»Angesichts dieses Lagers verschlug es sogar den hartgesottenen Gesellen die Sprache (...) wer dem Bösen in den Schlund geschaut hatte, scheute davor zurück, das Geschaute als wahr zu begreifen.«

Was aber will uns der Dichter gleichwohl damit wieder sagen?

»Ich wandere mit diesem wortlosen Schweigen in den Wald, dort will ich es hüten, will es bewahren vor denen, die wortgewaltig das fürchterliche Schweigen verleugnen.«

Aus dem Wald geht's wieder immerhin ins Freie:

»Wenn sich jemand weigert, überhaupt nur mit mir zu reden, stehe ich mit meiner Scham in der Ödnis herum. Wohin damit, wenn sie niemand will?«

Eine gute, gemessen allerdings an den Buchverkaufserwartungen der Autorin und ihres Verlags reichlich rhetorische Frage, hier an die Eltern-, die erste Schuld-Generation; sehr gut und freilich etwas schwindelmachend ist auch die gleich folgende an eine Jüdin, Jahrgang 1952:

»Wie können wir Vergangenheit aufarbeiten, wenn ihr nicht mehr da seid« –

– ohne Fragezeichen, ja auch dies ist wirklich nur eine rhetorische Figur, denn es werden sich schon neue Adressaten finden. Immerhin und allerdings, es geht auf dieser Welt halt recht verzwickt, fast dialektisch zu:

»Ich komme von Hitler genausowenig los wie ihr, die ganze Welt sollte nicht davon loskommen, nicht nur die Deutschen. Ihr und ich, wir sind Opfer derselben Geschichte (...) Ich kann nicht mehr, denke ich plötzlich, ich kann die Worte Nazis, Juden, Hitler, Deutsche, Schuld und Opfer nicht mehr hören.«

Da geht's uns vielleicht ähnlich; dies ist aber im Rahmen des Buchs nur eine schnell vorübergehende Aufwallung, eine gewiß fehlläutende Nachtglocke; schon stürmt es wieder zügig voran, weil nämlich:

»Ich wollte dem Thema nicht ausweichen, wußte genau, ich mußte mich stellen (. . .) Ich begab mich auf die Gratwanderung.«

Und damit auf eine schiefe Ebene, vor allem.

Das Buch ›Das große Schweigen‹ (Kindler Verlag, München 1989, 344 Seiten) der 43jährigen Münchener Journalistin Gabriele v. Arnim handelt, wie sein Untertitel deutlich genug sagt, »Von der Schwierigkeit, mit den Schatten der Vergangenheit zu leben«, hier speziell der Vergangenheitsbewältigung, der Nazizeit nämlich; von dem titelspendenden Konnex aus Schuld und Verschweigen resp. Verdrängen; von der draus folgernden fehlenden Normalität im heutigen Umgang mit den Juden – daß diese Deutschen von all dem, angeblich, nichts mehr wissen wollen, ergrimmt die Autorin sehr –, und akkurat diese probehalber ihr zu unterstellende Lauterkeit ist es aber auch, die ihr Buch zum Unheil reifen läßt. G. v. Arnim schreibt mit vermeintlichem Furor an gegen die »zweite Schuld der Deutschen« (Giordano), gegen deren »pathologisch gutes Gewissen« (Broder), gegen den deutschen »Selbstbetrug« (Haffner), die deutsche »Schizophrenie« (v. Arnim) – dagegen wäre im Prinzip vielleicht noch gar nicht viel zu sagen; nur wird dadurch nun freilich die Autorin selber zum allerjüngsten Opfer dieses pathologisch guten Gewissens – mehr noch: Ihr Öl aus allseitiger Wiedergutmachung mal Bewältigung hat nun ihr selber fast alle Schrauben schwer gelockert.

Das Ganze, der Lesetort, lohnte nicht der Mühe, offenbarte der Buchsermon in seinem Wortergußsich nicht rasch als wahrscheinlich äußerst signifikant fürs momentane Zeitgeistganze, für dessen prätendiert edlere, in Wahrheit nur dünkelseligere Version. Die Struktur des Buchs ist die der Tirade, des Schlingerns vom Hundertsten ins Tausendste. Wie der von ihr als exemplarisch vorgestellte und zitierte Filmer Sinkel will die Autorin »nicht aufhören zu rütteln«, gleichzeitig deutet sie ihr Werk als eine wohltätig selbsttherapeutische »Bußübung« – und sie unterliegt bei all diesen skurril-hehren Vorsätzen in stilistisch rapidem Wechsel zwischen einem höheren Dünkel-Tonfall (»Mit der Scham läßt sich schwer rüsten für den Kampf um Marktanteile«) und einer gleichzeitigen und sprachlich bedenkenlosen Hintertreppen-Dramatik (»Wer diese Hölle mit eigenen Augen sah, wer dem Bösen in den Schlund geschaut«) doch nur einem ebenso kuriosen wie auch bedrohlichen, machtvollen und fortschreitenden, fortschlingernden Hirnschwurbel. Nämlich massivst dem von Robert Musil her bekannten Tugut-, hier mehr noch dem Denkgut-Syndrom, welches die von ihm einmal Befallene moralisch derart aufscheucht und mit Reinheit aufládt, daß ihr z. B. bei Interviews mit irgendwelchen Reaktionären »schlecht wird«.

Nein, nicht daß sie bei ihren Anwürfen und ihren, allerdings eher literarisch angemaßten und selbstsuggerierten, Verzweiflungen so durchaus und vorab unrecht hätte: Aber wie sie über Hunderte von Buchseiten, nimmermüd und von ihrem eigenen Dünkel mitgerissen, ja fortgeschwemmt, darauf besteht, recht zu haben und trotz härtester innerer Schlachten durchaus gut zu sein: Das ist das Unerträgliche, das macht das durchaus adornoisch »Unwahre« des Ganzen.

Das Unwahre hebt an bei einem streckenweise unsäglich faselnden Schwall- und Schwabbeldeutsch; es führt von einer oft schrulligen Pseudo-Poesie (»Selig träumt man zu Mozarts Serenaden und genießt selbstbewußt und selektiv nur das Erbe, das gefällt« – was meint sie bloß?) über das Imponiergebolze mit halbbegriffenen Schwerbegriffen (»Schuld, an der wir unschuldig sind«) bis hin zum rhetorischen und logischen Kuddelmuddel; so innig, daß die Autorin mitunter selber was dergleichen ahnt; aber das flugs auch noch toll findet, nämlich sich mit »Mitleid mit der eigenen Verstörtheit« wichtig macht; und verstört-verstörender könnte das ja selbst unser aller Petra Kelly kaum ausdrücken.

Eine besondere Vorliebe pflegt diese Autorin dabei – Frauen scheinen da noch anfälliger als Männer, die sich freilich häufig auch nicht lumpen lassen – nicht nur für alle großen und schönen und ihren Benutzer nobilitierenden Wörter (»Trauer«, »Gewissen«, »Reue«, »Erinnerung«) insgesamt; sondern, wie schon oben angedeutet, speziell für den Klangreiz der titelzündenden Trias »Schweigen«, »Schwierigkeit«, »Schatten«, die dann noch – die Autorin ist offenbar infiziert, ja richtiggehend verhext durch die alte magische Kraft des Stabreims – um das Pärchen »Schuld« und »Scham« expandiert und zu einem semantisch-klanglichen Schmaddertum der Extraklasse aufblüht:

»Schuld und Scham stecken in dem verwünschten Schatten«; »Zwischen Scham und Schuldbewußtsein zu lavieren, das wurde zum Balanceakt«; »Ein Schambekenntnis abzulegen, damit hatte ich keine Schwierigkeiten« – nein, weißgott nicht, man wird im Gegenteil mit dem Zitieren nicht mehr fertig.

»Auf diese meine Art bohrend« (G. v. Arnim) entsteht freilich mählich eine Art Binnenwahnsystem; dergestalt, daß beispielsweise nach der Freudschen »Trauerarbeit« und der M. Mitscherlichschen »Erinnerungsarbeit« im Jahre 1989 von Frau v. Arnim ganz nebenbei auch noch die wortwörtliche »deutsche Schamarbeit« erblüht; ahoi!

Macht – zwischenhinein gefragt – Vergangenheitsbewältigung vielleicht schon eo ipso schrullig, närrisch? Mitgeteilt sei bei der Gelegenheit, daß die erwähnte »Trauerarbeit« in diesem Jahr auch schon als Werbeplakat-Fahne im Schaufenster einer großen Frankfurter Buchhandlung figurierte – sowie als Rubrik(!) in dem Fachblatt ›Buch aktuell‹ (2/89). Die Schamarbeit hat diese Karriere noch vor sich; darf aber schamlos bester Hoffnung sein ...

Ist die Geschichte von der Scham und Schuld der Deutschen – um mich hier auch schon infiziert zu zeigen – auf einen stabreimsatten Schmarren heruntergekommen? Hat der »schweigende Schmerz der Erschütterung« mittlerweile schon allen damit ja wohl intendierten Sinn zur Strecke gebracht? Gabriele v. Arnim hat für ihre Aufzeichnungen und Deduktionen die chronologische, die Form des Tagebuchs gewählt, die schlichteste und u. U. auch kommodeste literarische Gestalt also – und merkwürdigerweise überführt schon dieser im Grunde probate Kunstgriff – ohne daß die Autorin dies je ahnte – ihr Werk noch einmal wahlweise der Albernheit und Narretei oder aber der abgründigen Verlogenheit im Ganzen. Die Form des Diariums – oder eben seiner Fiktion – stellt nämlich dieses ihr Leben dar als ein andauerndes Pflichtpensum tagtäglicher Nazi-Bewältigung, als immerwährende Sekundärliteraturlektüre nebst Filme-Rennerei: »... begann in Cordelia Edvardsons Buch zu blättern ...« (30.3.) »Ich sehe mir den Film an, den Eberhard Fechner über den Majdanek-Prozeß drehte. Sitze Stunden im Vorführraum, bin wieder einmal entsetzt, empört, werde müde, stumpfe ab.« (4.4.) »Lese zum ersten Mal, daß Wolf Biermann Jude ist, daß sein Vater vergast wurde.« (10.4.) »Ich lese ein Buch, das es nur noch in Bibliotheken gibt: Der Kastner-Bericht. Über Eichmanns Menschenhandel in

Ungarn« (17.4.) – ogottogott, so ein Leben, wenn es denn nicht komplett gelogen und aufs Buch hin gebogen ist, *muß* einen ja rammdösig machen!

Was es übrigens für einen riesigen Unterschied macht, ob Kohl oder – der angebliche Erfinder des Worts – Gaus die »Gnade der späten Geburt« in den Mund schoppt, möchte ich von der im ersten Fall pikierten Autorin gelegentlich auch noch genauer erfahren – allein, die Gründlichste ist sie wohl eher in der Bohr- und Wühlarbeit, nicht aber in der Scharfdenk- und Klärkultur. Die im Fernsehen, bei einer Buchmessen-Talkshow, eigentlich einen ganz zurechnungsfähigen Eindruck gemacht hat, ist zurechnungsfähig jedenfalls in diesem ihrem Buch mitnichten; sondern – fast zu sinnfällig nachvollziehbar – ein spätes und freilich akutes und symptomatisches Berufs-, in gewisser Weise auch Literaturopfer: Einmal wild entschlossen zu »fassungslosem Betroffensein« hat sie darüber spätestens beim Schreiben tatsächlich die Fassung verloren.

Was aber partout keine Qualität ist; sondern nur das Elend ründet. Ablesbar wird dies Elend als multiplexe Verlogenheit z. B. auch an einer weiteren Argumentationstechnik, einem weiteren Adelsbegehren v. Arnims: an ihrem schon gnadenlosen Name-Dropping, an ihrer Manier und Manie, sich an die deutsch-mundiale Betroffenheits-Erlesenheits-Creme (oder jedenfalls was sie im Rahmen ihrer Halbkenntnisse dafür hält), an deren bloße Namen ranzuschmeißen. Von Günther Anders zu Jean Améry, von Broder bis Martin Luther King, von Edvardson bis Jaspers und (natürlich, der darf keinesfalls fehlen) H.-E. Richter: Alles, was bewältigungs- und betroffenheitspolitisch – bzw. genauer: -ästhetisch – ihrer halbinformierten Meinung nach Rang und Klang hat, ist v. Arnim gerade recht, darunter macht sie's nicht; alles, was sie so seit rund zwanzig Jahren Ungefüges zusammengelesen hat an Belang und Belanglosigkeit, das führt sie strahlend auf, bis hin zu Erica Jong, jawohl, genau, Erica Jong – all das ist ihr recht und teuer; in ihrer Ahnungslosigkeit als Kronzeuge in Sachen tote Juden sogar noch der allbekannte Links-Schlawiner G. Zwerenz, für v. Arnim »einer der wenigen deutschen Intellektuellen, der schonungslos und sogar kritisch mit sich selbst das Thema reflektiert«. Und daß dies, übers Anrüchige des Verfahrens hinaus, in ein kopf- und seelenloses, in ein Leben nicht nur aus zweiter, sondern aus dritter und vierter Hand, bisweilen spürbar ins Närrische führt, das hat nach meinen Kenntnissen noch kein Buch katastrophaler und idealtypischer und fahler illuminiert als dieses Machwerk, welches sich dabei als hochaufrichtiges Tagebuch anschmiert: »Ich schlafe schlecht, träume schrecklich, höre ›schon wieder Auschwitz‹, so schweige ich und lese und träume von Eichmann (. . .) Ich beginne zu begreifen, was Verdrängen bedeutet.« Schlimmer als v. Arnims Nichtverdrängen kann es aber auch kaum sein. All dieser Quatsch mit Betroffenheitssondersalbensoße: »Neben mir türmen sich Bücher von Jean Améry, Primo Levi, Saul Friedländer, Alain Finkielkraut (. . .) Wie gut, daß ›wir‹ jedenfalls die Mitscherlichs (. . .) und Carola Stern haben« – natürlich, diese Schwester darf in dieser lauwarmen, immergleichen Gutheits-Brühe auch nicht draußen vor der Türe bleiben.

Es sind ja kaum mehr Pflichtübungen, die mit solchen – von wem eigentlich erheischten? – technisch übrigens spielend leicht zu tätigenden Büchern geleistet werden; sondern lang schon bewußtlose, ihren Autor fortschreitend-fortfaselnd dem Wirklichkeitsverlust ausliefernde Spiegelfechtereien, Windmühlenkämpfe gegen weitgehend imaginäre Gegner oder gegen irrelevante; allenfalls gegen Schönhubers inkommensurable Leute; letzten Endes gegen nichts und niemanden; im Kern pure Selbstbefriedigungen. Die Differenz nicht nur von Teilnahme und l'art pour l'art, sondern auch die von etwelcher Betroffenheit und schierem Geschwafel hat den Grenzwert Null ja längst erreicht.

»Ein äußerst sensibles Buch« nennt – ich fürchte: nicht als einzige Betroffenheits- und Schwallinstanz – die ARD-Buchmessensendung vom 15. 10. das herumrumpelnde Mühlrad in Frau Arnims (dem Buchklappen-Foto nach zu schließen: trutzig-leidendem) Kopf. Spätestens im Fernsehen ist scheint's inzwischen alles eins und (mindestens!) sensibel, auch noch der klobige Schmarren par éminence, der da aus dem Munde der Frau Arnim im randvollen Ernst die nachkriegsdeutsche »Schattenvernichtung« beklagt, o alte Chamisso-Herrlichkeit in Halbbildung und prätentiöser Gedankenferne! In Wahrheit handelt es sich um ein Produkt der momentan marktbeherrschenden Pharmafirma Schwallium und Quatschdramin, eine Art Placebo, von dem man schwerlich auch nur noch den Willen zu Heilung resp. Aufklärung vermuten kann, dafür sind seine rhetorisch-poetisierenden Tricks zu bauernfängerisch und leimsiederisch zugleich. Ein – auch ich kann's: – ziemlich schamloses Schamanengewächs ist es, mit dessen Expression – ja schon mit der ihr schwanenden Idee – sich die Verfasserin auch noch fast andauernd weit übernimmt: »Denn aus ihnen, den Erben der Verdränger, kriecht das scheinbar Verschüttete zurück ins Bewußtsein und ins Gemüt« – nämlich als Milch der altneudeutsch frommen Denkungsart, nämlich auf der Schleimspur unserer späten achtziger Jahre.

Eine spezifische und vermutlich sehr aktuell-akute Mixtur aus Selbstbio- und Psychografie, aus Paratheologie und Bewältigungsbelletristik, eine Brühe aus Schrott, ein Schrott aus Brühe; jawohl, mit G. v. Arnim katachresenfroh zu wimmern. Dabei befinden wir uns szenisch vielleicht doch nicht so sehr in Neu- als vielmehr in jenem Schlamassel-Ödland, welches uns im Namen der häufig so genannten politischen Kultur dieses Landes die landesüblichen Quatsch- und Sudelkräfte letztlich seit Jahrzehnten aufbereitet und zäh vorbeackert haben; der Verein rund um H.-E. Richter also und Margarete Mitscherlich samt ihren Halbschwestern Rinser und Kelly und wie die ganze einschlägige, im vielperspektivischen Wechsel erstaunlich konstante, ja identische Sippschaft halt jeweils heißt. Sie konstituiert sich übrigens zu rund 45 Prozent durchaus auch aus Männern – und ihre Grenzen sind heute offener als die Berliner Mauer, hin zu allgemein-aktuellen Schnurren dergestalt, daß z. B. eine Petra Lisker im Ullstein-Verlag 1989 dies Novum mitzuteilen vermag: »Auch Männer können lieben«, – im Zentrum prangen und brummen freilich Namen hoher Bonität und jedenfalls vermeintlicher Kreditwürdigkeit; Namensschilder, die für ein erneuertes oder zumindest geschärftes Denken oder zumindest Gewissen firmieren – allein, ich weiß nicht recht, ich weiß nicht recht: Was ist von einer Psychologie, von einer volkstümlichen Psychoanalyse insgesamtlich zu erhoffen, welche z. B. in der Gestalt der Margarete Mitscherlich heute, 1989, dies im Ernste aus- und von sich streut: Hitler habe seine Mutter vor dem Krebstod erretten wollen und diese seine »Phantasien«(!) auf Deutschland übertragen – habe die Phantasien aber dann – ergo? – in ihr Gegenteil verkehrt und also Deutschland kaputtgemacht? Dochdoch, im gewappelten und gestiefelten Ernst steht dieser als Hirndreck noch allzu euphemisch bezeichnete Unfug in den Schriften unserer allseits andächtig gefeierten Vordenkerin – ja, wenn jeder redet, wie es ihm grad so von ungefähr einfällt, dann sind Geschichtswissenschaft und Psychoanalyse wahrlich an ihrem von Freud schwerlich so erahnten Ende angekommen – und warum sollte dann ausgerechnet Frau v. Arnim mit Sinn und Verstandeskräften unschön aus der Rolle fallen? Sie tut's auch nicht: »Weil Roosevelt und die anderen westlichen Regierungen versagten, mußten die Deutschen zu Verbrechern werden? (...) Ich habe einmal Paul Falkenberg zu diesem Thema befragt.« Und: »Stets war ich es doch gewesen, die uns Deutsche verdammt und zur Scham verpflichtet hatte.« Indessen freilich: »Schwer schleppen wir an der Schuld, an der wir unschuldig sind.«

Tja, wohl denen, die *keinen* Schatten haben.

Theoretisch denkbar: Meiert uns Frau v. Arnim an? Leimt sie uns mit all ihrer Bewältigungsarbeit mal – der nächste Schritt – Schamkultur? Im Rahmen einer 344seitigen großdisponierten Satire? Leider nein, diese Schrullen und Unholdereien, sie sind schon als der barhirnige Ernst geschwafelt: »... das Gas, das Würgen, die Angst, das Ersticken, das Gas – es tut so weh, es klingt so wehleidig aus meinem Mund.«

Ja, was denn nun? Und warum dann doch? Zuweilen scheint es, als fliege der Autorin eine Ahnung zu, eine Ahnung von der tendenziellen Obszönität, ja Perversität ihres Geschreibsels – allein, lauschte sie der Ahnung aufmerksamer nach, sie müßte es ja liquidieren, ihr Tagebuchschleimwerk. Folgerichtig ruchlos bilanziert der letzte Buchabsatz vielmehr: »Es gibt kein Fazit, keine Katharsis.« Wohl wahr, wohl wahr.

Das Exempel v. Arnim, noch einmal, wäre kaum darstellens-, wäre vergessenswert, wiese es nicht als ein allerdings besonders strotzendes über sich hinaus auf eine Kontinuität, ja schon eine kleine Tradition von hypertropher Anmaßung und/oder Verlogenheit, welche – mal eher aktiv lügend und heuchelnd, mal eher von der eigenen Schwindelei schwindelig geredet – von H.-E. Richters nimmersatten, unwiderleglich guten Psycho- und Sozioraunereien über Franz Alts Ethosgaunereien betreffs Friede, Jesus & Eierkuchen bis hin und zurück zum leider sprichwörtlich gewordenen Buchtitel der beiden Mitscherlichs von der »Unfähigkeit zu trauern« (1968) sich spannt; wobei vor lauter Gutheit und Sprichwörtlichkeit nachweislich niemand so ganz genau mehr weiß, was diese verbale Edelvignette von der Trauerunfähigkeit eigentlich genau bedeutet; am wenigsten weiß es – wieder nachweislich, nämlich ihren späteren Schriften nach zu schließen – die post mortem Alexanders bei der Niederschrift angeblich dominiert habende Co-Autorin und Witwe – aber freilich, auch der Co-Autor war sich, gleichfalls binnentextlich nachweisbar, ja nicht ganz so sicher . . .

Plausibel, daß bei so viel immanenter Schwall- und Schwafelschwersubstanz (doch, dieses Schuld- und Scham- und Sühnezeugs steckt wirklich an) in diesem unserem Lande insgesamt und speziell in diesem anscheinend unerschöpflichen Bewältigungsbrocken nicht allein die leider auch labilen Fachkräfte häufig aus den Latschen kippen; sondern nachdrücklicher noch, auch vor dem spürbaren Hintergrund einer recht oberflächlich aufgeschnappten »Historikerdebatte«, die Nächst-Verwerter, die sich plötzlich aufgerufen fühlenden fiktionalen Tagebuch-Schreiber, welche, schrecklos den Hirnwurm zum Hirnschwurbel vorwärtspeitschend vom Palavern, vom Salbadern, vom Selbstgespräch des eigenen Kopfunrats stracksest hingemeuchelt werden. Satire? Unfreiwillige Fertigsatire? Von der 1988 vorweggenommenen Satire der – mir familienstrukturell nahestehenden – Schmonsus- und Schnattergans Hella-Dore Tietjen (›. . . und sie verpfuschten mir mein Leben‹, Haffmans Verlag) ist diese nachgelieferte und tatsächlich von einem Lektor abgesegnete Bierernst-Fassung über weite Strecken schon nicht mehr zu unterscheiden. Vorletzte Buchseite v. Arnim: »10. Dezember. Die Wochen des Gedenkens sind nun vorbei. Wir gehen zur Tagesordnung über.«

Genau. Eine Parodie könnt's triftiger nicht sagen.

»Viel Verwirrendes« steht in dem Buch, weißgott; vieles schwefelt in den glatten und furchtlos mystelnden Nonsens hinüber; das faselnd sich selbst fortzeugende Gewäsch gebiert dabei, zugegeben, auch etliche reine Blüten: »Die alte Leier. Ich langweile mich inzwischen selbst in meiner Wut. ›Schon wieder Auschwitz‹ – stimmt es denn nicht? Es ist eine Irrfahrt ins Damals und ins Heute.« Und endlich, kurz vorm unseligen Beschluß, packt Gabriele v. Arnim auch noch den Aphorismus, erreicht ihr Diarium endlich das Niveau des ›stern‹ und seiner »Schüsse aus der Wortkanone«-Rubrik: »Wer meint, ›mit Auschwitz fertig zu werden‹, übersieht die Kleinigkeit, daß Auschwitz mit ihm noch nicht fertig ist.«

Und rassiger könnt' es selbst der Stiftenkopf des Werner Schneyder ja kaum schnarren.

Die »Unkrautzupferin der Nation« nennt sich G. v. Arnim eingangs so rinserisch kokett wie gänzlich fälschlich. Nein, ihr Metier ist schon vielmehr das Säen und simultane Ernten von Kraut und Rüben. Sowie das Knacken von Nüssen, die kein anderer Hackspecht packen möchte. Und die vor und nach ihr auch noch keiner so zum fassungsfreien Überlaufen gebracht hat, echt. (1990)

GESAMTLESER!

Noch ein Brief

Um wen handelt es sich da? Der nämlich »in seinem Leiden an Deutschland das Erbe Hölderlins und Heines vereine«, sich in seiner Lyrik »durch Formenvielfalt und Musikalität« auszeichnet, deren Skala aber reiche »vom Auftrumpfenden bis zum Elegisch-Melancholischen, vom Derben bis zum Zärtlichen, vom Polemischen bis zum Erotischen«?

Um – hm – Reiner Kunze? Könnte sein. Günter Kunert? Auch der haute voll hin, vor allem, was das »Elegisch-Melancholische« angeht? Gerald Zschorsch?

Ja, auch der ginge an, vor allem im Widerspiel des Polemischen mit dem Zärtlichen, ja Erotischen. Noch mehr freilich Stephan Hermlin. Tja. Der hochreife F. W. Bernstein? Oder gleich: Fritz Jott Raddatz, der bekannte Erbe Heines, Hölderlins, aber freilich – auch Marxens ... hm? Nein, dafür aber paßte wiederum ganz sicherlich: Hermann Kant! Und Ulla Hahn sowieso, mopsklar! Oder doch eher – Hermann Burger, der Meister des Auftrumpfenden und an Deutschland Leidenden und Dahingeschiedenen zugleich?

Nichts von alledem. In Wirklichkeit handelt es sich diesmal rein zufällig um Hermann – pardon: um Wolf Biermann, der hat nämlich diesmal den Hölderlin-Preis der Stadt Bad Homburg v.d.H. gekriegt –, und an dem Ganzen erkennen wir vor allem, daß unser aller alter Marcel Reich-Ranicki zwar tatsächlich der FAZ seit kurzem nur noch eingeschränkt dient, seinen ewig und einen Tag gleichbleibenden paradoxal-pseudoantithetischen Elogistenstiefel immerhin aber unverwelkt-unverweslich weiter in den div. Preis-Jurys des Landes klappern und rumpeln und schwer pumpeln läßt – und so soll es fortan auch ewig bleiben. Zumal »der Preis mit 15 000 DM dotiert ist« (FAZ).

(1989)

BRD – PRO ODER CONTRA

Anläßlich einer aktuellen Umfrage

1949 – ich war damals acht Jahre alt – ging die Gründung beziehungsweise die neue politische Kategorie der »Bundesrepublik Deutschland« noch glatt an mir vorbei, nein, ich erinnere mich keines Saulus-Paulus-Erlebnisses oder dergleichen. Auch später, in Schulaufsätzen und ähnlichem, benutzte ich zwar hin und wieder notgedrungen die neue und, so ahnte ich schwanend, innovatorische Formel, auch in ihrer Abkürzung »BRD«; aber eher simulierend: Vorstellen konnte ich mir noch immer wenig darunter und hielt es da lieber mit den Sportreportern, die ja bis auf den heutigen Tag erbarmungslos von »Deutschland« schwallen. Auch später, als Journalist und Schriftsteller, mied ich die mir obskure Begriffstrinität BRD nach Möglichkeit – das Gebilde, das damit gemeint war, blieb mir letztlich ungreifbar.

Alles änderte sich erst 1982; da nämlich, als H. Kohl die Regierungsgeschäfte übernahm und seither nicht müde wird, von der »*Bumm*desrepublik Deutschland« zu donnern, welcher er nämlich als der »*Bumm*deskanzler« Kohl leitend vorstehe. Seither, seit knapp sieben Jahren mithin erst, verfügt die *Bumm*desrepublik Deutschland für mich über sinnliche Plastizität, gedankliche Form, politischen Gehalt.

(1989)

WAS SIE NOCH TREIBEN KÖNNTEN

Tips für frühvollendet Weiterlebende

»Lang ist die Zeit, es ereignet sich aber das Wahre.«
(Hölderlin, Mnemosyne)

Früher haben Frühvollendete zeitig das Zeitliche gesegnet. So Jesus, Mozart, Raffael. Heute haben die Typen zwar gleichfalls mit 30 bis 40 alles erledigt, sind aber aufgrund der verheerenden Fortschritte der Medizin in der Regel noch kerngesund. Und deshalb wird im Extremfall noch ein halbes Jahrhundert herumgemacht und herumgemährt und allerlei unbedachtes Zeug getrieben. Ein meist erbarmungswürdiger Anblick; oft geht dabei das ganze, vorher mühsam aufgebaute Image flöten.

Es ist oft länger nicht mit anzuschaun. Anderseits kann man die Betreffenden ja auch nicht mit Gewalt wegrichten. Hilft also nur ein Drittes: scharf durchdachte, straff programmierte Lebenshilfe; für halbwegs sinnvoll gestaltete restliche Jahre. Wer Genaueres wissen will, wende sich an die Redaktion dieser Zeitschrift, z. Hd. Frau Bock. Hier indessen schon mal zur Auswahl ein paar luzide Prominenten-Tips.

Rudolf Augstein

Bisherige Tätigkeiten: 1946 Gründung des ›Spiegel‹. Kurz darauf schon Abdruck eigener Artikel, Kolumnen und sogar eigener Podiumsdiskussionen im seitdem sogenannten deutschen Nachrichtenmagazin. 1962 Landesverrat und vorübergehende Arrestierung. Mehrere Prozesse mit Franz Josef Strauß. Buch über Friedrich den

Großen. Essays über Südtirol und den Vera-Brühne-Prozeß. Rezension einer Wagnerschen ›Ring‹-Aufführung an der Pariser Oper. Intim-Bekanntschaft mit Mende, Strauß, Ute Lemper u. m. a. Interviews mit Breschnew und Gorbatschow mitten in Moskau. Justizielle Inanspruchnahme wegen kurzzeitigen Hasch-Besitzes. Reibereien mit Brigitte Bardot wegen Katzengeruchs auf deren benachbartem Grundstück. 1989 mehrteilige Hitler-Analyse. Kurzzeitig FDP-Bundestagsabgeordneter (1972/73). Buch über den aktuellen Stand der Jesus-Forschung. Nachruf auf F. J. Strauß. Einleitender Kommentar zum Vorabdruck der Strauß-Memoiren im ›Spiegel‹.

Unser Tip: Wo die Seelenverbindung sich jetzt erst und über den Tod hinaus als eine so unverbrüchliche herausstellt, bleibt wahrscheinlich nur eins: Anstelle des toten Alter ego Ananas-Züchten in Alaska. Dort dürften dann auch den großen Alterswerken – Bismarck-Biografie, Metternich-Polemik, Caesar-Abrechnung, Alexander-Tetralogie – keine Erdbeeren mehr im Wege stehen.

Und wir müssen alles lesen.

Luis Trenker

Bisherige Tätigkeiten: Bergbesteigung; Bergroman; Bergschallplatte; Bergvideo.

Unser Tip: Siehe unter R. Messner.

Günter Grass

Bisherige Tätigkeiten: Lyrik, Prosa, Epos, Drama, Grafik, indische Elendsberichterstattung. Frühe Vortragsreisen, 1965 ff. im Dienste der von ihm »Es-Pe-De« genannten SPD. In dieser Eigenschaft Vorwort zu einer Brandt-

Anekdotensammlung sowie Herausgabe einer SPD-Wahlzeitung. Später Co-Herausgeber einer Literaturzeitschrift. Ab 1965 sogenannte SPD-Wählerinitiative (Koordination). Literarische Ehrungen und Preise. Warten auf den Nobelpreis, den aber 1972 statt seiner unverdient Heinrich Böll abkriegt. Seit der Zeit der Großen Koalition und der Studentenbewegung polemische Einlassungen gegen eben diese und die damalige radikale Linke (Apo usw.). Strafanzeige gegen F. J. Strauß. Nicht erhörter Wunsch, in einer SPD-Regierung 1969 ff. als Entwicklungsminister tätig zu werden. Mehrere Versuche eines literarischen Comebacks mit Hilfe allerlei dicker Fische und ältlicher Nagetiere. Oder wenigstens, auch ohne Comeback, Erlangung des Nobelpreises. Weitgespannte, ja richtiggehend lukrative PEN-Tätigkeit in Übersee. Zahlreiche öffentliche Briefe und dringende Aufrufe in der ›Zeit‹ der Ära Fritz Jott Raddatz. Weiteres geduldiges Warten auf den Nobelpreis. Rücktritt als Stellvertretender Schriftstellerverbands-Vorsitzender. Rücktritt als Berliner Akademiepräsident o. s. ä. wegen Polen oder Indien oder was. Gründung und Etablierung – als Kompensation für den offenbar in diesem Leben nicht mehr erreichbaren Nobelpreis – eines literarischen Grass-Preises, der aber zur Drapierung, Camouflierung und zum Leidwesen aller Beobachter Döblin-Preis heißt. Gleichwohl weiteres zähes Warten des heute 62jährigen auf den Nobelpreis.

Unser Tip: Gründung und Etablierung eines deutschen Literaturpreises für die Erniedrigten und Beleidigten. Erster Preisträger: Nein, eben nicht G. Grass. Sondern, wie wär's z. B. mit – Alfred Nobel? Zu blöde? Macht nichts. Das Fernsehen und die ›Zeit‹, z. Hd. jetzt U. Greiner, sind volle Pulle mit dabei.

Reinhold Messner

Bisherige Tätigkeiten: Teilweise Besteigung Südtirols, in der Folge großer Teile der Alpen. Besteigung des Mount Everest mit und ohne Sauerstoffgerät. Besteigung sämtlicher Achttausender des Himalaja- bzw. des Karakorum-Gebirges. Abfassung zahlreicher Bücher genau darüber. Ausgedehnte diesbezügliche Lesereisen durch ganz Europa. Einschlägige Sektwerbung zugunsten von Deinhard Lila. 1985 Produktion des am K2-Gipfel spielenden Films ›Die Tränen der Götter‹ – zusammen mit Werner Herzog.

Was da noch folgen könnte: Erst einmal ein Remake des W. Herzogschen ›Kaspar Hauser‹-Filmes mit R. Messner in der Titelrolle. Sodann eine Neuinszenierung von ›Fitzcarraldo‹ für die Bozener Bauernbühne am Rosengarten und in einer Koproduktion Herzog/Messner. Schließlich Besteigung des gesamten Karakorum-Gebirges im Rückwärtsgang ohne Sauerstoff und Stickstoff sowieso; an der Kamera: W. Herzog. Aussöhnung mit dem Konkurrenz-Bergfex Luis Trenker und gemeinsame Besteigung des Langkofel zu Trenkers 100. Geburtstag im Handstand. Regie und Kamera: W. Herzog.

Friedrich Gulda

Bisherige Tätigkeiten: Hervorragendes Beethoven-Klavierspiel. Dilettantische Jazz-Kompositionen. Wiener Dialekt-Folklore-Kompositionen. Trio Monologue I, Monologue II. Zahllose Interviews über eben dieses fortschrittliche Nebeneinander sowie die dahinter lungernde Sterbenslangeweile der Kulturarbeit bzw. -szene.

Unser Tip: Endlich die Wiener Staatsoper anzünden; gleichzeitig die Witwe Eliette Karajan heiraten; gleichzeitig ein Manifest über den scheißanachronistisch-verfetteten spätbourgeoisen Kulturbetrieb unter die Leute und Medien (Fernsehen!) bringen. Fünf Jahre Freiheitsentzug; vorzeitige Begnadigung wegen Begnadetheit; anschließend das »reinste und feinste Beethovenspiel unserer Zeit« (J. Kaiser) sowie dilettantisch-schlechte Jazzkompositionen. Zahlreiche weitere Interviews über genau diesen Zwiespalt usw.

Helmut Schmidt

Bisherige Tätigkeiten: Diplomvolkswirt. Aktiver Sportruderer. HJ-Scharführer. Reserveoffizier bei der Flak. Oberleutnant. Referent für Maschinen-Flak-Waffen im Reichsluftfahrtministerium. Batteriechef bei der Ardennenoffensive. Kriegsgefangenschaft. SPD-Beitritt. SDS-Vorsitz. Verkehrsdezernat Hamburg. Innensenator von Hamburg. Vorsitzender der Bonner SPD-Fraktion. Verteidigungsminister. Wirtschafts- und Finanzminister. Bundeskanzler. Verleger der ›Zeit‹. Globalstrategische Vortragstätigkeit in der gesamten westlichen Welt. Entsetzliche Unterbeschäftigung in der Folge nutzloser Überqualifizierung. Noch viel entsetzlichere Frustrationsgefühle.

Unser Tip: Endlich mal Brigitte Seebacher nageln; damit der Brandt endlich auch auf diesem Sektor nichts mehr voraus hat.

Karl Krolow

Bisherige Tätigkeiten: Lyrik; Gedichte; Lyrik II; Neue Gedichte; Lyrik-Nachlese; Gedichte III; Lyrische Gedichte Band III; Porno-Lyrik; Lyrik aus den späten Jahren I.

Unser Tip: Hardrock-Porno. Ohne Lyrik.

Franz Beckenbauer

Bisherige Tätigkeiten: FC Bayern München; Libero und Spielführer der deutschen Nationalmannschaft; Cosmos; HSV; Nationaltrainer bzw. Teamchef.

Unser Tip: Da bleibt noch viel zu tun. Zunächst einmal die Einlösung früherer Versprechungen oder doch Androhungen: Kinderarzt; Vizepräsident des Club Méditerranée, Sektion St. Anton; Talkmaster; Frauenarzt. Späterhin: Stellvertretender Vorsitzender der Republikaner, Sturmstaffel Grünwald; Bundespräsident; Trainer von Unterhaching. Schließlich: Mann des Jahres (1997); Arschloch des Jahrzehnts (1998); Depp des Jahrtausends (sicherlich 1999, spätestens).

Erich Mende

Bisherige Tätigkeiten: Major im Rahmen der Ostfeldzüge (Ritterkreuz). FDP-Parteigeschäftsführer in NRW. Dr. jur. und Referendar im Bundestag. Seit 1960 FDP-Vorsitzender. Bis 1966 Bundesminister für Gesamtdeutsches und Vizekanzler. 1970 Wechsel zur CDU in der Folge der von ihm nicht gebilligten Ostverträge. IOS-Management. Mitarbeiter von Charles Wilp. Ehemann von Margot Mende, geb. Hansen. Memoirenautor. Seit längerem politischer Austrag.

Unser Tip: Der neue Tschibo-Experte.

Rainer Langhans

Bisherige Tätigkeiten: Kommune 1. Uschi. Gründung einer Pop-Firma an der Seite Uschis. Zahlreiche Interviews über sich und Uschi. Trennung von Uschi. Öffentliche Stellungnahmen zum deutschen Hitler-Problem.

Unser heißer Tip: Rückkehr zur inzwischen ja lang schon verwitweten Uschi. Abermaliges Ficken. Etliche Interviews über das neu- und gutaufgelegte Ficken mit Uschi.

Reich-Ranicki, Marcel

Bisherige Tätigkeiten: Warschauer Ghetto; ›Die Zeit‹; FAZ; ARD und ZDF.

Unser Tip: Sat 1; RTL plus; Bayern III; 3 Sat; Tele 5; ORF; 1 plus; Mtv; Pro 7; Sportkanal.

DDR

Bisherige Tätigkeiten: W. Pieck; O. Grotewohl; W. Ulbricht; E. Honecker; E. Krenz.

Unser Tip: H. Modrow (interim); Kohl.

Herbert v. Karajan (†)

Bisherige Tätigkeiten: 5 Platten/CD/MC-Einspielungen von Beethoven: Sinfonien 1–9; 3 Einspielungen von Verdi, Requiem; 2 Einspielungen von Brahms, Sinfonien 1–4; 1 Einspielung von Bruckner, Sinfonien 1–9; je 2 Einspielungen von Verdi, Aida; Mozart, Don Giovanni; Mozart, Così fan tutte; Mozart, Figaros Hochzeit; Verdi, Don Carlos; 4 Einspielungen von Schubert, Sinfonien 8 und 9; 37 Einspielungen von Smetana, Die Moldau; 42 Einspielungen von Mozart, Eine Kleine Nachtmusik; 1 Einspielung von Sibelius, Sinfonien 1–7; 51 Einspielungen von Liszt, Les Préludes; sowie 63 Liebestode Isoldes auf Tristan Wagner.

Unser Tip: Aus dem Nachlaß die vorproduzierte 3. Einspielung von Brahms, Sinfonien 1–4; aus dem Privatarchiv die 6. und 7. Einspielung von Beethoven, Alle Neune; aus dem Kohlenkeller die 1. Einspielung von Giuseppe Verdi, Sinfonien 1–12; aus dem Weinkeller: Gustav Mahler, Sinfonien 1–37; aus dem Tresor: Iwan Fjodorwitsch Tschaikowski jr., Sinfonien 1–152 (Ersteinspielung).

Dr. Rainer Barzel

Bisherige Tätigkeiten: Mitglied beim Bund Neudeutschland; Leutnant mit EK II; Promotion (»Die verfassungsrechtliche Regelung der Grundrechte und Grundpflichten des Menschen«); Ghostwriter des NRW-Ministerpräsidenten Karl Arnold; jüngster Ministerialrat Deutschlands; Bundesminister für gesamtdeutsche Fragen; Fraktionsgeschäftsführer der CDU/CSU im Bundestag; ab 1969 Oppositionsführer im Bundestag; CDU-Vorsitzender; 1972 fast Bundeskanzler; Buchautor (Erinnerungen, Gedanken, Romane); Tätigkeit in der Kanzlei Dr. Dr. Paul in Frankfurt/Main (EG, Steuerharmonisierung u. v. a.); Bundestagspräsident; Gelegenheitsjournalist und Privatier.

Unser Tip: Bundespräsident. Oder, falls das doch nicht mehr drin ist, jedenfalls Bürobote bei Dr. Dr. Paul.

Prinz Albert von Monaco

Bisherige Aktivitäten: Im 29. Lebensjahr stehend, hat sich der Prinz bisher in 29 Sportarten versucht, von der Lastwagendurchquerung der Sahara im Zuge der Rallye Paris-Dakar über Schwimmen und Wintersport bis zum Weibergrabschen.

Unser Tip: Kooperation mit Schwester Stefanie (bisher: Popsong, Mode, Kosmetik, Querbeetficken, Styling).

Gudrun Landgrebe

Bisherige Tätigkeiten: Definitive Romy-Nachfolge.

Unser Tip: Forcierte Heidi-Brüll-Nachfolge.

Gertrud Höhler

Bisherige Tätigkeiten: Prof. für Literaturwissenschaft in Paderborn. Orden »Wider den tierischen Ernst«. Unternehmensberaterin. Laut ›Spiegel‹ Aspirantin für das Hessische Bildungsministerium unter Dregger; laut ›Spiegel‹ Aspirantin für das Bonner Familienministerium der Regierung Kohl; laut ›Spiegel‹ Kandidatin von Weizsäckers Berliner Senat für Bildung und Wissenschaft; laut ›Spiegel‹ Aspirantin für den CDU-Generalsekretärsposten in der Nachfolge Heiner Geißlers; laut ›Spiegel‹ Kandidatin fürs oberste Management von VW Wolfsburg.

Unser Tip: Aspirantin und Kandidatin für die erste deutsche Bundeskanzlerin. Regie: Rudolf Augstein, den sie scheint's irgendwann einmal nicht drüberließ und der ihr das nie verzieh.

Helgoland

Bisher: Insel, Anblick, Symbol, Seebad, Liedgut, Fischerei, Erdbebenwarte, Buntsandsteinbestände, Vogelwarte, Forschungsinstitut mit Aquarium, alter Besitz der Herzöge von Schleswig-Holstein, Austauschobjekt gegen Sansibar, Zerstörung im 2. Weltkrieg, Wiederaufbau.

Unser Tip: Grummelgrummel. Rumpelrumpel. Bumm. Wow. Boing. Zack. Sprash. Zisch. Scchhht. Weg. Legende. Fama. Saga.

Walter Scheel

Bisherige Tätigkeiten: Geboren 1919 in Solingen. Ehe mit Eva-Charlotte (»Evchen«) Scheel. 1967 Bundestagsvizepräsident. Seit 1968 Vorsitzender der F.D.P. in der Nachfolge E. Mendes. 28. September 1969 Miterrichter der bis 1982 währenden Sozialliberalen Koalition, Vizekanzler und Bundesaußenminister. 1974–79 Bundespräsident. Anschließend Galopper des Jahres. Ehe mit Mildred Scheel. Feinschmecker des Jahres. Ehrenvorsitzender der F.D.P. Gourmet des Jahres. Alterspräsident der F.D.P. Gourmand des Jahres. Durchfresser des Jahres. Spazierstock des Jahres. Mann des Jahres. Auslöffler des Jahres. Weinbrandkenner des Jahres. Ehrenvorsitzender der Bundesrepublik Deutschland. Hobbyholzhacker des Jahres. Trachtenhut des Jahres. Seniorsonderpräsident der Bundesrepublik Deutschland sowie auch seines Ferienlandes Österreich/Südtirol. Spitzen-Sportskanone des Jahres. Ehe mit Frau Scheel III. Hosenbund des Jahres. Altrocker des Jahres.

Was noch zu tun bleibt: Verabschiedung von Frau Scheel III. Hochzeit mit Ed von Schleck in der Rokoko-Marienkapelle Helmut-Horten bei St. Eliette Karajan. Anschließend: Gebärmutterkrebs.

Werner Herzog

Bisherige Tätigkeiten: Zahlreiche Filme, zuletzt zumeist mit K. Kinski. ›Lohengrin‹-Regie in Bayreuth. 1985 Spielfilm ›Die Tränen der Götter‹, gemeinsam mit Reinhold Messner.

Unser Tip: Siehe unter R. Messner.

Deutsches Fernsehen

Bisherige Tätigkeiten: Start 1952. Am 5. September 1989 gibt es in Dieter Hildebrandts ›Scheibenwischer‹ ein mit der Stoppuhr ausgetragenes Schnell-Bier-Ex-Trinken durch Gerhard Polt. Bereits am 17. September kommt es im Rahmen der ARD-Sendung ›Auf geht's!‹ im Rahmen des Oktoberfests zur Live-Übertragung eines Schnell-Bier-Wett-Trinkens zwischen einem Vertreter aus Deutschland und einem aus California, das der Gast mit 2:0 für sich entscheidet.

Unser Tip: Ab November 1989 regelmäßig stattfindende TV-mediale Freundschaftsbiertrinkmatche ARD–ZDF; Sat 1–Sky Channel; ORF I–Hessen III usw.; ab 1990 wird das dann in eine ordentliche Bundesliga mit zwei wöchentlichen Spieltagen übergeführt.

Lou Andreas-Salomé

Bisherige Tätigkeiten: Nietzsche, Rilke, Kafka, Mahler, Werfel, Alma Mahler-Werfel, Gerhard Hauptmann, Hermann Bahr, Karl Kraus, Alfred Kerr, Scheel, Maximilian Harden, Rasputin, Goethe, Augstein, Grass, Freud, Anna Freud, Barzel, H. Schmidt, Zwerenz, Lady Chatterley, Florence Nightingale, Helgoland, Mende, Gulda, Messner, Werner Herzog.

Unser Tip: Karl Krolow.

Harry H. Hübsch

Bisherige Tätigkeiten: Der 18jährige Pforzheimer Jugendliche hat seit kurzem den vorläufigen Behelfs-Führerschein, einige Drogenerfahrung, zweimal Urlaub auf den Seychellen gemacht, eine Banklehre in Aussicht, einen Golf GTI, 4 Tennisschläger, 1 Pferd »Beteigeuze«, eine beim Tennis wie Monica Seles »quiekgrunzende« (FAZ) Verlobte Christine mit Sonderabitur, eine Grundausrüstung in Soft- und Hardware und 2 Bücher (Software, Hardware).

Was noch dazukommen könnte: 1 Bausparvertrag, 2 weitere Tennisschläger (Soft- und Hardware). Ab 28 dann eine möglichst grunzruhige Kugel schieben (Christine).

Karlheinz Stockhausen

Bisherige Tätigkeiten: Elektronische Musik (›Gesang der Jünglinge im Feuerofen‹); Mystische Musik (›Sirius‹); Sri Aurobindo-Musik (›Aus den sieben Tagen‹).

Unser Tip: Verschärfte Zusammenarbeit mit Joachim E. Berendt. Und Gudrun Landgrebe anstatt Mary Bauermeister. Und natürlich Gertrud Höhler und Heidi Brüll. Arbeitstitel: »Alle sieben Engel singen hören.« (1971/89)

KOHL!

Ein fast allzu einseitiger Briefwechsel

»Ich sah im Feuerlande einen Eingeborenen, welcher vor kurzem einen Bruder verloren hatte, der abwechselnd mit hysterischer Heftigkeit weinte und dann wieder über irgend etwas, was ihn amüsierte, herzlich lachte.«
(Charles Darwin, Der Ausdruck der Gemütsbewegungen, 1872)

Kohl!
Neulich im Fernsehen war ganz klar zu sehen: In Ihrem Bücherschrank steht Carl Zuckmayer. Zuckmayer, jawohl. Endlich, Kohl, wissen wir also, was Sie so lesen: Zuckmayer. Zuckmayer. Also, wissen Sie, Kohl, wenn wir hätten raten sollen, was Sie so lesen, wir wären exakt auf Zuckmayer gekommen. Nein, nicht Ganghofer, nicht Bismarck, nicht Kafka noch Goethe – sondern ganz genau den fröhlichen, weinbergnahen: Zuckmayer. Carl Zuckmayer. Genau so schauen Sie aus. Was uns indessen wirklich überrascht hat: Sie haben ja, Kohl, tatsächlich mehr als 1 Buch daheim im Schrank. Nur: die waren nicht zu erkennen. Nur: Zuckmayer. War gut zu erkennen: Zuckmayer. Irgendwie verzückt: Titanic

*

Kohl!
Der internationalen Presse entnehmen wir, daß Sie die Frage des Schweizer Fernsehens »Sind Sie ein Pragmatiker?« mit den Worten »Sowohl als auch« pariert haben. Da haben Sie also, Kanzler, die Karl-Valentin-Medaille der Münchner Narhalla-Gesellschaft ja doch noch rechtens gekriegt! Wieso, weshalb? Das verstehen Sie mal wieder

nicht? Eben. Der Geist der Medaille wirkt in Ihnen a) gleichsam a posteriori und b) unbewußt = höchste Lust. Got it? Noch immer net? Na um so dümmer, halt-stop: besser. Das eben markiert den Sowohl-als-auch-Pragmatiker. Bzw. Sie ham halt, um mit K. Valentin zu staunen, a andere Weltanschauung. Und deren Name aber sei: Wrrdlbrmpfd. Rembremerdeng: Titanic

*

Kohl!
Wissen Sie, Kanzler, eigentlich, daß Sie jetzt exakt so alt sind, wie James Dean geworden wäre, hätte er es nicht vorgezogen, angesichts Ihrer am Horizont schon blaß sich abmalenden späteren Kanzlerschaft, von der er ja spätestens via Ihre Freundschaft mit Deans post mortem nachmaligem Präsidenten Reagan tangiert worden wäre, jenen Abschied zu nehmen, der ihn kraft dieses Opfers des Scheidens immerhin davor bewahrte, sein ganzes Leben lang gleichaltrig mit Ihnen, Kanzler, zu sein, was ihn, trotz räumlicher Distanz, ja abermals in jenes Hinscheiden getrieben hätte, das er, annähernd erleuchtet, eben deshalb prophylaktisch antizipierte, indem er ihm zuvorkam?

Den Satz, den packen Sie nicht auf Anhieb, Kohl? Ach was, wir doch auch nicht. Obwohl er eigentlich recht sauber gebaut ist. Titanic

PS: Übrigens, Kohl, sind Sie auch nächstes Jahr um diese Zeit wieder bzw. noch immer und unveräußerlich so alt, wie James Dean geworden wäre, hätte dieser nicht . . .

*

Kohl!
Zur Zeit kommt's aber wirklich dick für Dich! Hast Du's gelesen? Im ›Zeitmagazin‹ neulich? Daß Du, nach Aus-

sage des wirklichen Adenauer-Enkels Konrad, mitnichten auch einer seist! Daß Dein berühmter und irgendwo genialer Satz von 1981, »Ich bin der Enkel Adenauers«, ein »politisches Kuckucksei« gewesen sei, das nur fiel, weil Dich »in Amerika keiner kannte«! Und daß Du, laut Adenauer-Clan, auch sonst keine Ähnlichkeit mit dem Alten habest: Während Adenauer ein gewaltiger Schaffer gewesen, beherrschtest Du nur »dieses Aussitzen, diese elefantenartige Tätigkeit . . .«

Wie? Nein, nicht traurig sein, Kohl, daß es zur Zeit so knüppeldick kommt, daß jetzt auch noch diese alte Mythe zusammenkracht. Sondern: Grinsen! Ja, genau. Und: Weitermachen! Was denn sonst. Empfiehlt: Titanic

*

Kohl!
In der Zeitung lesen wir: »Kohl läßt Genscher und Strauß kritisieren – Ost und Schäuble weisen Äußerungen der beiden zurück.«

Einerseits sehr schön, Kohl, Sie haben das Prinzip der Delegation kapiert und werden überhaupt immer souveräner und kanzlerhafter. Andererseits haben Sie es aber doch noch nicht ganz gelernt: Denn wenn Sie, Kohl, Strauß durch Schäuble kritisieren lassen, dann durchschaut der dicke Mann aus Bayern sofort, woher der Wind pfeift, denn Schäuble, Kohl, ist ja Ihr direkter Adjutant. Ost wäre als Kritisierer Straußens schon besser gewesen, denn dann hätte Strauß nicht gewußt, ob er lachen oder weinen soll –

– aber am allergescheitesten hätten Sie, Kohl, für 50 Mark Möllemann überredet, Strauß zurechtzuweisen. Denn den rechnet der kluge Strauß ja Genscher zu, und nachdem dieser soeben von Ihnen via Ost kritisiert worden war, wäre Strauß überfordert gewesen, ja womöglich narrisch geworden. Und das hätte niemand so gefallen wie Ihnen, Kohl, und uns.

Also, es das nächste Mal noch besser machen,

rät: Titanic

*

Kohl!

Wir haben grad für Sie nachgezählt: 134mal sind Sie jetzt inklusive der April-'89-Krise seit 1. 10. 82 vom ›Spiegel‹ für tot erklärt worden. Und doch auch diesen Sommer wieder relativ fett da.

Ehrlichen Glückwunsch: Titanic

*

Kohl!

Laut ›Bunte‹ haben Sie diesen Sommer gesagt: »Mir fehlen Zeit und Muße. Gern würde ich mal wieder ein gutes Buch lesen.«

Und genau da, Kohl, würden wir aber abraten. »Mal wieder«, das bezieht sich ja wahrscheinlich auf die Friesenheimer Matura 1949 – nach 40 Jahren ist der Mensch aber gerade bei den guten Büchern derart aus der Übung, daß ihm schon das erstbeste gute Buch derart auf den Geist geht, ja buchstäblich (weil der Entwöhnte natürlicherweise auch Haltefehler macht) auf den Kopf fällt, auf den Schädel kracht, daß selbst die elastischste Birne – –

Du habest Deinen ›Bunte‹-Wunsch auch gar nicht so ernst gemeint, Kohl? Sondern mehr als ein bei der Presse halt immer wieder beliebtes Pseudo- oder auch sog. Arschgerede, auf daß der Sommer irgendwie vergehe?

Sag mal, Kohl, wer trickst hier eigentlich wen rhetorisch-dialektisch aus? Du Dich uns – oder wir Dir kontrareflexiv? Frägt fast bang Deine Titanic

*

Kohl!
Neulich, da wußten wir nicht recht, was wir tun, was wir noch mit uns anstellen könnten – da hörten wir also in der Folge ein MC-Tonband, und darauf, auf dem Tonband, sagten Sie, Kohl, damals eben noch Oppositionsführer, im September 1982 im Bonner Bundestag, in welchem sich freilich der Regierungswechsel, die Wende, bereits abzeichnete, wortwörtlich:

»Es ist schade, Herr Bundeskanzler« – gemeint war Schmidt, Sie erinnern sich – »daß Sie der Erbitterung über Sie Herr werden ließen!«

Frage, Kohl: Heißt es nicht vielmehr: »Es ist schade, daß Sie *die* Erbitterung über *sich* Herr werden ließen?«

Wie? Wer? In diesem speziellen Fall geht *beides*? Da läßt der deutsche Duden-Vorstand im Sinne der Dualität von Regierung und Opposition ausnahmsweise beides zu?

So. Naja. Na, das ist schön. Das *freut* doch *sehr*:

Ihre steinalten Freunde von der Titanic

*

Kohl!
Sie haben sich über das Frankfurter Gerichtsurteil, nämlich den Freispruch in Sachen »Soldaten sind potentielle Mörder«, als »entsetzt« bezeichnet. Das hat nun uns wiederum etwas perplex gemacht.

Denn nicht nur ist der fragliche Satz eine Binsenwahrheit – speziell Ihr Freund Tucho Tucholsky fand ja schon vor weit mehr als fünfzig Jahren, von Ihnen, Kohl, bislang jedenfalls u.W. unwidersprochen: »Soldaten sind Mörder« –

– was? Ah! Ach so, jetzt begreifen wir: Das Verwässernde »potentiell« ist es, was Sie, Kohl, so »entsetzt« hat. Aha. Na dann. Ja freilich. Also, dann bis zum nächsten Mal. Ihre treu angehörige Titanic

Kohl!
Wenn wir heute Bilanz ziehen betreffs der öffentlichen Trauerbekundungen hinsichtlich Herrhausens Tod, so hast Du, Kohl, zwar recht, daß der ermordete Großbanker ein »deutscher Patriot« war, doch, da hast Du, alles was recht ist, recht; allein, nicht ganz so korrekt war, daß Du bei Bekanntwerden der Mordmeldung am 29. 11. und schon am Rednerpult stehend irgendwelche Ruhr-Kapitäne batest, Herrhausen nun ein »stilles Gebet« zu widmen. Denn eigentlich wolltest, Kohl, Du sagen: »ein stilles Gedenken wahren« o. dgl. – schon weil nämlich Ruhr-Bosse gar nicht wissen, was ein Gebet ist, noch gar beten könnten. Aber, tröste Dich, Kohl, dieses abermaligen Klein-Blackouts: Zur selben Stunde bat nämlich Dein Innenminister Schäuble im Bundestag darum, sich vor dem Toten »in Ehrfurcht zu verneigen«, obwohl er eigentlich – denn warum sollte man sich ausgerechnet vor einem DB-Sprecher noch vor dessen Heiligsprechung in Ehrfurcht verneigen? – nur »Respekt« sagen wollte. Du siehst also, Kohl, Deine patriotischen Blackouts wirken auch noch telekinetisch nach Bonn hinein – und das wünscht Dir im neuen Jahre auch weiterhin ganz dick

Deine: Titanic

(1982–90)

DER INTIMUS SIMPLEX

Eine notwendige Ergänzung

Einerseits sind seit Weihnachten nun schon wieder einige Monate ins Land gegangen. Andererseits soll die politische Aufklärungsarbeit der ›Titanic‹ natürlich nicht im Binnen-Dialog ihrer Macher bestehen. Drittens aber dünkt mich Robert Gernhardts Report ›Schnuckis hergehört!‹ über den neuen Reißwolf »Intimus simplex« im Rahmen der Serie ›Deutsche Dokumente‹ (Heft 12/88), so schlüssig er sich prima vista las, bei noch genauerem Hinsehen auf die Materie doch sehr der Ergänzung bedürftig; ja, was jenes dem »Intimus« beigeordnete Familien-Farbfoto anbelangt: Es schreit geradezu nach erweiterten Überlegungen, verschärften Deduktionen und vertieften Analysen.

Gewiß hält die Gernhardtsche Deskription des überaus »festlichen Bildes« durchaus Stich. Man sieht: »Eine Ehefrau, die ihren Männe anbetet, weil er so schön schräg stehen kann, ohne umzufallen. Einen Männe, der sich derart jesusmäßig abgefüllt hat, daß er sich bereits seit dem vierten Advent nicht mehr vom stützenden Flügel wegtraut« (a.a.O.). – Einleuchtend auch des Verfassers geistesgeschichtliche Überlegungen zur Kultur der Intimität von Emma Bovary und Effi Briest hin eben zu deren heutiger Vollendung in Gestalt jenes formschönen Weihnachtsgeschenk-Kartons namens »Intimus (simplex) – Diskretion an jedem Arbeitsplatz, auch zu Hause« (Fa. Schleicher, 7778 Markdorf, 909,72 DM). Und doch bleibt, bei aller Logik und Stringenz des Interpreten, über diese erste gröbliche Schiene hinaus das gesamte überwiegend bräunliche Bild in all seinen Facetten und Verrätselungen noch weithin ungedeutet.

Warum, so fragen wir uns z. B. auf Anhieb und doch schon energisch über Gernhardt hinaus, kniet »sie« auf dem Boden (Fliesen? Fliesenimitation?) und hat dort ganz augenscheinlich auch das »Intimus«-Präsent ausgepackt, wenn doch – eben dies ja wohl »seine« Aufgabe gewesen wäre? Denn sie hat ja, laut Bildtext, ihn überrascht! Nämlich mit einem »nützlichen und persönlichen Geschenk«! Er aber lehnt nur, hat sich fraglos den Karton auspacken lassen – und dabei auch noch ein (in der ersten Deutung gänzlich übersehenes!) kleines weißes Büchlein in der linken Hand. Was mag es sein? Das Sparbuch? Sparbücher sind aber nicht weiß. Auch Edgar-Wallace-Krimis nicht. Ein Heftchen mit Euroschecks? Die American-Express-Card als Zweitgeschenk der Frau? Eine Betriebsanleitung hinsichtlich »Intimus«?

Andererseits haben wir da sie, die halb Knieende, halb eher Hockende. Gut, sie hat sich für den erhabenen Augenblick der »Intimus«-Übergabe ihr bestes und wahrscheinlich sogar neues Festkleid übergetan. Bräunlich ist's, und insofern passend sehr zu »Intimus«. Aber: was hat sie da halbversteckt Güldenes in der linken Hand, wo diese doch eben noch evident am Auspacken war? Und: Was klemmt da ferner Rotes zwischen Arm und Taille? Eine Zierschleife? Ein – Kissen? Zu welcher Funktion? Zu reiner Dekoration nur? Und weiter: Was lagert da ihr rechter Unterarm (nackt) so seltsam indianer- oder auch oberpriesterinnenhaft auf (oder an?) ihrer linken Schulter? Ist's eine erotische, ist's eine Demutsgebärde angesichts des »Intimus«? Vielmehr des Mannes? Will sie sagen: Ab sofort resigniere ich und ergebe mich in alle deine sexuellen Geheimnisse und Diskretionen, o Männe?!

Aber freilich, das gepflegte Ehepaar – nennen wir die beiden auf Verdacht Ralph und Silvia – ist ja allenfalls die halbe Miete der geradezu lauernden Fragen und Problemfelder, welche das Farbbild aufwirft. Bei dem es sich, so viel wird nämlich spätestens auf den dritten Blick sichtbar, letztlich um ein wahres Mysterium handelt. Bon, der Adventskranz im Hintergrund zeigt korrekt zum Hl. Abend die vier brennenden Lichter des 4. Advent. Und die Kniehockende, Silvia, hat ihr (Knutsch?-)Kissen (ihre Schleife?) farblich sehr apart auf das Weinrot der vier Adventskerzen und sogar noch ihre erstaunlich knallroten Fingernägel abgestimmt. So wie Ralph seinerseits überaus elegant den modern matt- und großkarierten Anzug mit den eher zeitlos distinguierten Streifen seiner Krawatte konterkariert. Indessen: Was ist das eigentlich für ein merkwürdiges, ja richtig kurioses Wohnzimmer, in dem Silvia und Ralph – seit kurzem? seit ewig schon? – hausen? Auf ein Wohnzimmer, zumindest auf eine Art Wohnzimmer verweisen nämlich die genau neun Bücher im Schrank (wahrscheinlich Klassiker, jedenfalls Bertelsmann- bzw. genauer: unverkennbares Dr.-Egon-Müller-Design als Schweinslederimitation!) – Bücher, welche Silvia und Ralph also offenkundig besitzen – und wäre nicht dieses Jahr das noch persönlichere Geschenk des »Intimus« neu hinzugekommen, die Hausbibliothek hätte sicher die Zweistelligkeit erreicht. Und zwei Regalbretter darunter, hinterm Blondhaar der Ehefrau Silvia (doch, es ist schon eine Ehefrau, keine Mätresse oder Schlampe o. dgl. – das beweist außer der Dezenz des Festkleids schon die Symmetrie der einander zugereckten und jeweils strahlendweißen und lückenlosen Zähne; so zahnen sich nur genuine Ehepaare an; von Silvias todchicen Absatzschuhen fast zu schweigen) wird dann sogar noch etwas sicht- oder doch ahnbar, etwas, das auf Bild-Großbände (Begeisternder Schwarzwald? Durch die weite Welt?) oder gar Video-Bänder hindeutet (Rambo? Nicht vielmehr doch eben Schwarzwaldmädel?) – dochdoch, soweit geht das voll in Ordnung und bildet zusammengenommen nur ein weiteres Aperçu in der waltenden Bildharmonie des hegelisch in sich selber ruhenden Schönen. Und doch betreten wir hier schon wieder eine weitere Geheimniskammer in diesem bildinhärent offenen und offenbaren Pandämonium an ikonografisch enigmatischen Mysterien:

Dies Wohnzimmer – eine wahre camera obscura ist's. Denn auch wenn die (fünf?) frappant roten Äpfel hinter Ralph, nämlich auf dem sensationell beigen, ja vielleicht weißen (!) Flügel, abermals auf eben diesen Wohnzimmercharakter verweisen; und im nämlichen Kontext auch die ihrerseits wunderliche Helle der Schrankwand (Vitrinen-Surrogat?) rechterhand so gerade noch durchgehen mag (freilich: warum ist die nicht braun wie die Grundtönung Ralphs und Silvias?) –: vollends rätselüberlastet, ja leis gespenstisch wird das Logis der neuen »Intimus«-Besitzer durch den abermals hellen (und insofern täuschend »stimmigen«!) Vorhang, welcher – wie ein stoffgewordener Goldener Schnitt im erweiterten Sinn – mitten durch den hinteren Raumteil sich spannt.

Eine Art Paravent ist es offensichtlich – höchst ungewöhnlich für ein modernes Wohnzimmer der weit jenseits der Siegfried Kracauerschen Befunde aufgeklärt-gehobenen Angestelltenklasse (Beweis: eben der »Intimus«), für ein augenscheinlich topoffenes und einander in jeder Hinsicht voll vertrauendes Ehepaar! Wohnt – die Schwiegermutter Karin dahinter? Oder dient der Paravent eben doch keineswegs als Baudrillardscher Simulationsparavent, sondern umgekehrt und ganz unverhofft merkwürdig altväterlichen sexuellen Praktiken, entfernt vergleichbar der Schlüpfrigkeit der Umziehwand bei Aktmalern und -fotografen? Doch, ja, Silvia dünkt uns ein recht schnuckeliges Ding mit einer echten Klassefigur – sehr-sehr geeignet für Nacktfotos! Halbwegs anständige? Vollrohr schweinische? Man wird es nie exakt erfahren, auch dies nicht, warum, weshalb , wieso der scheint's hochmoderne Flügel ein so altbacken gedrechseltes Bein hat – doch wie auch immer: Sofern wir es denn tatsächlich mit einem jetzt sogar doppelt intimen Ehepaar zu schaffen haben – warum dann dieser paraventliche Zusatzkitzel? Warum dies voraufgeklärt protoemanzipierte, altjüngferliche Tralala? Und tatsächlich stürzt schon im nächsten Augenblick unsere eigene Fragethese so krachend in sich zusammen wie vielleicht (nach Gernhardts These) in dieser Nacht noch Ralph, sofern er sich vom Flügel weghebt. Denn sieht und äugt man im Zuge unserer nimmermüden Dekonstruktion (Derrida, le Man u. a.) noch eine Idee genauer und nimmersatter hin, so erkennt man, halb analytisch-deduktiv, halb witternd-induktiv, daß hinter dem lasziven »Paravent« ja noch etwas wiederum Neues, etwas im Wortsinn »Ganz anderes« (Max Horkheimer) aufscheint und ragt und lungert – nämlich: Nimmt man den Spiegel links vom Kopf des neuen »Intimus«-Besitzers Ralph sowie die schillernd-irisierenden Blautöne zwischen Ralphs Rumpf und Kopf sowie hinter seinen Beinen synthetisch und synoptisch zusammen, so könnte es sich da um ein Waschbecken, eine Badenische wohl gar handeln – und dies mitten im guten Wohnzimmer, also im Nonplusultra an Mondänität dieser trefflichen, dieser zu allem entschlossenen (»Intimus«!) sozialen Aufsteigerfamilie der Extraklasse!?

Nein, reden wir nicht lange von der durchaus odiosen Pflanzenschale auf dem Fliesen(Imitations)-Boden. Schweigen wir auch weitgehend der bläulich-scherenschnittartigen Gebilde im Schrankregal unterhalb der neun Bücher (Doch eher Simmel? G. Freytag? Am Ende vielmehr Goethe? Nämlich ein Hochzeitsgeschenk von Ralphs Chef – für einmal Silvia nageln, hähä?). Zum Mysteriosissimum eskalieren Wohnzimmer (?) und Ehepaar (??) vollends und definitiv durch ein wahres Skandalon, das, so weiß und glänzend es auch ragt, dem hermeneutisch-exegetischen Auftrag des ersten ›Titanic‹-Reports ja offenbar komplett entgangen ist. Wir meinen: Das mattweiß rundliche Ding, welches da restlos unerklärlich, ja unauslotbar (jawohl, jetzt sehen es auch Sie!) dem Quasi-Paravent entragt. Ein – Ofenrohr? Das da der Vermutung schmutziger Aktfotografie neue Nahrung gibt? Indes, was sollte ein altes Ofenrohr ausgerechnet in der vornehmen Bad-Sektion des Wohnzimmers? Respektive im Wohn-Abteil der Schwiegermutter Karin??

Wie es uns anstarrt. Scheinbar harmlos, doch – wie tückisch. Wirklich nur ein Ofenrohr? Nicht vielmehr – eine Art U-Boot-Periskop? Oder: Teil eines avantgardistisch rassigen Documenta-Versuchs-Environments? Oder aber ist dies Rohr (?) im Gegenteil aus der ärgsten Nachkriegszeit irgendwie übriggeblieben – stummer Zeuge der Niederlage der verdammten Nazibarbarei? Haben die beiden sympathischen Aufsteiger Ralph und Silvia die Bruchbude als Notunterkunft geerbt? Bzw. als Hauptpreis beim Quiz der Stadtsparkasse Markdorf angedreht gekriegt – und hoffen jetzt darauf, der protzige Flügel (ist es überhaupt einer? Nicht vielmehr ein geschickt übermalter Hühnerstall?) möge den ganzen vertrottelt verräterischen Krampf von Rohr einigermaßen camouflieren, auf daß die Verdammnis nicht so gänzlich triumphierend sichtbar werde?!?

Ein Ofenrohr? Nicht eher doch ein naja – etwas altmodisches Radio? Oder – im Gegenteil ein Sexualsymbol? Das Inkommensurable als solches oder ganz einfach ein etwas verschrumpelter Siselschlump aus der Zeit des

Großadmiral Tirpitz und der Burenkriege? Aber was ist dann mit dem hier wiederkehrenden Verdacht, der abermaligen Vermutung, daß die »Intimus«-Reklame aus 7778 Markdorf am Ende doch nur von der deutschen Fingernagellack-Branche gesponsert und promoted wurde? Daß also »Intimus« wie »Ofenrohr« Simulatoren, Ablenkmanöver ja nur seien?

Noch einmal wirbelt auch diese Frage Staub hoch: Was um Himmelswillen mögen die Titel von Silvias und Ralphs neun Büchern sein? »Die gesamte Weltliteratur in neun Bänden«? »Kritische Theorie für den modernen Hausgebrauch«? »Zur praktischen Verwendung des Intimus in allen neun Lebenslagen«?

Tun wir recht daran, wenn wir zum Ende unserer recherche infinie dem Argwohn zuneigen, mitnichten sei der »Intimus« nur zur Vernichtung der Rammel- und Erpresserbriefe des flotten Gaunerpaars erstanden (und noch immer nicht bezahlt!) worden? Dient »Intimus« nicht in Wahrheit und im avancierten Sinne Kafkas dazu, das ganze Wohnzimmer samt seinen vergammelten Insassen akklamationspostulativ jener reißwölfischen »Furie des Verschwindens« (Hegel) zu überantworten, nach der latente Gier sie selber längst schon treibt? Nichtendem Verschwinden auszuliefern, ehe das Gesocks von sich aus und vor Gram und Wehe endlich explodiert?

Reckt zum Beschluß gleichwohl noch einmal auch die Frage nach dem »Rohr« ihr Haupt. Ist's ein mimikrides, ein fast bis zur Unkenntlichkeit säkularisiertes Kruzifix als symbolisierte Erbsünde Silvias und Ralphs? Das täuschend öffentlich gemachte verschleierte Bild von Sais vielmehr? Kafkas ominöser Odradek? Der mißglückte Versuch nur einer Kuckucksuhr? Kants *Ding an sich?*

Dunkel ist das Leben, ist der Tod. (1989)

DDR? ČSSR? RUMÄNIEN? HERRHAUSEN? NORIEGA? JA, WAS DENN NUN EIGENTLICH?

Plädoyer für ein besseres Ereignis-Timing

Am 9. 11. 1989 fiel praktisch die Mauer; am 29. 11. wurde Alfred Herrhausen ermordet; am 25. 12. Rumänien von seinem Condukatoren-Ehepaar Ceauşescu standrechtlich befreit. Dazwischen wechselte die DDR fast sämtliche Staats- und Parteiämter aus, attackierten die USA in einer dramatischen Aktion den panamaischen Caudillo Noriega und gewann die Bundesrepublik unter der Führung von B. Becker abermals den Davis-Cup.

Seit Oktober, seit spätestens November 1989 machten die globalen und insbesondere deutschen Ereignisse in einer Weise Tempo, Hektik, Dichte, wie man es so vorher noch nie erlebt hat. Fast entnervt – vom allwöchentlichen redaktionellen Hinterherkeuchen – stöhnte der ›Spiegel‹, daß derzeit, Anfang Dezember, täglich im durchschnittlichen Fünferbündel Meldungen aus der DDR in den Westen kämen, von denen man je einzeln zwei Monate vorher noch zwei Monate lang medial hätte recht gut leben können.

Aus der Deutschen Demokratischen Republik, aus der ČSSR, aus Bulgarien, aus dem Baltikum, schließlich aus Rumänien kam es – von der im Spätherbst ohnehin zunehmenden Katastrophenträchtigkeit deutscher Berge, von Straßen und Flüssen ganz zu schweigen – gegen Ende des Jahres so geballt und dick, daß einmal der gerade beginnende SPD-Parteitag von Berlin von der gewohnten ersten an die vierte (!) Stelle der ›Tagesschau‹-Themen absackte; so stark war am gleichen Tag die Konkurrenz. Und daß vorher der Mord an Herrhausen, von dem eine interessierte Öffentlichkeit zu Normalzeiten gut und gern vier bis acht Wochen locker hätte zehren können, Folgeerscheinungen wie die übliche Strafverschärfungsdebatte nicht mal gerechnet, – daß der nach einer knappen Woche praktisch schon vergessen war.

Die Ereignisse machten tabula rasanta wie wohl noch nie zuvor.

Es war diese Zeitschrift ›Titanic‹ gewesen, die einst in gewohnt bedachter und analytischer Manier auf die Beobachtung aufmerksam gemacht hatte, nur recht selten und ausnahmsweise träfen und träten auf der Welt auch nur zwei Großereignisse zeitlich zusammen; und schon aus diesem Grunde seien z. B. Olympische Spiele zu begrüßen, weil sie nach dieser auf Empirie gestützten Regel den Ausbruch sagen wir eines Nuklearkriegs oder aber auch etwa die Verseuchung durch Tschernobyl zumindest vier weitere Wochen lang verhinderten.

Mit diesem anscheinend antithetisch gegen die waltende Entropie, gegen das Zweite Gesetz der Thermodynamik gerichteten Lebens-Subgesetz für größere geschlossene Systeme (Europa, die Erde), dem nämlich einer gewissen partialen Ordnung und erstaunlichen Übersichtlichkeit innerhalb der ansonsten tobenden und dabei immerzu fortschreitenden Unordnung – mit dieser hohen Verläßlichkeit scheint es erst mal vorbei zu sein. Nicht nur alles fließt; alles purzelt vielmehr seit Herbst wild und wilder durcheinander. Und verstellt sich selbst die Sicht, die Aussicht auf Erfolg. Die sieben (!) Toten etwa bei einem Großunfall auf der Autobahn Salzburg am 22. 12. gingen angesichts der Ereigniskonkurrenz – von der Öffnung des Brandenburger Tors bis zum fast simultanen Sturz des rumänischen Diktators – praktisch sang- und klanglos unter. Endeten im Orkus des Vergessens. Weil sie – medial wie zerebral – nicht mehr zu bewältigen waren. Die Sendezeit des Fernsehens ist angesichts der ja wohl gleichwohl immer nachdrängenden fixen Normalbestandteile (Reiber, Gunsch) ebenso begrenzt wie die Kapazität, die Aufnahme- und Sensationierungsfähigkeit des modernen psychisch-mentalen Apparats.

Zum Schaden etwa jener kühnen Terroristen, die zu ihrer Überraschung, ja zu ihrer vermutlich tiefverkniffenen Frustration den Bankier Herrhausen praktisch für die Katz ermordet haben.

Kulturphilosophische Bedenklichkeit heischt heute nicht mehr so sehr, worüber vor einem Vierteljahrhundert noch der Apokalyptiker Günther Anders Klage führte, die fortschreitende Kongruenz von Ereignis und Medialniederschlag, bis hin zur fast vollständigen Simultaneität und essentiellen Identität; sondern, schlichter und aber noch tückischer, die Simultaneität der Ereignisse selber, wie sie im Herbst schon zur zumindest tendenziellen Realität avancierte.

Die Zeichen, richtig, mehrten sich schon im Frühsommer: Schon am 4. 6. 1989 waren mit dem Pekinger Massaker und dem Tod des Schurken Khomeini zwei an sich völlig heteronome Großereignisse fatal, ja höchst ungut an- und ineinandergeraten; so unselig, daß etwa die FAZ auf ihrer Seite 1 gleich zweimal zu jenem größtdenkbaren Überschriftentypus greifen mußte, der ihr gewohnheitsrechtlich und erfahrungswirklich allein zur Wiedergabe der allergrößten Freudenbotschaften oder aber der allerverheerendsten Katastrophen herhalten muß. Das, diese Rarität, wiederholte sich dann mehrfach ab Oktober: Die Kollision nachrichtlicher Relevanzen beruhte – immer mehr gewann die neue Sachlage an Evidenz – ganz unleugbar auf der mangelhaften, der immer mangelhafter werdenden und kollapsverdächtigen Koordination der Ereignisse selber.

Gewiß, manche Älteren unter uns erinnern sich wohl

dessen: daß es auch schon in der ferneren Vergangenheit hin und wieder zu allerlei unerquicklichen Druckstellen und Gemengseln gekommen war. So 1976, als im April ein Putsch in Argentinien, Landtagswahlen in Baden-Württemberg, Sadats Besuch in Bonn und der übliche Druckerstreik höchst unschön und undiszipliniert mit der Ausweisung Spinolas aus der Schweiz sich überkreuzten. Und während sodann von Mai bis zu den seitens Kohl bravourös geführten 76er Oktoberwahlen das Land wiederum in fast vollständiger Ereignislosigkeit versank, derweil kam es gleich drauf – auch damals schon im November/Dezember! – wieder zu einer wahren sich kräuselnden Knäuelkette an Krach und Kram und Krawall; eine Kette, die, kaum war sie abgeschüttelt, von der Kreuther CSU-Abspaltung über die lautstarke Einbürgerung Biermanns und die Ausbürgerung Rudels bis hin zur weihnachtlichen CDU/CSU-Wiedervereinigung unter Straußens Führung, die Sau ganz schön und sensationell durchs Dorf jagen hieß und ließ.

Vorläufer? Ausnahmen eher; Ausnahmen vom Gesetz der Ereignis-Selbstregulierungsfähigkeit. Und: bescheiden vor allem in vergleichsweisem Anbetracht dessen, was seit Oktober 1989, seit den ersten Ungarn-Invasoren, seit Prag, Polen, Riga, Vilnius, Panama, Leipzig, Berlin und zuletzt auch wieder Peking und Aserbeidschan unsere Nervenrezeptoren am ständigen Durchgepeitschtwerden hält. Immer mal wieder – vorzüglich um Christi Geburt herum – kam es zu schon reichlich sinn- und nutzlosen Interferenzen; bis hin zur potentiell omnilateralen Redundanz; und ergo Absurdität: Wenn etwa Gorbatschow in Litauen zuletzt schon wieder die Konterrevolution in Gestalt einer sich selbst liquidierenden Perestroika vorgeführt wird – dann gemahnen die allfällig-üblichen Leipziger Montagsaufläufe (von unseren ohnehinnigen ästhetisch-neurasthenischen Kalamitäten durch das waltende Überangebot kaum zu reden) ja nur noch peinlich, lächerlich, steindumm.

»Quo vadis, Germania?« (Theo Sommer, 1989) Nun, not tut Vorsorge, äußerst not tut modernes Timing; bessere Ereignis-Koordinierung im Sinne einer konstruktiven Überhäufungs- und ergo Überfütterungs-Prophylaxe. Was der Krebsvorsorge recht, muß dem deutschen, dem europäischen, aufs Ganze wohl auch globalen Ereignis-Timing billig sein. Wider ein falschverstanden obsoletes, nämlich immer noch dem Vulgärmerkantilismus verpflichtetes und also human rückständiges, ja in »repressiver Toleranz« (H. Marcuse) sich camouflierendes Laissez-faire-Prinzip haben wir uns heute so sinnvoll wie plausibel stark zu machen für ein endliches Transzendieren jener banalen Freien Marktwirtschaft durch ein kontrollierendes und modifizierendes inhaltliches Analogon jener gesamtgesellschaftlichen Investitionslenkung, deren ideellen Grundimpuls man aber weißgott nicht noch einmal, wie geschehen in den siebziger Jahren, den im Revolutionstaumel pubertierenden Jungsozialisten überlassen sollte. Not tut – sagen wir es ruhig mit einem westlichen Terminal bzw. Essential, einem, das der ach so böse »US-amerikanische Kulturimperialismus« (H. P. Piwitt) nominierte –, not tut: Timing; Event-Timing, Time-Timing auch; not tut: »Time-Timing-Coordination«. Jawohl. Gewiß, es ist hier nicht der Ort, allschon elaborierte detaillierte Pläne und Strategeme zu referieren und gar zu sanktionieren; Practical Essentials, deren Definition ohnehin dem Software-Development modernster mixedmedialer Computerologie vorbehalten bleiben muß. Aufgerufen aber sind, wider das derzeitige Walten des repressiven, ja zutiefst reaktionären Zufalls, Siemens-Nixdorf ebenso wie die fortschrittlicheren Gewerkschaften, ein beherzter Oskar Lafontaine ebenso wie – gerade auch und jetzt! – die neue internationale Chaosforschung: im Sinne eben einer mählichen Entflechtung dieses entropisch expansiven Chaos und Gewusels!

Im grob-rudimentär Skizzierten und in aller gebotenen Behutsamkeit wird oder könnte dabei immerhin, dem immanent expliziten Gebot einer dynamischen Neusortierung der Ereignisstränge (Quengs) gehorchend, zum Beispiel das Jahr 1990 (und eben deshalb ist Eile ebenso unabdinglich wie internationale interdisziplinäre Cooperation nebst modernem Joint-Venture a. s. o.) exklusiv dem Komplex DDR/Wiedervereinigung/Osteuropa/Glasnost/Gysi-Beseitigung dienen; 1991 könnte die Neuregelung der Verhältnisse in Panama, Chile, Argentinien und Bagdad (was ein Rüstungswahn! Ha!) dran und fällig sein. Und in Anbetracht der ohnehinnigen mittelfristigen Programm-Fixtermine (Moik, Reiber u. v. a.), erst 1992 ließe sich dann medial wieder einigermaßen sinnvoll über einen neuen und halbwegs wohlbedachten Killereinsatz der sodann allerneuesten RAF-Generation reden; nein, vorher, meine Herren, nicht. Man darf immerhin heute schon getrost davon ausgehen, daß weder der neue Sprecher der Deutschen Bank noch der neue Generalbundesanwalt einer solchen Neubestimmung die grundsätzliche Konsensfähigkeit absprechen oder gar abspenstig machen werden . . . (1990)

WIE MAN EINE *DAME* VERRÄUMT

Anleitungen zu einer Vollzugsverbesserung der Liebe

Ja, Kaufhofweiber und Ladenpudel umlegen, das könnt Ihr. Friseusen anmachen, Coiffeusen-Mösen aufreißen, Nail-Studio-Besitzerinnen niederbügeln, da seid Ihr stark. Die 38 normalen Positionen habt Ihr drauf, und die 224 abartigen sowieso. Und dennoch sage ich Euch: Ihr habt erstens alle Dreck im Hirn und zweitens keine Ahnung. Keine – null! – Ahnung nämlich, wie man, im Unterschied zu all diesen Karins und Gabis und neuerdings Nadines eine richtige Dame verräumt!

Wer? Wieso? Was eine Dame ist? Also, dann sag' ich's Euch: Eine Dame ist etwas ganz anderes als Eure Ehetrampeln daheim, Eure g'schlamperten Verhältnisse im Boutiquen-Shop ums Eck. Und entsprechend will eine Dame auch ganz anders aufgeknüppelt werden! Ganz anders 'naufgestochen will die werden, he! Aber ehrlich!

Wie dann aber? Nun, für den unverdienten Fall, daß Euch irgendwann mal eine solche Dame über den Weg läuft und von einem von Euch Hammeln eine Nummer verlangt, dann unterscheiden wir hier erst einmal im Sinne der heiligen Zahl 3 das Körperliche, das Geistige und schließlich das Seelische. Und nun genauestens aufgepaßt!

1. Nierenschutz

Soweit es sich also um eine Dame handelt, so vereinige man sich mit ihr im Zuge der wünschenswerten Antipatriarchalität und indem man die Dame stets über sich legt zur umgekehrten Missionarsposition. Sobald dies gelungen, wird von der Taille der Dame abwärts und über den häufig alabasterartigen Arsch der Dame hinweg eine wärmende Zudecke gebreitet, im Sommer genügt u. U. auch ein schneeweißes Linnentuch. Das Manöver verfolgt erkennbar einen doppelten Zweck:

Erstens schützt es die in der Regel zarte und gesundheitlich anfällige DAME vor einer Nierenerkältung, vor einem Nierenkatarrh, vor jenem Übel, das nicht selten seinerseits die übelsten Folgen zeitigt wie etwa die Harnwegsinfektion oder aber auch die Urindurchdringung mit Eiweiß und Blut. Die Nieren, beiderseits in Höhe der zwölften Rippe gelegen, sollen ja im Gegenteil den Harn aus dem Blute absondern, sind unsere wichtigsten Ausscheidungsorgane für Gifte und Stoffwechselschlacken. Eine Nierenentzündung (Nephritis), eine durch Erkältung oder Infektion hervorgerufene Erkrankung – wer könnte sie sich, zumal heute, leisten? Eine Nierenkolik, eine Schrumpfniere, eine Wanderniere, Nierensteine aus Harnsäurekristallen oder oxalsaurem Kalk, entstanden durch Entmischung des Harns in der Niere bzw. im Nierenbecken, u. U. auch in der Harnblase – lächerlich machte sich, wer ausgerechnet diesen hochgefährlichen Stoffwechselanfälligkeiten nicht die nötige Aufmerksamkeit erwiese. Zumal bei einer DAME: Die Niere wäre ja wohl das letzte Organ, mit dem zu spaßen ist!

Zweitens aber und andererseits bereitet die Linnendecke im Zuge des bekannten Hin und Her und Auf und Nieder der DAME ein durchaus schönes Glücksgefühl (Hautreibegefühlslibido) bis hin zur vollkommenen Euphorie – was sich natürlich letztlich und reziprok wiederum mit Gewinn auf Euch resp. uns Stecher überträgt (Projektion). Es ist wie das Säuseln des Zephirs im stillen Hain, wie der Sonne Spiel mit den gekräuselten Wellen der lieblichen Bucht; zuweilen meint man fast, daß man vielleicht vergehen möchte.

Alles klar? Er unten, sie oben. Klassische Antipatriarchatsstellung – dann alles gründlich fest verkeilt. Zuletzt die Linnendecke drüber. Jetzt wärmen – reiben – wärmen – reiben. Jawohl. Ganz gemächlich, keine Eile. Wärmen – reiben – wärmen – reiben. Hochzufrieden wird Euch resp. uns die DAME, wenn es denn wirklich eine ist, gleich nochmals drüber-, d. h. drunterrutschen lassen.

2. *Musikalisches Ambiente*

Okay, bei Euren McDonalds- und Berufsschulratzen, da tut es als musikalisches Drumherum Beat oder Softpop oder Heavy Metal o. dgl. Indiskutables. Oder gar Kuschelrock oder »Tanzmusik bei Kerzenlicht« oder, wenn's ganz blöd kommt, auch nur »Bubi, Bubi, noch einmal, es war so wunderschön«. Bei einer DAME aber – merkt Euch das, Ihr Blödeln! – kommt man damit nicht aus. Kommt man damit nicht durch. Denn eine DAME hat immer, bevor sie hinters Rammeln kam, sich mit guter, mit wertvoller, mit klassischer Musik abgegeben, sich dieser praktisch hingegeben. Dieses klassische Erbe, das muß man wissen, bringt die DAME also quasi zum Nageln mit.

So, nun wird vielleicht ein ganz Schlauer sagen: Na gut, dann knall ich ihr eben den Ravel-Bolero drauf oder das Klavierkonzert von Tschaikowsky rein, das bringt's immer. Okay, Boys, dazu kann ich Euch nur zwitschern: Damit könnt Ihr vielleicht die Pimper-Vroni aus Witzlhof hereinlegen und zum Stopfen kriegen – niemals aber eine echte DAME! O Gott, dieser Tran- und Slawensack Tschaikowsky! Diese so unselig triviale Bläserintroduktion! Und dann diese eselig klappernden gigantomanischen, ja protofaschistischen Klavierakkordblöcke! Wang waung wong wang waung! Und dann erst: was ein schlecht-folkloristisch kommerzspekulatives Nebenthema! Was eine kitschig affektierte und abgreiferische Solo-Kadenz.

Lächerlich. Unmöglich. Jede anständige DAME wird da aufstehen und zu zahlen verlangen.

Mozarts ›Dies irae‹ aus dem ›Requiem‹? Gut, bon, okay, Strobachs Lothar hat damit in den verquälten 60er Jahren, in dieser verdrucksten Kolle-Ära, so diesen oder jenen Achtungserfolg bei DAMEN – selbst bei (jedenfalls angeblichen!) DAMEN – buchen können, ich aber gebe Euch einen anderen Rat. Ich nämlich sage Euch: Cherchez – Brahms! Jawohl: Brahms. Nämlich: Das 2. Klavierkonzert. Das 2. op. 83 in B-Dur, vom Meister in der glücklichsten Phase seines Lebens komponiert, am Mondsee im Salzkammergut, da kammergut, haha! – ein Spitzenwerk der Spätromantik, und noch heute: herrlich wie der junge Tag! Ah! Dieser wunderbar sanft ausgreifende, dieser naturschön innige Hornruf des Beginns! Die Sehnsucht nach der Blauen Blume, fürwahr, sie ist ihm ins Gesicht geschrieben! Und dann erst der wahrlich laszivisch zart nach oben plätschernde Antwortkommentar des vollgriffigen Pianosatzes! Ein Geben und ein Nehmen, wie mit der DAME, die da längst, gut nierengeschützt, schon nackert auf Euch draufliegt!

Bei der sodann chocartig einsetzenden großen und hochvirtuosen (kaum spielbare Handüberkreuzungen!) Klavierkadenz verharren wir ein wenig in gelassener Ruhe, insofern diese pianistisch wild prometheushaften Prankengebärden des Trotzes und der romantisch ritterlichen Kampfeslust von der DAME und von Euch alten Galgenschwengeln mimetisch-spieltechnisch nicht oder kaum nachzuvollziehen sind. Volle Pulle geht es aber dann wieder los und weiter beim Orchestertutti. Da muß dann freilich Euer Riemen längst drinne sein, da muß die Einführung echt abgeschlossen sein. Denn jetzt heißt es, im breiten 4/4tel-Takt die Sache immer schön gleichmäßig durchziehen und beim harmonisch extrem raffinierten

Klavier-Passagenwerk gegen Ende der Exposition steigern! Und dann möglichst nochmals neue Emphase bei den chromatischen Läufen der Durchführung mit ihren vielfachen und schwindelmachenden enharmonischen Brechungen! Entscheidend indessen ist, daß Ihr beim Zurücktauchen der silbrig-pretiösen Klaviertriolen in den neuerlichen blaublumigen Hornruf der Reprise gleichfalls wieder in Eurer Ausgangsposition angelangt seid – allerdings und freilich: noch ehe es zum Abspritzen gekommen ist! Derartige symbolisch-synästhetische Synchronien mögen ja speziell DAMEN durchaus gerne.

So, jetzt aber bereiten wir uns langsam auf den Ernstfall, auf das musikalisch genau abgestimmte Heraussprengen der milchig-weißen Spermien (Sperma) vor. Nicht ganz unproblematisch, denn Gelegenheit, Anlaß wäre bei dieser herrlich herbstlich golden fließenden und vorüberrauschenden Musik mit ihren blinkenden Lichtern, mit ihren irisierenden Echos und bergschluchtförmigen Hallräumen natürlich jederzeit. Auf daß aber die Formstrenge der Analogie gewahrt bleibe, sparen wir möglichst im Verein mit der DAME unseren Höhepunkt für den der Coda-Stretta auf – für den Augenblick mithin, da das Soloinstrument nach mehreren vollrohr sexy, ja richtig crazy elektrisierenden Oktaventrillern mächtig und in satten B-Dur-Akkordhämmern über drei Oktaven hinweg – wow! – nach oben donnert – jetzt, jawohl, genau! Aah! Aaaaah! Gott, was ein Sprutz, wer hätte das vermutet.

Abschließend und in der Tat kommen wir um die Interpretenfrage nicht herum. Soll man sich mehr der »jugendlich-feurigen« (Joachim Kaiser) Einspielung mit Swiatoslaw Richter anvertrauen oder eher doch der »verdisch-briohaften« (J. Kaiser) Horowitzens? Nun, ich persönlich empfehle die mehr »verschlossen-verdrossene« (J. Kaiser) Aufnahme mit dem späten, inzwischen leider längst verstorbenen Wilhelm Backhaus: Nicht nur reflektiert gerade sie den nordisch-umwölkten, ja gewissermaßen möwenumkreischten Geist Johannes Brahms' am alleradäquatesten; ihr herbzarter Reiz erhöht nicht zuletzt auch im Sinne der Goetheschen Lehre der Steigerung durch Polarität die – übers blank Geschlechtliche hinausragende – Freude der DAME; und somit, so oder so, letztlich auch wieder die unsere; auf die es, Friends, ja doch vor allem ankommt, oder?

3. Immanenter appetitus und intentio unionis

Na gut, das wären also erst mal und fürs Gröbste Nierenschutz und Brahms. Wer aber nun meint, damit hat sich's aber auch, der mag vielleicht einen guten Preiselbeerplatz wissen; von den Wünschen und zum Teil abgründigen, ja abartigen Sehnsüchten einer DAME versteht er aber einen feuchten (!) Scheißdreck. Um nämlich ebendiese DAME im Bürschteln voll zufriedenzustellen, müssen wir schon während des Rammelns und abweichend von der antik-lateinischen ars amandi im Sinne der modernen ordo amoris die Bezirke des Geistigseelischen sehr wohl im Auge behalten. Denn ganz im aufgeklärten Sinne Peter Abaelards, ja in Wahrheit zurückgehend auf den Codex Theodosianus, besitzt eine DAME durchaus Anspruch auf jenes personale Ernstgenommenwerden noch im Genommenwerden, von welchem schon genaugenommen jener hochscholastische Nominalismus kündet, der da die falsche Analogie der ziemend-geziemlichen Liebe als eines »Hängens-an« etwas bloß-subjektiv Befriedigendem (febris inflamaria) zu negieren sich untersteht; und dies ganz entschieden.

Sondern die Liebe, Ihr Hunde, ist vielmehr und bei all ihrer Historizität als Anwort auch eine Wertantwort, nämlich: ratio als ingenium animae. Und umgekehrt: laus amoris als neue religio. Noch inmitten des Pimperns und Hackens muß sich das Wertfundament der Liebe stets mit der vollen flagranten Thematizität der geliebten Person auf uns verbinden; und umgekehrt, natürlich.

Denn zu Recht hält schon der Corpus iuris von 533 fest, daß die Gesamtschönheit (pulchritudo) Folge – und eben nicht der Grund! – der Liebe ist. Liebe aber nämlich meint, wie Wilhelm von Ockham wohl als erster wußte, jene Geeignetheit, einen immanenten appetitus im Sinne der intentio unionis zu stillen und gleichwohl eben diese beiden als amoris appetitus verjüngend abermals zu gebären. Dies wiederum erklärt ihre Zuordnung im Reich immanenter Bestrebungen sowohl als im Reich der sogenannten Wertantworten. Wobei die objektive Zuordnung dabei nicht oder kaum im Kontext theologischer Strebungen erfolgt, sondern vielmehr in dem zentraler Wertantworten; gleichsam um des Wertes seiner selber willen.

Und noch also unterdessen wir schon den Brahms auflegen, müssen wir immer bedenken und ggf. der DAME zu verstehen geben, daß der Beitrag des Subjekts in jeder der uns bekannten Wertantworten über die Teilnahme am Objekt hinausgeht (Transzendenz). Denn laut Magister Odofredus ist Liebe immer – und auch – der Gegensatz von Willkür (penetratio sine conceptio), obschon sie eigentlich am wenigsten appreciativ ist und zu sein hat! So – und nur so – löst sich auch die scheinbar-scheinhafte Antinomie der Liebe – mit der erwünschten Resultante: Die Gabe der Liebe (O diese Brahmsschen enharmonischen Rückungen! O dieser linnentuchgeschützt keusch sanftausschwingende Rücken!) ist gleichsam das Aktualisieren des Besten in uns als Wertantwort und – zugleich Überwertantwort (Jean Quidort). Und das freut wiederum die DAME.

So, nun aber konzentrieren wir uns, indessen wir das Linnentuch leicht zu bewegen anheben, freilich ganz auf die verschiedenen Dimensionen der Transzendenz, auf das Mehr an Hingabe innerhalb der Wertantwort der allgemeinen terra incognita amoris, nämlich nach der consuetudo antiqua (usus longevus). Ist das soweit erledigt, beachten wir a) sorgfältig die Abweichungen der Brahmsschen Kopfsatz-Reprise und b) und noch sorgsamer die Beteiligung des ergötzten Herzens als die zweite Dimension des Mehr an Wertantwort. Strikt vermeiden wir dabei freilich die Verwechslung von selbstbezogenem (acedia bzw. atra cura) und wahrem Glück (consolatio animae). Wann aber soll Glück dann eine Rolle spielen?

Nun, wir haben es hier mit einem verbreiteten Mißverständnis im Zuge der allgemeinen intentio unionis zu tun. Nämlich eben diese meint in Wahrheit nichts anderes als eine Steigerung der Transzendenz und Hingabe (Caritas!) der Liebe (amor fatal) sowie die Unverträglichkeit zwischen wirklicher Liebes-Unio und Egoismus (egoistischem Versacken). Denn beachte gut: Die Unerfülltheit der Sehnsucht – von Brahms dann vor allem auch im dritten Satz im Zuge der Paraphrasen von »Immer leiser wird mein Schlummer« thematisiert – ist ja eben *kein* Wesensmerkmal der uns bekannten intentio unionis als letzter und rücksichtsloser Konsequenz der schwer spitzen *und* ordinären ordo amoris!!

Nicht ungern freilich wird die DAME *auch* hören, daß die der Liebe zugrundeliegende Kluft und die gleichzeitig in ihr liegende Überbrückung (Pontifex) dieser Kluft zwischen meinem objektiven Gut und dem für andere Personen vorbehaltenen einen gewissen, aber unleugbaren Zusammenhang konstituieren. Denn *natürlich* gibt es einen Unterschied zwischen gemeinsamer Freude und der Freude ob oder vielmehr über das für den Geliebten Erfreuliche. Dies eben aber führt nun zu jenen ja durchaus obskurantischen Affektationen, die einzigartige Transzendenz der Liebe (jede niederbayerische Stallmagd wär' mir manchmal lieber als so eine DAME als Stopferl) im Affiziertwerden durch Freuden und Leiden der Geliebten auf eher niedere Phänomene zurückzuführen (Cave diabolum). So, aber jetzt, während der Nierenschutz sich schon gut eingespielt hat und unterdessen der Backhaus die Passagen verdrossener (taedium tristitiae) noch perlen läßt – jetzt richten wir den Blick kurz weg von der unmittelbaren intentio unionis – hin auf die in der intentio benevolentiae beheimatete sittliche Güte, so da über die reine Wertantwort weit hinausgeht: sowie auf den irrigen Versuch, die Liebe aus der Selbstliebe ontisch abzuleiten – welchen absolut untauglichen Versuch am falschen Objekt (Casta diva) wir sofort im Lichte eben der intentio benevolentiae und im Geist des Opus Dei (capelli biondi usw.) sowie im Sinne des bekannten doctor subtilis Petrus Venerabilis (1092–1156) zu entkräften vermögen. Triumph der wahren vita moderna!

4. Bilanz

Abschließend allerdings konzentrieren wir nun freilich unser und das Interesse der DAME vor allem auf das Mein der konstitutiven Zugehörigkeit zur eignen Person respektive auf das in der Besitzbeziehung gelegene Mein und das im Teilsein-von-etwas entspringende Mein-Dein. Denn natürlich, selbstverständlich, klar doch gibt es ein Eigenleben sowohl im engeren (vulva diabolia) als auch im weiteren (cuius regio, eius religio) Sinn. Hinzu kommt hier oft die Ur-Gegebenheit des Heimaterlebnisses sowie »das darin wurzelnde Mein« (Bruno von Querfurt). Mein – wohlgemerkt im sensu strictu von Eigen-Leben oder auch Ei-Genleben, nicht aber von Egozentrismus (Merke: Media in vita mortui sumus!). Ein letztes Mal erwähnen wir gleichzeitig an dieser Stelle der Dame gegenüber das Aufgesogenwerden, ja buchstäblich Aufgehen im Unterleib sprich: Leben anderer, schon aber ertönt erneut Brahms' Hornruf, weicher noch und geschmeidiger als beim ersten Male – denn richtig: Hier handelt es sich ja keineswegs nur mehr um puren Hedonismus neque blanken Eudaimonismus: hier geht es vielmehr ganz wesentlich um die gegenseitige Durchdringung von Eigenleben und Transzendenz in der schlechterdings *sittlichen* Sphäre. Kapiert, ihr alten Rübenschweine? Ihr Sauhammeln, aufgepaßt: Das Erlöschen des Eigenlebens ist die gänzlich unverhoffte Folge – die Hingabe des Eigen-Lebens als einzigartige Dimension der Hingabe in der »Liebe-zu« (Dietrich von Hildebrandt, Regensburg 1971). Etwas Geileres aber gibt es nicht, auch nicht für eine Dame, der wir jetzt, schon kurz vorm Klimakterium pardon: kurz vor der Klimax auch noch rasch die geheimen Zusammenhänge und Widerspiele von natürlicher »und übernatürlicher Liebe« (Ferry Krawatzko) erläutern, von Treue und Kontinuität (Habemus Papam) einerseits, von Treue und Exklusivität andererseits – – und wenn es dann aber der blöden Gurke noch immer nicht kommt, wenn sie jetzt noch immer, zusammenzuckend unter jedem Brahmsschen Pralltriller, angstübertüncht die Wärmedecke übern alabasterprallen Arsch zieht: Dann, Kameraden, geben wir es auf. Dann lassen wir den Fall auf sich beruhen, ziehen rüstig sogleich hinaus ins weite Land und singen laut, doch frohvergnügt alsbald das überaus schöne Lied des Dichters J. v. Eichendorff:

»Der Morgen, das ist meine Freude.
Da steig ich in stiller Stund
Auf den höchsten Berg in der Weite.
Grüß dich, Deutschland,
Aus Herzensgrund!«

(1972/89)

ZU DIESEM BUCH

Mit diesem dritten Band komplettiert sich nach ›Was ist eigentlich der Herr Engholm für einer?‹ und ›Hoch lebe Erzbischof Paul Casimir Marcinkus!‹ das Taschenbuch-Triptychon »Satiren und Glossen« (nebst Nahverwandtem) aus 21 Jahren. Auch wenn es wieder ziemlich für die Katz gesagt sein wird, weil Leser (und Kritiker) im Regelfall (und um vorsichtshalber lieber ignorant zu bleiben, denn damit läßt sich's bequem leben) eh nicht zuhören und -lesen, sei hier wiederholt, was mit etwas anderen emphatischen Worten schon in den Nachbetrachtungen der ersten beiden Bände behutsam austrompetet wurde: Es handelt sich bei diesen in aller Regel umfänglich kleinen Texten im Regelfall mitnichten oder doch kaum je um Artefakte, deren Artifizialität der artistischen Ambition und Gewalt etwa der von Romanen oder längeren Erzählungen das Wasser an adäquater Äquivalenz reichen könnte noch – im abermals Regelfall – auch sollte; sondern Lesereiz könnte sich unter Umständen gerade aus der evidenten Differenz ergeben: von Ewigkeitswerten hie, von Werkeltagswerten dort.

Mit nochmals etwas anderen Worten: Ganz überwiegend entstanden die hier vorliegenden Texte, anders als eben die Romane, primär nicht aus Leidenschaft noch Engagement noch auch nur starker Neigung; sondern aus gewissen regelmäßigen Verpflichtungen gegenüber gewissen Periodika heraus. Obschon es natürlich, klar, richtig, auch immer wieder mal Neigung, ja Vergnügen macht, die alten und neuen satirischen Freunde und staubigen Brüder einem teilnahmsvoll geneigten oder auch widerspenstig auf seiner eigenen und anderen Meinung beharrenden Publikum vorzuführen; die Reich-Ranickis und Rinsers, die J. Kaisers und Marg. Mitscherlichs, die »fassungslos Betroffenen«, die späten Hitlergewinnler und die neudeutschen »Schamarbeiter«, die alten und neuen Löwenthals und Geißlers und Epplers und Petra Karin Kellys e tutti quanti enormi zu attackieren, milde zu bespötteln, gereizt sich ihrer zu erwehren, sie in ihren Grundfesten zittern zu lassen, sich ihrer wenn schon nicht materiell, so doch wenigstens spirituell und vorübergehend zu entledigen.

So richtig, realiter, definitiv, gelingt das der Satire weißgott selten genug, ja ganz eigentlich längst nicht mehr, zumindest in dieser zweiten Jahrhunderthälfte nicht mehr. Höchstens ab und zu im und via Fernsehen.

Und da auch nicht. Warum auch sollte, ungeachtet seiner singulären Macht, ausgerechnet der seit Dekaden (noch vor der Reklame) größte und zäheste Drecks- und Unrats- und Verblödungsproduzent für satirische Selbstreinigung gut sein?

Wobei zum lärmstarken Ausklang der 80er Jahre, zum gedönsfrohen Start der 90er, so der summarisch-globale Eindruck des altgedienten Satirikers und Zeitdiagnostikers, die Lage wohl ebenso hoffnungsarm mahnt wie »großartig, Schwanthaler« (G. Polt). Allzu sinnreich ist Satire, Zeitkritik ja wohl schon längst nicht mehr – die Hoffnungsferne nahm aber zuletzt gewiß und legitim noch einmal zu. Weder sich zu härmen, verspricht sehr viel, noch auch zu spotten; noch allerdings auch mit den alten – feinen oder klobigeren – Waffen des aufklärenden Geschäfts irgend Remedur schaffen zu wollen. Gegen einen H. Kohl, wie er jetzt dem Land auch noch als strahlender Wiedervereiniger widerfährt, kann Satire eh nichts mehr ausrichten; gegen ihn hat sie letztlich seit 15 Jahren nichts vermocht, wie immer deutlicher wird. Aber auch der Blick auf den noch kleineren Alltag schmettert praktisch allminütlich nieder. Satirische ist wesentlich Sprachkritik – und deshalb um so ohnmächtiger; der Gegner längst übermächtig. Noch ein jeder tagtäglich und unentwegt aus zehn Fernsehprogrammen dringende Sportreporter- oder -moderatorsatz prangt inhaltlich-grammatikalisch-stilistisch falsch oder dumm (ich sagte: jeder; machen Sie ruhig mal ein paar Wochen lang die Probe) und führt virtuell schnurstracks zur Verelendung, ja Verzweiflung; jede der nicht enden wollenden, ja sich immerzu gewürmhaft vermehrenden meist rundfunkmedialen Psycho- und Emanzipations- und Lebenshilfequark-Anmeiereien eines ebendem offenbar hingegebenen (und freilich immer partikulareren) Publikums ist für den, der nicht schon gänzlich unempfindlich geworden ist fürs adornoisch »falsche Leben«, als suizidales Verdachtsmoment sehr in Betracht zu ziehen; macht als stetig-stündlicher kleiner Weltuntergang – über die Leidenserfahrungen Karl Kraus' oder Tucholskys noch weit hinaus – satirische Anstrengung strukturell lächerlich. Oder ist das alles zu schwarz gesehen, der böse Blick eine déformation professionnelle? Nein, im Gegenteil. Was prima facie vielleicht nur harmreich-harmlos, zwar beklagenswert, aber letztlich doch fast unschuldig dumm und dümmlich dünkt: Es könnte zu der Durchtriebenheit der womöglich genetisch codierten Verblödung der Spezies, des globalen Systems selber gehören, daß sie, die Gattung, ihre nimmerstillen und nimmersatten Defekte und Bizarrerien auch noch derart Mitleid und überhaupt Humanitätsgefühle erregend vorführt. Das womöglich macht die expansive Dummheit erst so wind- und wetter- und so sattelfest.

Die Dummheit prangt gewiß global, aber das jetzt unter Kohl auch noch bald runderneuerte Deutschland ist dem Satiriker natürlich als reichlich verschwitztes Hemd am nächsten – seine Themen und Motive dominieren im Buch, alte und neuere und ganz neue und zumal jene, die, wie schon angesprochen, seit Jahren, ja Jahrzehnten Favoriten seines Autors sind. Auch gattungsüberschreitende: Vieles korrespondiert, fast überflüssig es zu sagen, mit schon sehr alten und neueren Romanen, Erzählungen, anderswo veröffentlichten Satiren; den in ›Dummdeutsch‹ von 1985 gesammelten Glossen etwa auch. Umgekehrt hätte manches hier erst Festgemachte dort schon stehen können, z. B. die Dokumentation über den vorerst jüngsten der ärgsten betroffenheitspolitischen Schwerbegriffe, den Dünnpfiff nämlich von der »Menschenverachtung«: Dies Buch birgt die bis dato vollständigste Kollektion von wahrhaft inflationärer Menschenverachtung im auslaufenden Jahrhundert – ach was, sein Autor hat den Quatsch nicht nur als Thema entdeckt, er ist ja vielleicht sogar noch immer der alleinzige, der so ganz ermißt, welch ein Grad und Rang an Schleim und Scheiß uns da diesbezüglich allzeit und zumeist unterm Kainszeichen von Katharsis machtvoll überwölbt und übertüncht.

Was die interwerklichen Korrespondenzen und Komplemente anlangt, zu ihrer Exploration diene u. a. der »kleine Kommentar« – ehe es aber, in diesem Zusammenhang, ein übermäßig aufmerksamer Leser spitzkriegt, teile ich, damit's nachher nicht heißt, der Autor habe geschlafen, es hier so präventiv wie herzerwärmt gleich selber mit: Daß dieses Satiren-Triptychon mit akkurat den nämlichen Worten schließt, mit denen die Roman-Trilogie von 1973–78 ausklang, mit einem Zitat nämlich aus einem Eichendorff-Gedicht, einer der Lieblingszeilen des Verfassers – dieser Zufall war ein so *nicht* geplanter; ich habe ihn selber erst am Ende der Buch-Komposition bemerkt. Da nun kann man gewiß mit der am 5. 2. 1990 verstorbenen Frau Maria H. nur entschieden geisterhafte Correspondencen am

Werke vermuten; vor dem Hintergrund einer transsäkularen Spiritualität: »Ja, also, wenn der Eichendorff heut' noch leben tät', dann wär' er wohl dein Freund, oder?«

Dies anläßlich eines hochverehrenden Essays über den Schlesier im Eichendorff-Jahr 1988. Über die güldene Kernrichtigkeit des schön formulierten Gedankens hinaus steckt sein Wohltätiges vermutlich in der wiederum durchaus eichendorffischen Ahnung einer Gegenwart von Weltvernunft, welche, am scheint's verzweiflungsvollen Zirkel noch einmal zu drehen, der satirischen Anstrengung doch auch wiederum etwas schwerlich mehr verhoffte Dignität verheißt. Um ausnahmsweise einmal nicht-eichendorffisch stoßseufzend zu enden: Gott befohlen! E. H.

NACHWEISE UND KLEINER KOMMENTAR

WAS ABER UM HIMMELSWILLEN IST DENN NUN EIGENTLICH DER HERR HAUFF FÜR EINER?

Erschienen in der ›Titanic‹ 10/89 – und anknüpfend in Titel und Thematik an die beiden vorhergegangenen Gedankenaufsätze über Björn Engholm, welche später in den beiden ersten Bänden »Satiren und Glossen« von Eckhard Henscheid nochmals zum Einsatz gelangten. Der SPD-Mann und (wie Engholm) »Brandt-Enkel« Hauff war im Frühjahr 1989 als Nachfolger Brücks (CDU) zum Frankfurter OB gewählt worden. Zum Untertitel »Versuch einer Annäherung« vergleiche auch den entsprechenden Artikel in ›Dummdeutsch‹ (1985).

J. R.: Ewing, der Brutalo-Heros der TV-Serie ›Dallas‹.

Böll . . . zärtliche Republik: Ein Anthologientitel der frühen 80er Jahre mit Böll als einem der Protagonisten.

Werch ein Illtum: Pointe des Gedichts »Lichtung« von Ernst Jandl.

O sink hernieder, Nacht der Liebe: Zentraler Passus aus dem großen Liebes-Zwiegesang von Wagners ›Tristan und Isolde‹.

MENSCHENVERACHTEND

Erschienen in ›Titanic‹ 12/89; gleichzeitig kam im Bayerischen Rundfunk im Rahmen der Reihe ›E. H.s Akademie für Sprache und Richtung‹ eine leicht gekürzte Fassung. Das »PS« wurde für diese Buchausgabe angefügt.

Gabriele von Arnim: Dazu Genaueres in dem Aufsatz ›Fassungsloses Betroffensein‹ in diesem Buch.

Al Strong . . . Toshke: Vgl. dazu u. a. E. H.s ›Roßmann, Roßmann . . .‹ (1982) und seine frühe Romantrilogie.

STRAUSS!

Erschienen als einer der namentlich nicht gezeichneten ›Briefe an die Leser‹ in der ›Titanic‹ 4/83, zu Beginn der sich dann stark ausweitenden Flick-Steuerhinterziehungs-Bestechlichkeits-Affaire.

GEFÜHL, RAMSCH, QUATSCH U.V.A.

Erschienen in der ›Titanic‹ 9/81, als Replik auf den im Text bezeichneten ›Zeit‹-Artikel.

Tut's die Literatur nicht mehr?: Zimmers journalistische Interessen wandten sich in jenen Jahren nicht eben von der Literatur ab, aber doch deutlich vermehrt unterschiedlichen naturwissenschaftlichen Sparten zu. Das hielt ihn 1983 allerdings trotzdem nicht davon ab, E. H.s Kafka-Buch ›Roßmann, Roßmann . . .‹ in der ›Zeit‹ sehr qualifiziert zu rezensieren.

Zärtlichkeit: Vgl. den – ausgerechnet in der ›Zeit‹ vorabgedruckten – Essay eben dazu in den ›Sudelblättern‹ (1987).

Wut . . . Trauer: Vgl. u. v. a. den gleichnamigen Aufsatz in ›Was ist eigentlich der Herr Engholm für einer?‹ (1989).

Sei fühllos!: Beginn eines Gedichts des jungen Goethe.

›Zeit‹-Redaktion . . . Durchschnittsleserschaft: Näheres zu dieser z. B. im Nachwort zu E. H.s ›Sudelblättern‹ (1987).

Sommer: Leitender ›Zeit‹-Redakteur.

DER UNHOLD

Erschienen in der ›Titanic‹ 1/81 vor dem Hintergrund der 1980 gesendeten 13teiligen Fassbinderschen TV-Verfilmung des Döblin-Romans.

Filmkritiker der ›Frankfurter Rundschau‹: Wolfram Schütte.

»Arschloch« . . . Piwitt: Beginn einer kleinen Serienkontinuität: Knapp zehn Jahre später mußte sich gleichfalls in ›konkret‹ Kroetz diesen Titel gefallen lassen. Zwischendurch war in der Hamburger Zeitschrift ›Szene‹ Wondratschek dran; der durch sein zumindest rhetorisch fragendes und buchtitelmanifestes Einverständnis, das »Arschloch der 80er Jahre« zu sein, es dem Journalisten freilich auch besonders leicht gemacht hatte.

DIE HIMMELSKANDIDATIN

Erschienen in ›Titanic‹ 10/80; geschrieben eigentlich 1974 fürs ›Zeit-Magazin‹, welches den Traktat dann aber aus nie verifizierten, doch andererseits recht einleuchtenden Gründen so lange auf das Eis der langen Bank legte, bis der glutvolle Text eines späteren Tages irgendwie nicht mehr auf jener Bank lag, sondern sich irgendwie verflüch-

tigt hatte. Der Beatifikationsprozeß Anna Schäffer ist allem Anschein nach auch 1990 noch nicht abgeschlossen. Leser Bernd Eilert hat aber recht: Der bittere Duktus des Texts ist nicht recht wohlüberlegt. Derart hochartifiziellen Unfug sollte man natürlich vielmehr glattwegs schnurstracks loben.
Seelenrast und Trost . . .: Dieser und sämtliche anderen im Text genannten Buchtitel u. ä. sowie alle Zitate sind selbstverständlich keine Erfindung.
Visio beatifica: Vgl. auch den buchtitelspendenden Aufsatz ›Wie man eine Dame verräumt‹ in diesem Band; sowie, in eher theologisch-ernsthaftem Zusammenhang, die Verwendung dieser mystischen Kategorie in ›Dolce Madonna Bionda‹ (1983) und ›Die Postkarte‹, in: ›Die drei Müllerssöhne‹ (1989).

RENDEZVOUS DER KOTZBROCKEN

Erschienen mit dem Titel »Rendezvous der Arschgesichter« zuerst in der ›Kölner‹-Illustrierten 10/88; als eine Art realistisches Gegenstück zum Genscher-Buchmessentext in ›Hoch lebe Erzbischof Paul Casimir Marcinkus!‹ (1990).
Angela Wichtig . . . Das neue Matriarchat: Beides stark angelehnt an reale Vorbilder.
Hans A. Blei: Desgleichen.
Werner Kleidermacher: Desgleichen. Vgl. dazu den Beginn des Hüsch-Texts in ›Erledigte Fälle‹ (1985/86).
Klaus A. Stampfer: Angelehnt an einen Münchner Verleger.
Alfred Nobel: Könnte Alfred Edel sein.
Literarisches Colloquium: Angelehnt an mancherlei Berliner Real-Historisches.
Botho S. Dammer: Vgl. die Widmung von E. H.s ›Sudelblättern‹ (1987) und den Klappentext zu ›Wir standen an offenen Gräbern‹ (1988).
Horst-Eberhard Richter: Gemeint ist sein ebenso banaler wie deshalb fast sprichwörtlich gewordener Buchtitel ›Flüchten oder standhalten‹. Vgl. dazu auch das von E. H. mehrfach verwendete Adorno-Zitat: »Will man aber standhalten, so darf man nicht befangen bleiben im leeren Erschrecken« – z. B. am fünften Tag der ›Vollidioten‹, S. 176 ff.

DIE OBER-PEINLICHEN

Erschienen in ›pardon‹ 2/73; mit der Folge einer von der Redaktion angezettelten scharfen Leser- bzw. Fachleute-Diskussion; bei welcher u. a. Werner Höfer energisch bestritt, einer Spezies von Peinlichen und Schwuchteln anzugehören; Ausnahmen gebe es freilich immer.

›action‹ groß geschrieben: Offenbarer Vorbote der aber erst in den 80er Jahren voll ausbrechenden action-Wahnmanie; vgl. dazu E. H. u. a.: ›Dummdeutsch‹ (1985).

LIEBE BRÜDER IN CHRISTO!

Erschienen in der ›Titanic‹ 12/80.

Weihnachten . . . gekreuzigt: Vgl. ›Die Weihnachtsnacht erträglich gemacht‹ in ›Herr Engholm‹ (1989) und vor allem den Weihnachtstext in den ›Sudelblättern‹ Seite 279 f.

Apostelgeschichte 867,345: Derlei Daten sind hier natürlich in aller Regel Unfug.

Stolzen . . . Berg: Gerhard Stoltenberg, 1980 Ministerpräsident von Schleswig-Holstein.

Kohl: Wurde aber dann schon 1982 – ohne Wählervotum – Kanzler.

WARTEN AUF JOHN EHRLICHMAN

Erschienen am 20. 4. 78 im ›Vorwärts‹.

Watergate-Ereignisse: 1974 ff.

ES GIBT IHN NOCH!

Erschienen in ›pardon‹ 7/76; als eine Art Komplement zu ›Deutschland über manches‹, wiederabgedruckt in ›Erzbischof Paul Casimir Marcinkus‹ (1990).

Gerhard Löwenthal: Langjähriger alleiniger Leiter des konservativreaktionären ›ZDF-Magazins‹, das damals jeden Mittwoch eine Dreiviertelstunde lang vor allem die Sozialliberale Koalition und natürlich den Kommunismus bekämpfte – und damit zum gallionsfigürlichen Lieblingsfeind der linksliberalen, ja praktisch der gesamten restlichen Szene wurde.

Weltmeister: Argentinien gewann 1978 3:1 gegen Holland.

VON KLIPPE ZU KLIPPE

Erschienen am 22. 2. 86 im ›Vorwärts‹.

Hölderlin . . . Kohl . . . ›Schicksalslied‹: Vgl. zu diesem Komplex auch E. H.s ›Helmut Kohl – Biographie einer Jugend‹ (1985). Das ›Zeit‹-Zitat ist echt.

Karl Valentin: Vgl. die analoge Glosse ›Kohl und Karl Valentin‹ in ›Frau Killermann greift ein‹ (1985).

Boris Becker: Vgl. E. H.s satirischen Kohl-Brief an den Tennis-Crack in der ›taz‹ (1985), wiederabgedruckt in ›Marcinkus‹ (1990).

HERBERT ODER LUDWIG?

Erschienen am 14. 7. 71 in der ›Frankfurter Rundschau‹ (mit Foto-Montage). Es soll, wie man damals hörte und las, tatsächlich Ludwigs Groll auf die ziemlich plötzlich und in der Folge von 1968 emporschießende und die seine weit überflügelnde Popularität Herberts keine geringe gewesen sein.

DER BÜCHERVERHINDERER

Erschienen am 15. 7. 75 im ›Börsenblatt‹; eine weitgehend identische Version stand am 11. 10. 74 in der ›Deutschen Zeitung‹. Es handelt sich im vorliegenden Fall um den einen und ersten von zwei Fällen, daß E. H. – zum Teil im Termindruck, zum Teil auch testhalber – sich bei einem recht berühmten Vorbild eines nicht unberühmten Kollegen bediente; und sich dabei lediglich etwas knapper faßte; was aber der satirischen Stringenz durchaus entgegenkam. Weder bei der Veröffentlichung in der ›Deutschen Zeitung‹ noch bei der im ›Börsenblatt‹ gab es den Aha-Wiedererkennungseffekt noch also auch Leser-Protest. Und was merken, ahnen – die pilzsuchenden Leser dieses Buchs?

Golo: Zitat vermutlich korrekt.

Walter Schumm: Eine Art running-gag-Spielfigur des Autors, die u. a. mehrfach im ›Scharmanten Bauer‹ flüchtig aufkreuzt.

Rowohlt . . . Luchterhand: Titel von Reihen, die in jenen Jahren entstanden.

FUSSBALL MIT DEM VATER

Erschienen im ›Börsenblatt‹ vom 7. 1. 77. Das hier – auch – thematisierte sozialpsychologische Trägheitsgesetz dergestalt, auf schon Bewährtes in Form von Abwandlung, Assonanz, Verdrehung usw. zu setzen: Sicherlich ist es schon bejahrter; es feierte aber, vor allem in Journalistenkreisen, erst in der Folge von 1977 seine häufig sehr wahnsinnig gewordenen Höhenflüge; wobei die zitatträchtigen und eitlen Abwandlungen des Buñuel-Filmtitels von der bourgeoisen Diskretion des Charmeusenhaften o. s. ä. den wohl seither nicht mehr übertroffenen Tiefpunkt an Spitzenblödheit plazierten.

SPITZENTELEFONEUR MÖLLEMANN

Erschienen am 29. 6. 85 im ›Vorwärts‹. Nach einer gewissen mediengeförderten Krise in der ersten Hälfte der 80er Jahre – vgl. auch einige periphere Notate über ihn in E. H.s ›Erledigten Fällen‹ (1986) – fing sich der FDP-Spitzennachwuchspolitiker wieder; und brachte es nach der Regierungsneubildung 1987 tatsächlich zum Bildungsminister. An seine eher windschnittig-windhundige Zeit der desaströsen ›Twen‹-Neugründungen und Scheich-Connections etc. pp. erinnert an etwas verborgener Stelle E. H.s Erzählung ›Die Gage‹, abgedruckt in ›Frau Killermann greift ein‹ (1985).
Knapp und Teves: Möllemann-Partner im Umfeld der ›Twen‹-Affaire.
Salmann: Vgl. E. H.s ›Gage‹ und den Material liefernden ›Spiegel‹-Bericht von 1984.

DIESE JUGEND IST OKAY

Erschienen am 5. 11. 76 in der ›Deutschen Zeitung‹. Die Neigung zu regelmäßigen und breit ausgewalzten und zumeist völlig sinnfreien, tendenziell debilen Repräsentativumfragen seitens einer eben diese in Auftrag gebenden Illustrierten- und Magazinjournalistik hob an in voller Stärke wohl erst Mitte der 70er Jahre – ›Spiegel‹ und ›stern‹ natürlich immer randvoll blindlings mittenmang vorneweg; vgl. dazu auch die am ›stern‹ aufgehängte Glosse über die Sexualität des deutschen Manns, ›Top-Journalismus‹ (1985), wiederabgedruckt in ›Herr Engholm‹.

NEIGUNG NACH NULL

Erschienen am 7. 12. 85 im ›Vorwärts‹. Motivverwandte Einlassungen finden sich z. B. in ›Dummdeutsch‹ (1985) und in den ›Sudelblättern‹ (1987).

Diese Jugend ... auf alles Bock: Eben eigentlich nicht – siehe die vorhergehende Glosse.

Hölderlins »wunderbarem Sehnen ...«: Das Zitat fand schon Verwendung als Motto des 2. Kapitels von E. H.s Roman ›Die Mätresse des Bischofs‹ (1978).

Kohls ... Wendepolitik: Nach seiner Regierungsübernahme am 1. 10. 82.

HARALD JUHNKES GROSSER DURST

Erschienen im ›Rheinischen Merkur‹ am 18. 5. 85; als eine Art Negativ-Komplement zu der thematisch verwandten Glosse ›Das Juhnke-Prinzip‹ von 1981, wiederabgedruckt in ›Herr Engholm‹ (1989). Deshalb auch der Untertitel »Eine Revision«. Daß der ganze Juhnke-Unfug natürlich vor allem das Wesen Öffentlichkeit/Journalismus beleuchtet, erhellt sich nochmals aus der in jener Zeit erfolgten Steigerung, die, selbst wenn sie nur ein Gerücht gewesen sein sollte, ihre große Schlüssigkeit hat: Daß Juhnke, z. B. in Nürnberg eingetroffen, sofort vom dortigen Boulevardzeitungs-Spitzenreporter zum Saufen verschleppt wird, um dann als abermals Besoffener im Blatt bedauert und/oder verhöhnt zu werden – der zwischenzeitlich verständigte Fotograf hat den schwankenden Harald zudem im Bild verherrlicht. Ob nun all das wiederum im aktiven oder passiven Einverständnis Juhnkes erfolgt, das wäre im waltenden Quatsch-Zirkel sodann die nächste erkenntnistheoretische Frage.

DAS MYSTERIUM DES BERNHARD WORMS

Erschienen am 20. 4. 85 im ›Rheinischen Merkur‹.

Und das der Demoskopie: Glossen, die der Verwunderung über die Rätsel und Absurditäten eben dieser neuen Populärwissenschaft Ausdruck verleihen, schrieb E. H. in jenen Jahren immer wieder; vgl. dazu auch die Anmerkung zu ›Diese Jugend ist okay‹ in diesem Band.

Bernhard Worms: Er verlor dann die Wahl gegen Johannes Rau (SPD)

sang- und klanglos und verschwand bald in der innerparteilichen Versenkung.
Olaf Thon: Deutscher Fußball-Nationalspieler.

DDR-HUMOR VERSUS BRD-HUMOR

Als »Der ungeschriebene Brief des Monats« erstveröffentlicht in ›pardon‹ 5/76; unter dem Pseudonym »Andreas Multerer« – und bezugnehmend auf ein entsprechendes Statement des Chefredakteurs des DDR-Satireblatts. Die im Text verwendeten Zitate sind allesamt korrekt; mit einer erkennbaren Ausnahme.

TOPS IM THEATER

Erschienen im ›Rheinischen Merkur‹ vom 15. 3. 86 als eine Art Gegenstück zu dem Text ›Das Kabarett lebt‹ (1973), wiederabgedruckt in ›Herr Engholm‹ (1989).
Peter Zadek: Als einer der populärsten neudeutschen Regietheater-Macher resp. -Esel das dritte Teilstück des von E. H. diesbezüglich seit vielen Jahren präferierten Triptychons Neuenfels-Berghaus-Zadek; vgl. z. B. entsprechende Eintragungen in den ›Sudelblättern‹ (1987) und in der ›Musikplaudertasche‹ (1988–90).
Mattes . . . Tukur: Bekannte deutsche Regietheater- und speziell Zadek-Mimen.
W. Martin Gamper: Könnte inkludieren sowohl den Literaturprofessor W. Martin Lüdke (ab 1988 nur mehr: Martin Lüdke) als auch den Soziologie- und Universalprofessor Dietmar Kamper, bekannt aus E. H.s ›Erledigten Fällen‹ (1986).
Dietrich Edel . . . Zischler: Könnte auf Alfred Edel und Hanns Zischler deuten.
Heinz Schubert: Schauspieler, bekannt vor allem als Fernseh-»Ekel Alfred«.
Wildgruber: Ulrich. Bekannter deutscher Mime.
SS-Kommandant: Vgl. auch etliche entsprechende Notizen in E. H.s ›Sudelblättern‹ und seiner ›Musikplaudertasche‹.
Angela Wichtig: Vgl. den Text ›Rendezvous der Kotzbrocken‹ in diesem Buch.
Benjamin Idering: Könnte auf Peter Iden und Benjamin Henrichs hindeuten.

Grützke: Berliner Maler und Bühnenbildner.
Fee von Röhl-Zockingen: Klaus-Rainer Röhl und die Journalistin Fee Zschocke sind/waren langjährige Betriebsnudeln der speziell Hamburgerischen Nichtsnutz-Szene.
Dr. Helga Quick-Speinshart: Könnte auf die damalige Hamburger Kultursenatorin Helga Schuchardt (FDP) hinauslaufen.
Oberstudienrat a. D. Arno Angenend: Vgl. Knitters Zelt-Erzählung in E. H.s ›Franz Kafka verfilmt seinen Landarzt‹ in ›Roßmann, Roßmann . . .‹ (1982).

ROMY ENTLARVT IHRE MÖRDER
Erschienen am 1. 6. 85 im ›Rheinischen Merkur‹. Eine thematisch verschwisterte Glosse stand vorher in der ›Titanic‹ und findet sich wiederabgedruckt in ›Frau Killermann greift ein‹ (1985).
Curd Jürgens . . . Unschuld geraubt: Eben dies war u. a. Thema der genannten ›Titanic‹-Satire.

PAPST PAUL HEIRATET
Erschienen am 22. 10. 76 in der ›Deutschen Zeitung‹. Satirische Beobachtungen innovativer ›Bild‹-Zeitungs-Journalistik finden sich in diesen Jahren als relativ fixe thematische Konstante zahlreicher Glossen; z. B. ›Iltis erschießt Kreisrat‹, wiederabgedruckt in ›Erzbischof Marcinkus‹ (1990).

LITERATUR-INDEX 0,01233
Erschienen am 19. 11. 76 in der ›Deutschen Zeitung‹, als eine Art Seitenstück zur Glosse ›Schreiblimit als Umweltschutz‹, wiederabgedruckt in ›Herr Engholm‹ (1989).
Handke . . . linkshändige Frau: In einigen späteren Fällen übertraf Handke sich dann diesbezüglich noch knapp selber.

DOUBLE-BIND UND HÖFER-EFFEKT
Erschienen im ›Rheinischen Merkur‹ vom 9. 11. 84. Die hier thematisierte Engführung Buch/TV fand natürlich Fortsetzungen und Ende der 80er Jahre nochmals ihre – wenn auch wenig funktionie-

rende – Eskalation; vgl. dazu E. H.s Glosse ›Modell Bodo‹ von 1987, wiederabgedruckt in ›Herr Engholm‹ (1989).

MEIN LEHRER, DU

Erschienen am 15. 6. 79 in der ›Deutschen Zeitung‹.
Politische Kultur: Ihre Karriere, der E. H. zahlreiche Glossen widmete, begann offensichtlich schon Ende der 70er Jahre. Nachweisbar ist sie erstmals 1965 – bei ausgerechnet Carlo Schmid.

WIR FORDERN DIE ROTE ZELLE ALL

Erschienen in ›pardon‹ 2/75; als Textvariante zur Kosmos-Kritik-Glosse ›Weltall – pro und contra‹ wiederabgedruckt in ›Marcinkus‹ (1990); beide wohl zurückweisend auf F. W. Bernsteins Muster-Text ›Der Mensch und das All‹ in der ›Welt im Spiegel‹ 1964 und dem WimS-Lesebuch ›Hört, hört!‹. Die Schlußpointe, obschon in der Buchfassung etwas ausgefüllter, aber wirkt hier so eilig-schulmäßig, daß sie im Zweifelsfall gegen den Willen des Verfassers von der Redaktion gehudelt sein könnte . . .

BÜCHER-ABWERBER UNTERWEGS!

Erschienen am 17. 9. 76 in der ›Deutschen Zeitung‹ als eine der fast alljährlich gefertigten Buchmessen-Glossen und als eine Art strukturelles Pendant zu ›Der Arbeitsverhinderer‹, wiederabgedruckt in ›Herr Engholm‹ (1989).

BEETHOVEN FIEL ZU NUSSDORF BEI WIEN

Erschienen am 15. 2. 74 in der ›Deutschen Zeitung‹. Der Typus des historischen Pseudo-Essays bzw. die besserwisserische Kritik an ihm findet sein neueres Vorbild-Modell fraglos in zahlreichen einschlägigen Abhandlungen in der ›Welt im Spiegel‹.

WARUM NICHT GERADE ICH?

Erschienen in ›die horen‹ 152/88. In gewisser Weise stand dabei Robert Gernhardts VIP-Memoiren-Parodie von 1972 (wiederabge-

druckt in ›Letzte Ölung‹, 1984) Modell – die allerdings nun gerade nicht mit »VIPs« hausieren geht, sondern die entsprechenden leider ausgefallenen Intim-Kontakte aufzählt.
Peter Rühmkorf: ›Die Jahre die ihr kennt‹.
Kaiser ... Reich-Ranicki: Entspricht den Tatsachen.
Rau ... Fischer: Entspricht einigermaßen den Tatsachen.
Herbert Wehner: Abgedruckt in der regionalen SPD-Wahlkampfzeitung ›So‹ (1969).
Rita Streich ... Bergonzi: Die doppelte langjährige Verehrung findet sich u. a. dokumentiert in ›Mozart ist der Verdi Wagners‹ (1979), in den ›Sudelblättern‹ (1987) sowie in der ›Musikplaudertasche‹ (1990). Die entsprechenden nachhaltig wirkenden Begegnungen fanden in Regensburg (1969) und in Busseto (1977) statt – ein entsprechender Passus im 3. Teil von ›Geht in Ordnung‹ (1976) ist also quasi visionär vorgezogen.
Herberger ... Wollschläger ... Rinser: Entspricht den Tatsachen.
Verleger ... Loriot: Gerd Haffmans ist Schwiegersohn von Vicco von Bülow.

DAS IDEALE DEUTSCHE MITTELFELD

Erschienen am 12. 6. 74 im Feuilleton der FAZ; der schon amtierende M. R.-Ranicki befand sich, wie Ror Wolf sich zu erinnern meint, gerade in Urlaub; Ulrich Greiner war es wohl, der den Text in Satz gab, als den Aufmacher-Feuilletontext des Tages. Das Gespräch zwischen den beiden Protagonisten wurde etwa gleichzeitig auch in der ›Sonntagsbeilage‹ des Bayerischen Rundfunks gesendet.
Daß mit ihm Bernd Hölzenbein in die deutsche Nationalmannschaft befördert wurde und Deutschland in der Folge – kraft der Hölzenbeinschen »Schwalbe« nämlich, die zum Elfmeter und zum 1:1 im Endspiel gegen Holland führte – Weltmeister wurde, ist ebenso ungelogen wie leider nur halbwahr (vgl. dazu auch im Kommentar-Band die Anmerkungen zum entsprechenden Passus des Romans ›Die Vollidioten‹): Wahr ist, daß vor allem die ›Bild‹-Zeitung Frankfurt es war, welche »Holz« im Frühjahr 1974 fast unnachgiebig in Schöns Mannschaft peitschte – daß daneben auch Ror Wolfs und E. H.s multimediales Drängen (Roman, ›Kicker‹-Leserbrief, FAZ-Gespräch) bei Schön offene Ohren gefunden hätte, ist zumindest nicht bewiesen bzw. leider auch nicht gar zu wahrscheinlich.

Der Gesprächs-Text wurde wiederabgedruckt in ›Fußball literarisch‹, hrsg. von Karl Riha, Fischer TB, Frankfurt 1982.
Neue Regierung: Schmidt; nach der Ablösung W. Brandts im Mai 1974.

ZWEI SOZIALDEMOKRATEN SCHREIBEN DEM ERZBISCHOF EINEN BRIEF

Unveröffentlicht. Entstanden 1971. Nach der Erinnerung des Autors war der Text erfolglos ›pardon‹ angeboten worden. Schmitt-Vockenhausen und Leber waren seit den 60er Jahren führende SPD-Vormänner, nämlich Repräsentanten des ebenso rechten (»Kanalarbeiter«) wie offenkundig seltsam bigott-frömmelnden Flügels; welch letzterem, außer etwa H. J. Vogel, zum Beispiel auch, noch seltsamer, leider Herbert Wehner angehörte.

TEURES SCHÄNDEN

Erschienen in der Null-Nummer eines 1978 geplanten satirischen Monatsblatts ›devot‹ (August 78), aus dem auf Umwegen ein Jahr später die ›Titanic‹ hervorging. Ein praktisch identischer Text stand am 16. 11. 78 im ›Vorwärts‹, eine analoge Vorversion am 5. 7. 74 in der ›Deutschen Zeitung‹.

DER GRÖSSTE VERBRECHER

Erschienen am 18. 4. 75 in der ›Deutschen Zeitung‹.
Gott, führ uns liebreich . . .: Eichendorff-Zitat, verwendet u. a. als Kapitelschluß des 1. Kapitels der ›Mätresse des Bischofs‹ und leitmotivisch für die von Eichendorff gemeinten ›Zwei Gesellen‹ »Helle und Schrecki« im Kohl-Buch von 1985. Vgl. auch das Nachwort ›Zu diesem Buch‹.

DER IGEL IN DER WELTLITERATUR

Erschienen in der ›Deutschen Zeitung‹ vom 21. 3. 75. Zu ergänzen wärc immerhin – und zumindest – Tucholskys Igel-Gedicht.
Im Grase lauert geduckt: Gleichsam vorweggenommenes Selbstzitat aus E. H.s Erzählung ›Scho‹, in ›Ein scharmanter Bauer‹ (1980).

DES ABENDS

Erstgedruckt in ›Mini-Dramen‹, hrsg. von Karlheinz Braun, Frankfurt 1987. Eine weniger ausgeführte Variante und Vorversion des Dialogs findet sich schon im ›Scharmanten Bauer‹ (1980), S. 324; eine gezeichnete Version in F. K. Waechters Cartoon-Band ›Männer auf verlorenem Posten‹ (1983).

Schumann ... op 12: Das dritte Stück der Sammlung, ›Warum?‹, leitet den Roman ›Dolce Madonna Bionda‹ (1983) ein und durchzieht ihn leitmotivisch.

AN DREI FRAUEN

Erschienen als namentlich nicht ausgewiesene ›Briefe an die Leser‹ in der ›Titanic‹ 1/90.

Hamm-Brücher: Vgl. E. H.s ›Erledigte Fälle‹ (1987).

Rinser ... Auschwitz: Näheres dazu und zum gesammelten unendlichen Rinser-Komplex v. a. in den ›Sudelblättern‹.

Arnim: Siehe die Buchkritik ›Fassungsloses Betroffensein‹ in diesem Buch.

Hüsch ... Schneyder ... Erledigen Sie es: Vgl. das Hüsch-Kapitel in den ›Erledigten Fällen‹ (1986).

NOCH EIN DENKMAL

Bisher unveröffentlicht. Das »noch ein« bezieht sich auf die beiden analogen Frauen-Denkmäler in Band 1 und Band 2 der gesammelten »Satiren und Glossen«; diese beiden weitgehend vorher schon abgedruckt in der ›Titanic‹ 1989.

SO, WALTER JENS

Einer der ›Briefe an die Leser‹ in der ›Titanic‹ 4/89. Vgl. dazu etwa auch den nachfolgenden Brief an den »Gesamtleser!« in diesem Band – und u. v. a. den Aufsatz ›Macht und Geist und Strich‹ (1988) in ›Herr Engholm‹ (1989).

UNSER LAUTESTER DEMISSIONIERT

Eine weitere – die circa vierte – und vorerst letzte große Einlassung

des Autors zu Reich-Ranicki; zuerst erschienen in ›konkret‹ (11/87); wiederabgedruckt in der Anthologie ›Die FAZ, Nachforschungen über ein Zentralorgan‹, hrsg. von Hermannus Pfeiffer, Köln 1988.
An ›konkret‹ (12/87) schrieb R.-R. damals einen nicht unwitzigen Leserbrief des Inhalts, er trete keineswegs, wie im Editorial der Zeitung und im Text insinuiert werde, schon »nächstens« ab; sondern erst zum 1. 1. 1989. Was denn auch geschah. Und gleichfalls stimmt – vorerst – ziemlich genau des Großkritikers hier und anderswo geäußerte Prophezeiung: Er werde sich »keineswegs verabschieden«, sondern der FAZ als Rentner verbundener bleiben, als er's je eh schon gewesen.
Handke . . . Satire: Vgl. E. H., ›Unser Lautester‹, in ›Erledigte Fälle‹ (1985/86).
Nachfolger: Frank Schirrmacher. Daß unter seinem Panier seit 1989 zwei neue Bücher E. H.s so extrem belobigt wurden wie sämtliche Bücher seit 1978 unter der Fronvogtschaft Reich-Ranickis verrissen oder wahlweise totgeschwiegen: Das sollte nur den verwundern, der weder vom »Betrieb« Kenntnisse hat noch vor allem von der elefantenfesten Rachsucht einmal – direkt oder indirekt – beleidigter deutscher Großkritiker. Daß R.-R. solchen FAZlichen Kursschwenk allerdings dann tatsächlich als Verrat an eineinhalb Dezennien eigener Rezensionspolitik empfinden mußte und empfand – die unverblümte Ungescheutheit solcher der Großkritik vielleicht sogar artimmanenter Korruptivität mag sogar manche Betriebs-Insider überraschen.
Bohrer: Heute Herausgeber des ›Merkur‹.
Skasa-Weiß: In der ›Stuttgarter Zeitung‹.
Antithesen-Artistik: Vgl. dazu – außer R.-R.s eigenen authentischen Arbeiten – vor allem E. H.s aus Originalen gebastelte Text-Montage ›Herrmann Burrger‹ (1984) in ›Frau Killermann‹ (1985).
Klagenfurt . . . 1987: Statt Reich-Ranicki nahm da erstmals als Juror – Eckhard Henscheid teil; freilich ohne sonderlichen Erfolg; geschweige denn mit vergleichbarer Emphase.
Honnefelder: Das genaue Zitat findet sich im Unseld-Portrait der Sammlung ›Erledigte Fälle‹ (1986).
Schütte: Wolfram. Literaturredakteur der ›Frankfurter Rundschau‹ – in mancherlei Hinsicht Gegner und Antipode Reich-Ranickis.
Ulla Hahn . . . »rote Rosen«: In der Silvesterausgabe der FAZ von

1982. Von E. H. zitiert und weidlich kommentiert gegen Schluß des Bergamo-Romans ›Dolce Madonna Bionda‹ (1983).
Pohrt: Wolfgang. Freier Journalist und Schriftsteller – auch er in jeder Hinsicht ein literarischer Antipode bzw. Gegentypus des FAZ-Großkritikers.
Raddatz: Zum spaßig-paradoxalen multilateralen und polyvalenten Feindschaftsverhältnis zwischen ihm und RR: vgl. z. B. Robert Gernhardts Kommentare in ›Letzte Ölung‹ (1984).
Walser ... Koeppen: Nachzulesen in dem dtv-Ehren-Sammelband über R.-R.
Maul des Fernsehens: Eine der vielen Wahrprophezeiungen des Satirikers und geborenen Visionärs: Nach immer massierterer Präsenz R.-R.s in allen Fernsehprogrammen erhielt der FAZ-Rentner im Spätherbst 1989 in Anbetracht seiner bereits hohen Verdienste um das Medium und vor allem für seine Mitwirkung im ›Literarischen Quartett‹ seinen ersten Burda-Bambi – und nahm ihn auch noch glatt.
... zu gegebener Zeit nochmals zu loben wissen: Hiermit – und eben dafür.

FASSUNGSLOSES BETROFFENSEIN

Erschienen, vor allem eingangs etwas gekürzt, in der ›Frankfurter Allgemeinen Zeitung‹ vom 31. 1. 90 als (Sach-)Buch-Kritik. Zu den hier thematischen bzw. kritisch in Frage gestellten (Renommier-) Kategorien wie »Trauerarbeit«, »Erinnerungsarbeit«, »Scham« usw.: vgl. u. v. a. E. H.s einschlägige Einlassungen in ›Dummdeutsch‹ (1985), in den ›Sudelblättern‹ (1987) und in der BR-›Akademie für Sprache und Richtung‹ (1989/90). Dort vor allem findet sich viel auch über die in der Buchkritik thematisierten verblasenen Edel-Namen wie H.-E. Richter, Rinser, M. Mitscherlich, Giordano – sie allesamt seit vielen Jahren zum Grundbestand von E. H.s Lieblings-Chargen zählend.
Familienstrukturell nahestehenden ... Tietjen: Die aber keineswegs ein Pseudonym des Autors E. H. ist; der allerdings an ihrem Werk betreuend mit tätig war.

GESAMTLESER!

Erschienen in der ›Titanic‹ 4/89 innerhalb der ›Briefe an die Leser‹.

BRD – PRO ODER CONTRA

Textbeitrag zu einer Umfrage des ›stern‹ vom 22. 5. 89 über »40 Jahre Bundesrepublik«.

WAS SIE NOCH TREIBEN KÖNNTEN

Geschrieben weitgehend schon 1971 – aktualisiert und veröffentlicht in der ›Titanic‹ 10/89.

Hölderlin, Mnemosyne: Das Zitat findet sich bereits als Motto des 5. Teils der ›Mätresse des Bischofs‹ (1978).

Augstein: Vgl. u. v. a. die Glosse ›Rudi Superstar‹ über Augstein als Opernkritiker in ›Herr Engholm‹ (1989) sowie den Klein-Essay ›Zur Lage des Geistes in der Zeit‹ in ›Erzbischof Marcinkus‹ (1990).

Luis Trenker: Starb bald nach Erscheinen, nämlich am 13. 4. 90.

Brigitte Seebacher: Zweite Frau von Willy Brandt.

IOS: Amerikanische Anlage-Beratungsfirma.

Langhans: Vgl. sein Interview mit der Zeitschrift ›Ana & Bela‹, gewürdigt im ›Marcinkus‹-Band (1990).

Krenz . . . Modrow . . . Kohl: Die damalige sehr hektisch geborene Vision in überaus schnellebiger Zeit sollte sich bestätigen.

Gertrud Höhler: Vorgesehen einst – und von Lesern mehrfach geheischt – für die Serie ›Erledigte Fälle‹ (1986).

Scheel . . . Herzog: Beide schon gewürdigt im Herzog-Messner-Kapitel der ›Erledigten Fälle‹.

KOHL!

Erschienen als autorennamentlich nicht ausgewiesene ›Briefe an die Leser‹ in der ›Titanic‹ in dieser Reihenfolge 11/82, 3/84, 2/85, 8/85, 11/87, 8/89, 10/89, 1/90, 12/89 und 2/90. Der erste dieser Briefe wurde gleichsam mit Kohls Übernahme der Kanzlerschaft am 1. 10. 82 verfaßt.

Zuckmayer: Ausgeführter findet sich das Motiv in E. H.s Kohl-Biographie von 1985.

Karl-Valentin-Medaille: Ausführlicher wurde der Vorgang kommentiert in ›Kohl und Karl Valentin‹, wiederabgedruckt in ›Frau Killermann‹ (1985).

Wrrdlbrmpfd . . . Rembrengerdeng: Valentin-Namen.

Freund Tucho: Vgl. auch E. H.s Kohl-Biographie, den Aufsatz ›Von

Macht und Geist und Strich‹ (in: ›Herr Engholm‹) sowie E. H.s Tucholsky-Geburtstagsartikel vom 9. 1. 90 in der ›Stuttgarter Zeitung‹.

DER INTIMUS SIMPLEX

Erschienen in der ›Titanic‹ 3/89, dort anknüpfend an Robert Gernhardts vorangegangenen und im Text erwähnten ›Deutsche Dokumente‹-Text zum nämlichen Thema. Das betreffende Farbfoto findet sich wieder auf dem Rücken dieses Taschenbuchs.
Siselschlump: Schnell wachsendes Objekt aus der Schnuffi-Geschichte ›Des Rätsels Lösung‹ in Robert Gernhardts ›Schnuffis sämtliche Abenteuer‹ (1986).
Dunkel ist ... der Tod: Aus G. Mahlers ›Lied von der Erde‹.

DDR? ČSSR? RUMÄNIEN? HERRHAUSEN? NORIEGA? JA, WAS DENN NUN EIGENTLICH?

Erschienen in der ›Titanic‹ 3/90; stark ausweitend und aktualisierend einen Text zum prinzipiell gleichen Thema, der schon 13 Jahre vorher in der ›Deutschen Zeitung‹ (7. 1. 77) zu lesen war. Weil dies journalistische oder satirische Verfahren des selbstzitierenden Weiterführens gar nicht selten ist, sei zu lehrhaften Zwecken dieser – zweifellos viel mattere, auch viel schlampigere – Text hier nochmals abgedruckt:

Was wird aus 1977?
Wir fordern: Ereignis-Vorsorge!

Kälte, Finsternis und die allgemeine Unwägbarkeit alles Irdischen auf dieser schwanken Erde – das scheint das Gesetz, nach dem wir angetreten. Muß das sein? Muß der Mensch ohnmächtig zusehen, wie der Kamerad Zufall und der Dämon Kismet ein Leben lang sinn- und witzlos auf ihn einteufeln?

Nun, es muß nicht sein, jedenfalls nicht ganz. Die Zukunftsforschung oder Prognostik hat dieser Tage an der Universität von Kalifornien mit der sogenannten Ereignisvorsorge einen neuen wissenschaftlichen Zweig aus der Taufe gehoben, der geeignet sein könnte, wenigstens das Unwägbarste jenes Unwägbaren der irdischen Existenz zu beseitigen, von dem oben die Rede war.

Wie das? Nun, betrachten wir – sine ira et dingsda – das abgelaufene Jahr 1976, so fällt besonders positiv eine ganze Menge von schönen, bestens die Zeit vertreibenden Ereignissen auf – sehr negativ aber eine absolut mangelhafte Planung der Ereignisabfolge. Während beispielsweise im Januar 1976 nur die Teilnahme der PLO an einer Nahostdebatte im Weltsicherheitsrat zu vermelden ist, ballten sich schon erstmals im April die atemberaubenden Vorgänge: Putsch in Argentinien, Sadat in Bonn, Landtagswahlen in Baden-Württemberg, Ausweisung Spinolas aus der Schweiz, Druckerstreik, Geburt der Parole »Freiheit oder Sozialismus«.

Und während von Mai bis zu den Oktoberwahlen das Land erneut wieder in nahezu vollständiger Ereignislosigkeit versank, kam es im November und Dezember mit der Kette Leber – Rudel – Wehner – Kunze – Biermann – CSU-Abspaltung – CSU-Wiedervereinigung – SPD-Spaltungssymptome – Regierungserklärung zu einer solchen Eskalation an Aufregung und Tollerei, daß einige unserer Mitbürger an Herzversagen dahinschieden und sich nicht nur die FDP darüber beschwerte, mit ihrem an sich amüsanten Parteitag vollkommen vergessen zu werden.

Und das soll nicht sein und muß es auch in Zukunft nicht mehr, sofern die Bundesregierung sich aufrafft, schnellstens die Erkenntnisse und wissenschaftlichen Methoden aus Kalifornien zu adaptieren und zu verwerten. Diese aber lauten zusammengefaßt, daß es einfach nicht länger angeht, so farbige Figuren wie die Herren Leber, Wehner, Biermann, Strauß, Kohl, Zimmermann, Schmidt und im Hintergrund auch noch Brandt, Gabin, Honecker und Tandler in einem einzigen Monat zu strategischem Einsatz zu bringen.

Sondern hier tut – auf nationaler und übernationaler Basis – zentrale Steuerung not. Was der Krebs-Vorsorge recht ist, was der mittelfristigen Finanzplanung zusteht, sollte heute einer vorbeugenden Ereignislenkung (Eventual-Prophylaxe) nur billig sein. Die freie Marktwirtschaft, das wird heute jedem Einsichtigen klar und klarer, hat ihre Grenzen, der Gedanke des Laissez-faire der hochliberalen Epoche ist heute ad acta zu legen. Ein Jahr hat angefangen und steht drohend vor der Tür. Werden wir wieder bis November warten müssen, bis was passiert? Die Bundesregierung täte gut daran, aus ihrem verdammten Winterschlaf aufzuwachen. Aufgerufen sind aber vor allem auch die Jusos, die doch sonst auch bei jeder Gelegenheit den Mund aufreißen und »Investitionslenkung« brüllen.

Uns scheint, daß es gerade für diese dubiose sozialdemokratische Nachwuchsorganisation sinnvollere Möglichkeiten gäbe, ihre ungewaschenen Schreihälse aufzwitschern zu lassen ...

Reiber, Gunsch: Gemeint sind die TV-Trivialgestalten und Conférenciers Carolin Reiber und Elmar Gunsch; vgl. dazu die Titelgeschichte von E. H.s Sammlung ›Die drei Müllerssöhne‹ (1989).
So 1976: Hier greift der neue eben den obigen alten Text nochmals erweiternd auf.
Piwitt ... Kulturimperialismus: Möglicherweise nicht ganz lupenrein zitiert.
Moik: Karl. TV-Volksmusik-Conférencier.
Gysi: Gregor. Seit 1989 Vorsitzender der SED, nachmals PDS.

WIE MAN EINE *DAME* VERRÄUMT

Geschrieben in einer sehr vorläufigen Erstfassung 1972 – überarbeitet 1989 und veröffentlicht in der ›Titanic‹ 4/89, zusammen mit postmodern-unsinnigen Fotografien.
Brahms ... Kaiser: Die entsprechenden Zitate stammen im Kern so (oder ganz ähnlich) aus div. Kaiser-Aufsätzen in der ›Süddeutschen‹ oder seinem Pianisten-Buch. Das »verdrossen« gespielte Backhaus-Konzert hörte E. H. zusammen mit J. Kaiser ca. 1964 im Münchner Herkulessaal.
Immanenter appetitus ... unionis: Die meisten dieser folgenden Latein- und später Italienisch-Zitate entstammen dem im Text später erwähnten und unfreiwillig schwerwahnsinnigen Buch ›Über die Liebe‹ von Dietrich von Hildebrandt, Regensburg 1971, über das E. H. damals eine Rezension für die ›Frankfurter Rundschau‹ schrieb.
Cave diabolum: Hüte dich vor dem Teufel! Motiv auch des 5. Teils des Romans ›Dolce Madonna Bionda‹ (1983).
Casta diva: Keusche Göttin. Arie der Norma in Bellinis Oper.
Capelli biondi: Blondhaare. Motiv aus ›Dolce Madonna Bionda‹.
Bruno von Querfurt: Existent, aber nicht nachweisbar. Ein Theologe? Mystiker? Schrumpel?
Media in vita ...: Mitten im Leben sind wir vom Tod umfangen.
Eichendorff ... Herzensgrund: Siehe Nachwort.

ECKHARD HENSCHEID, geboren am 14.9.1941 in Amberg/Oberpfalz, wollte ursprünglich Musiklehrer werden, studierte Publizistik und Germanistik in München, Magister Artium mit einer Arbeit über Gottfried Keller, war Journalist in Regensburg, Redakteur in Frankfurt; lebt seit 1971 als freier Schriftsteller alternierend in Frankfurt und Amberg; veröffentlichte 1973 – 1978 die Romantrilogie *Die Vollidioten*; *Geht in Ordnung - sowieso – genau —*; *Die Mätresse des Bischofs*.

Bücher im Haffmans Verlag: *Roßmann, Roßmann...* (Drei Kafka-Geschichten, 1982) – *Wie Max Horkheimer einmal sogar Adorno hereinlegte* (Anekdoten über Fußball, Kritische Theorie, Hegel und Schach, 1983) – *Dolce Madonna Bionda* (Roman, 1983) – *Frau Killermann greift ein* (Erzählungen und Bagatellen, 1985) – *Helmut Kohl* (Biographie einer Jugend, 1985) – *Sudelblätter* (Aufzeichnungen, 1987) – *TV-Zombies* (Bilder und Charaktere, zusammen mit F.W.Bernstein, 1987) – *Wir standen an offenen Gräbern* (Nachrufe, 1988) – *Standardsituationen* (Fußballdramen, 1988) – *Kleine Trilogie der großen Zerwirrnis* (1988) – *Maria Schnee* (Eine Idylle, 1988) – *Die drei Müllerssöhne* (Märchen und Erzählungen, 1989) – *Was ist eigentlich der Herr Engholm für einer?* (Satiren und Glossen, 1989) – *Hoch lebe Erzbischof Paul Casimir Marcinkus!* (Satiren und Glossen, 1990) – *Da lacht das runde Leder* (Sämtliche Fußball-Anekdoten, 1990) – *Wie man eine Dame verräumt* (Satiren und Glossen, 1990).

ROSSMANN, ROSSMANN...

Drei Kafka-Geschichten

»Ein nächtlicher Monolog von grandioser, aber nur zu wahr klingender Bescheuertheit. Astrein. Spitze.« *Die Zeit, Hamburg*

STANDARDSITUATIONEN

Fußball-Dramen

»Ein Pandämonium aus Lug und Trug, Schiebung und Spielertransfers, Leistungs- und Wasserträgern.« *Nürnberger Nachrichten*

SUDELBLÄTTER

Aufzeichnungen

»Sehr gut bis genial.« *Luzerner Neuste Nachrichten*

TV-ZOMBIES

Bilder und Charaktere (zusammen mit F.W. Bernstein)

»Geradezu philosophisches Staunen angesichts der alltäglichen TV-Banalitäten.« *Darmstädter Echo*

WAS IST EIGENTLICH DER HERR ENGHOLM FÜR EINER?

Ausgewählte Satiren und Glossen

»Wortgewaltige Anschläge auf den schwadronierenden Zeitgeist und die eitlen Prediger des Schönen-Guten-Wahren.« *Basler Zeitung*

WIE MAX HORKHEIMER EINMAL SOGAR ADORNO HEREINLEGTE

Anekdoten über Fußball, Kritische Theorie, Hegel und Schach

»Ein legitimer Erbe der Frankfurter Schule. Der neben Robert Gernhardt bedeutendste deutschsprachige Schriftsteller der Gegenwart.« *Merkur*

WIR STANDEN AN OFFENEN GRÄBERN

Nachrufe

»Lustige Leichen.« *Frankfurter Allgemeine Zeitung*

DIE WURSTZURÜCKGEHLASSERIN

Erzählungen

»Neue Formen des intimen Erzählens.« *Radio DRS*

WOLFGANG HILDESHEIMER
Der Drachenthron
Komödie in drei Akten

ULRICH HORSTMANN
Patzer
Roman

GEOFFREY HOUSEHOLD
Einzelgänger, männlich
Verfolgungs-Thriller. Deutsch von Michel Bodmer

NORBERT JOHANNIMLOH
Appelbaumchaussee
Erzählungen vom Großundstark-werden

RICHARD KÄHLER
Teddy's Trends
Die abenteuerlichen Aufzeichnungen des jungen Teddy Hecht während der achtziger Jahre. Mit einem Vorwort von Eckhard Henscheid

DAN KAVANAGH
Duffy
Krimi.
Deutsch von Willi Winkler

Vor die Hunde gehen
Ein Duffy-Krimi.
Deutsch von Willi Winkler

EGBERT KIMM
Das Mörderquartett
Krimi

HERMANN KINDER
Die Böhmischen Schwestern
Roman

Du mußt nur die Laufrichtung ändern
Erzählungen

Ins Auge
Roman

Kina Kina
Eine Geschichte

Die klassische Sau
Das Handbuch der literarischen Hocherotik. Herausgegeben von Hermann Kinder

Liebe und Tod
25 schöne Geschichten von A bis Z

Der Schleiftrog
Ein Erziehungs-Roman

HANNS KNEIFEL
Angriff aus dem All
Raumpatrouille ORION I

Planet außer Kurs
Raumpatrouille ORION II

Die Hüter des Gesetzes
Raumpatrouille ORION III

Deserteure
Raumpatrouille ORION IV

Kampf um die Sonne
Raumpatrouille ORION V

Die Raumfalle
Raumpatrouille ORION VI

Invasion
Raumpatrouille ORION VII

Das brennende Labyrinth
Science-Fiction-Roman

CONNY LENS
Die Sonnenbrillenfrau
Ein Steeler-Straße-Krimi

Ottos Hobby
Ein Steeler-Straße-Krimi

AXEL MARQUARDT
Sämtliche Werke
Band 1: Die frühe Prosa

Standbein Spielbein
Gedichte

GERHARD MENSCHING
Der Bauch der schönen Schwarzen
Kriminalroman

E.T.A. Hoffmanns letzte Erzählung
Roman

Die Insel der sprechenden Tiere
Eine Ferienabenteuergeschichte. Mit sprechenden Bildern von Nikolaus Heidelbach

Löwe in Aspik
Ein lustvoller Roman

Rotkäppchen und der Schwan
Drei erotische Humoresken

Die violetten Briefe
Drei kriminelle Novellen

KLAUS MODICK
Moos
Die nachgelassenen Blätter des Botanikers Lukas Ohlburg

Otto - Der Heimatfilm
Drehbuch mit Farbfotos
HTB 85

FRIEDER FAIST
Schattenspiele
Ein Kriminalroman
aus deutscher Provinz HTB 35

ROBERT GERNHARDT
Gedanken zum Gedicht
Thesen zum Thema
HTB 100

Glück Glanz Ruhm
Erzählung Betrachtung Bericht
HTB 67

Ich Ich Ich
Roman HTB 2

Kippfigur
Dreizehn Erzählungen HTB 32

Letzte Ölung - Wie es anfing
Ausgesuchte Satiren I HTB 24

Letzte Ölung - Wie es weiterging
Ausgesuchte Satiren II HTB 25

Die Toscana-Therapie
Schauspiel HTB 12

Wörtersee
Gedichte HTB 44

ROBERT GERNHARDT/
F.W. BERNSTEIN
Hört, hört!
Das WimS-Vorlesebuch HTB 51

PETER GREENAWAY
Der Koch, der Dieb, seine Frau und ihr Liebhaber
Drehbuch mit Farbfotos
HTB 57

GISBERT HAEFS
Und oben sitzt ein Rabe
Ein Matzbach-Krimi HTB 9

Das Doppelgrab in der Provence
Ein Matzbach-Krimi HTB 13

Mörder und Marder
Ein Matzbach-Krimi HTB 19

ECKHARD HENSCHEID
Dolce Madonna Bionda
Roman HTB 27

Franz Kafka verfilmt seinen ›Landarzt‹
Erzählung HTB 5

Hoch lebe Erzbischof Paul Casimir Marcinkus!
Ausgewählte Satiren und Glossen
HTB 70

Standardsituationen
Fußball-Dramen
HTB 10

Was ist eigentlich der Herr Engholm für einer?
Ausgewählte Satiren und Glossen
HTB 50

Wie man eine Dame verräumt
Ausgewählte Satiren und Glossen
HTB 95

Die Wurstzurückgehlasserin
Sieben Erzählungen
HTB 20

GEOFFREY HOUSEHOLD
Einzelgänger, männlich
Verfolgungs-Thriller
HTB 43

NORBERT JOHANNIMLOH
Appelbaumchaussee
Geschichten vom
Großundstarkwerden
HTB 23

RICHARD KÄHLER
Teddy's Trends
Die abenteuerlichen Aufzeichnungen des jungen Teddy Hecht während der achtziger Jahre. Mit einem Vorwort von Eckhard Henscheid
HTB 68

DAN KAVANAGH
Duffy
Kriminalroman HTB 7

Vor die Hunde gehen
Ein Duffy-Krimi HTB 36

EGBERT KIMM
Das Mörderquartett
Krimi HTB 40

HERMANN KINDER
Du mußt nur die Laufrichtung ändern
Erzählungen HTB 11

Kina Kina
Eine Geschichte HTB 52

Der Schleiftrog
Erziehungs-Roman HTB 28

Der Rabe

Magazin für jede Art von Literatur – üppig bebilderte Taschenbücher, begründet und herausgegeben von Gerd Haffmans, Umschlagzeichnungen von Friedrich Karl Waechter, F.W. Bernstein, Almut Gernhardt, Nikolaus Heidelbach und Volker Kriegel

1 **Der Erste Rabe**
vergriffen

2 **Der 20er-Jahre Rabe**
vergriffen

3 **Der erste Ferien-Rabe**
vergriffen

4 **Der Neue-deutsche-Literatur-Rabe**
vergriffen

5 **Der philosophische Rabe**
vergriffen

6 **Der Lust-Rabe**
vergriffen

7 **Der zweite Ferien-Rabe**
herausgegeben von Thomas Bodmer, vergriffen

8 **Der neue Neue-deutsche Literatur-Rabe**
vergriffen

9 **Der klassische Rabe**
vergriffen

10 **Der Brief-Rabe**
vergriffen

11 **Der Reise-Rabe**
vergriffen

12 **Der Arno-Schmidt-Rabe**
herausgegeben von Jan Philipp Reemtsma und Bernd Rauschenbach, vergriffen

13 **Der Glücks-Rabe**
vergriffen

14 **Der Musik-Rabe**
herausgegeben von Thomas Bodmer, vergriffen

15 **Der dekadente Rabe**
vergriffen

16 **Der antike Rabe**
vergriffen

17 **Der postmoderne Rabe**
vergriffen

18 **Der kulinarische Rabe**
herausgegeben von Vincent Klink, Stephan Opitz und Joseph v. Westphalen

19 **Der Schopenhauer-Rabe**

20 **Der Kino-Rabe**
herausgegeben von Thomas Bodmer

21 **Der Eifersuchts-, Ehebruch- und Leidenschafts-Rabe**
vergriffen

22 **Der politische Rabe**

23 **Der historische Rabe**

24 **Der Rausch-Rabe**
herauschgegeben von Bernd Rauschenbach

25 **Der Weiber-Rabe**
herausgegeben von Elsemarie Maletzke

26 **Der Kinder-Rabe**
herausgegeben von Nikolaus Heidelbach

27 **Der Karl-May-Rabe**
herausgegeben von Hermann Wiedenroth und Hans Wollschläger

28 **Der Sport-&-Spiel-Rabe**

29 **Der Irland-Rabe**
herausgegeben von Wolfgang Schlüter

30 **Der gesamtdeutsche Europa-Rabe**

500 **Der Jubel-Rabe**
vergriffen